李鸿章传

梁启超◎著 左岸◎译

中国商业出版社

图书在版编目（CIP）数据

李鸿章传／梁启超著；左岸译．—北京：中国商业出版社，2017.1

ISBN 978-7-5044-9744-4

Ⅰ.①李… Ⅱ.①梁… ②左… Ⅲ.①李鸿章（1823—1901）—传记 Ⅳ.①K827＝52

中国版本图书馆 CIP 数据核字（2017）第 046237 号

责任编辑：武文胜

中国商业出版社出版发行

010-63180647　www.c-cbook.com

（100053　北京广安门内报国寺 1 号）

新华书店总店北京发行所经销

北京毅峰迅捷印刷有限公司

★　★　★　★　★

710×1000 毫米　1/16　16 印张　214 千字

2017 年 7 月第 1 版　2017 年 7 月第 1 次印刷

定价：39.80 元

★　★　★　★

（如有印刷质量问题可更换）

目　录

李鸿章传（白话文）

李鸿章（一名中国四十年来大事记）

李鸿章传（白话文）

序例

一、本书完全模仿西方人写人物传记的方式，记载李鸿章一生中的重要事迹，并且在写作的过程中加以评论，这样做的好处就是使读者能够更好地了解他。

二、中国沿袭千年的旧式文体，在记录一个人的生平事迹时，不是用“传记”的方式，就用“年谱”的方式，要么就是“行述”的方式。这些写法基本上没有太大的区别，一般不对人物进行评论和褒贬，即便有，也仅仅是附在文章的末尾。夹叙夹议的写作方式，实际上源于大史学家司马迁，他的《史记》中就有多篇，例如《伯夷列传》、《屈原列传》、《货殖列传》等篇均是采用夹叙夹议的方式，给后人留下了很好的范例。后世史学家们在写人物传记时，往往缺乏独到的见解，故而就不愿意采用司马迁的夹叙夹议方式。我才智疏浅、生性愚钝，同时又羡慕太史公的这种写法，所以便“盗用”他的写法来写这本传记。

三、晚清的近四十年来，中国发生的每一次重大事件，几乎都与李鸿章有关系。基于此，必须用近代史的笔法和态度为李鸿章写传记。我对时局多少有些见解，但不会胡说乱说，写这本书的目的前人是无法看到了，而是给后人看的。只可惜写作的时间比较仓促，身边又没有可供参考的书籍，因此在这本书里难免出现纰漏或错误，我也知道这难以避免，只希望以后有机会的话再进行重新修正。

四、关于江南之战，记录湘军的事迹占相当大的篇幅，看起来好像跑题，实则不是。湘军与淮军的关系十分复杂，不这样写就无法使人充分了解当时的发展形势，希望读者能够谅解。

五、《中东铁路合约》《中俄密约》《辛丑条约》，全文先后转载出来。原因是李鸿章的许多生平事迹，都和这些公文有很深的关系，宁可让文章显得拖拉，也要把它们选录进去。

六、国人对李鸿章的负面评价相当的多，我和他政见不同，在政治上是对手，私下也没有什么交情，写作时肯定不会有意为他辩护。在这本书中，为他脱责辩护的语言有相当的一部分，甚至有些部分与大家公认的看法相悖。之所以这样做，就是要保持一颗公正、公平的心去写，不然的话就是对被记述者的不负责，会招来他人非议，说我罔顾事实。格林威尔是英国著名的首相，曾对为他画像的画家大发雷霆，说："不要美化我，要画出我的真实面目，不要让我的相貌失去真实性。"我写这本书，当然也不希望遭到格林威尔的呵斥，李鸿章本人要是看到了这本书，一定会在九泉之下，微微一笑，说道："还是你这小子真正了解我。"

光绪二十七年（一九〇一年）十一月既望

著者自记

第一章
绪　论

普天之下只有那些平庸的人既不会遭人唾骂，也不会得到他人的赞誉。假如全天下的人都异口同声骂一个人，这个人就可以称得上是遗臭万年的大奸雄了；假如全天下的人都异口同声赞美一个人，这个人就可以称得上是千古流芳的英雄豪杰了。但是，说这些话的人几乎全是平庸之人，在他们之中找不到一个有见识、有才华的人，如果让平庸之人去评论超乎寻常的人，这件事本身就不值得可信。所以说，历史中那些誉满天下的人，有可能是附炎趋势的伪君子；遭天下人唾骂的人，有可能是经天纬地的伟人。俗语有“盖棺定论”之说，我在历史的长河中却发现，有些人生前做了一些“惊天动地”的事情，过世了几十年甚至几百年，却没有一个中肯恰当的评价。该说他好的人还在念及他的好，该说他坏的人还在骂他如何的坏，这让后世之人不知道他到底是好人还是坏人。比如说，有的人被千万人赞美，同时也有千万人诋毁他；夸他的人把他高高地捧在头顶，骂他的人把他狠狠地踩在脚下。他今天所遭到的诋毁恰好可以抵消以前所得到的赞美，他今天所得到的赞美恰好可以抵消以前的诋毁，像这样的人，该如何评价呢？答案是只能把他定义成一个非凡的人。先不说这样的人到底是奸雄还是豪杰，就他所处的位置和层次而言，并非平庸之人目光所能达到的，也不是平庸之人随便张口胡说的。只有能够理解我说话意思的人，才可以真正读懂我的这本《李鸿章》。

李鸿章的才干值得我敬重，他的见识不足令我惋惜，他的遭遇令我同情。李鸿章游览欧洲的过程中，见到德国前宰相俾斯麦后，问道："如果做大臣的要想竭力为国家办事，但是朝廷中所有的人都不赞成他的想法，并且这些人合起来反对他、拖他的后腿，在这种不利的情况下，他还是想按照自己的想法为国家办事，这个时候他该怎么办呢?"俾斯麦回答道："想办法取得皇帝的支持，只要皇帝出面支持，还有什么事情办不成的呢?"李鸿章又说："比如说，现在有位大臣，他的君王缺乏主见，什么人的话他都听。这位君王身边经常围绕着一些阿谀奉承的小人，他们一方面讨君王的欢心，一方面狐假虎威借君王的名义，处处干涉国家大事。这样的话，这位大臣该怎么办呢?"俾斯麦思索了一会儿，才说："当大臣的，如果真心为国事操劳，我想君王一定知道他的忠心，除非在妇人女子手下办事，那就另当别论了。"（这些谈话是从西方报纸翻译而来，普通华文报刊例如《星轺日记》所刊登的内容，由于有所忌讳而不敢全译。）李鸿章听了俾斯麦的回答后，沉默不语。唉！我每次读到这段对话时，就能够深深地感受到，李鸿章内心充满的忧愁、气愤、牢骚与烦闷，是普通的旁观者无法理解的。我之所以批评他，主要就是出于这个原因；我之所以能够理解他，也是出于这个原因。

自从李鸿章环游欧洲后，便扬名世界，五大洲的各个国家几乎都知道有位叫李鸿章的人，而不知道在遥远的东方，有一个国家叫中国。简单地说，李鸿章俨然成为中国唯一的名人代表。这些外国人以局外者的身份评价中国发生的事情，他们只知道一些表面现象，无法了解事实的真相，其中的原因就不再多说了，但有一点可以肯定，李鸿章是中国近四十年历史中位高权重的关键性人物。但凡读过《中国近代史》的人，都可以在其中看到李鸿章的名字，而读《李鸿章传》的人，也要把《中国近代史》作为参考，这样做的好处就是起到相辅相成的作用。按照这种说法，我写的这本书的名字，也可以叫作“同光以来大事记”。

不仅如此，一个国家今天的社会现象一定与这个国家以前的历史紧密相连，所以说，过去的历史是什么样的状况，会在后世中呈现出来，而当今社会现象是历史进程的必然结果。李鸿章和当今中国的关系，并非一句话、两句话能说得清楚，要想客观地评价李鸿章这个人，必须用敏锐的眼光捕捉中国数千年来政权更迭的趋势、民族兴盛与灭亡的基本规律，以及目前中国对外交往的种种内幕与秘闻。只有站在这样的高度上，才能够深入了解李鸿章在中国历史不可忽视的特殊地位。孟子曾经在《万章下》中说出“了解一个人，必须了解他所处的时代背景”。如果连社会大事都搞不清楚，难道就能够轻而易举地了解一个人吗？

当今在中国从事时事评论的人，对李鸿章平定太平天国和捻军叛乱的功劳毋庸置疑，而与外敌议和及谈判取得不利的结果看成他的罪过。在我看来，这样的功过评价有失公允。当年，俾斯麦曾对李鸿章这样说：“我们欧洲人一贯把抵御外来侵入当作莫大的功劳，而为了一己私利残杀同胞，我们不认为这是件荣耀的事情，相反觉得很可耻。”若按照俾斯麦的说法，李鸿章平定太平天国和捻军所取得的政绩，实际上是一场场兄弟相残的悲惨场面。如果哥哥打弟弟也能成为功劳的话，那么天下的手足兄弟都会因此感到不安。如果我们今天的国人因为国耻和痛恨议和，而将怨恨全部转嫁到李鸿章身上，这对他实在太不公平了。在这里，我们不妨换位思考一下，在一八九五年二、三月份和一九〇〇年八、九月份，如果把那些横加批评李鸿章的人放在李鸿章的位置上，他们的行为、决定和方法，难道真的要比李鸿章高明吗？他们妄自批评李鸿章，主要原因是他们不过是一群只能指手画脚、图口舌之快的旁观者罢了。因此，我对李鸿章的功过评论，不会随大流，在认知上也与他们大不一样。

现在，李鸿章已经死了，外国人评价他时，不像国人那样刻薄，认为他是中国第一人。甚至有种说法是："李鸿章之死，导致中国今后的政局会发生巨大的变化。"李鸿章是否能够称得上中国第一人，我不好轻易下结论，但看看现在朝野中那些超过五十岁的、三四品以上的官员，他们的才学和远见没有一个能抵得上李鸿章的，这一点我敢保证。至于李鸿章的死，到底能否影响中国的政局，我也不好轻易下结论。目前的政府失去李鸿章以后，就像老虎失去了伥，瞎子失去了赖以生存的说唱本领，可以说是情势危险，前途堪忧，各种麻烦连续不断，这一点我敢断言。我真的不愿相信外国人对李鸿章的评价是真的，如果是那样的话，我们有着五千年文化和历史的大国，居然要依靠李鸿章一个人作为中流砥柱，这样的中国还会有救吗？

西方有句名言，叫"时势造英雄，英雄也造时势"。像李鸿章这样颇具争议的人物，我不能不把他称为英雄。即便这样，他也仅仅是时势造就出来的英雄，而不是可以造就时势的英雄。通过时势造就出来的英雄，都是普通的英雄。天下如此之大，历史如此悠久，何愁没有时势？翻开二十四史就不难发现，像李鸿章这样通过时势造就出来的英雄，简直太多了，可以用车载斗量来形容；而能够造就时势的英雄，翻阅历史，即便千年也很难找出一个。这就是我中国历史长久以来，因循守旧、缺乏创新，而不能光彩四溢、震撼世界的原因所在。我在写作这本书的过程中，这种感慨一直长期存在于胸中。

霍光是西汉时期的权臣，历经汉武帝、汉昭帝、汉宣帝三朝，官至大司马大将军。历史学家在评论他时，常用"不学无术"定义他。我觉得李鸿章之所以没有成为伟大的英雄，也与这四个字有关。李鸿章的缺点主要表现为，不懂得国家与民众之间相互依存的原理，没有看清楚世界发展的大趋势，不知道政治与民众之间的基本关系。十九世纪是一个竞争异常激烈的时代，而李鸿章还在继续因循守旧，希望通过填补缺漏的方式对现状进行改良，这是一种苟且偷安的小想法、小作为，他没有想到如何拓展国家的实力，如何把中国建设成世界强国。他也希望改良现状，但仅仅学到了一点西方的皮毛，就像取水忘了源头一样，便不思进取，从此安于现状，更想着靠一点小聪明去和世界上的那些著名的政治家进行抗衡，其结果便是失去了大的利益，仅仅得到一点蝇头小利而已。要想把一个国家治理好，如果不鞠躬尽瘁，怎么可能去解决面临的种种问题呢？孟子曾说：“在长辈面前大吃大喝却不懂避讳，还一味讲究不能用牙齿咬断干肉的人，就不知道什么事情重要，什么事情不重要。”这句话说得很有道理。李鸿章晚年遭遇的种种失败，就是这个原因造成的。即便是这样的话，我们也不必过分指责李鸿章吧，因为他的能力有限，不是位能够造就时势的英雄。一个普通的凡人出生以后，一定会被几千年所形成的传统思想、观念和习俗所羁绊，这困扰着他的成长和认知，并让他在这种社会现状中不能自拔。李鸿章不是出生在欧洲而是中国，没有生活在今天而是几十年前，无论是他的前人还是与他同时代的人，没有一个能够造就时势的英雄站出来指引他、帮助他，与他同一时代的人，已经腐朽得不能再腐朽了，李鸿章算得上他们之中的翘楚了。针对当时中国的现状，我们不能把责任完全推到李鸿章的头上。况且他在清政府中所遭遇到的障碍，也使得他自己内心的志向不能够完全得以实现。所以，我说：“李鸿章的才干值得我敬重，他的见识不足令我惋惜，他的遭遇令我同情。”问题是，以后的人能沿着李鸿章所走的路而成就伟大的事情吗？显然不可能，因为时势已经发生了巨大的变化，成就英雄的原因也随之变化了，而那些想通过时势成为英雄的人，千万别拿我替李鸿章开脱的理由，用来宽恕自己。

第二章
李鸿章所处的历史位置

中国历史与李鸿章的关系

清朝历史与李鸿章的关系

要想评价李鸿章这个人，对他所处的国家以及生活的时代这两个方面，都要进行深入的了解。

一是李鸿章所处的国家，是一个有着几千年封建君主专制的国家，而清朝恰好又是这种专政体制发展到顶峰而达到极限的时代；

二是李鸿章所处的国家，是满人入主中原后形成的统一的国家，而清朝恰好又是满汉杂居多年，汉族的权利日渐恢复的时代。

评论家们动辄即说："李鸿章是近代中国的权臣。"我至今还没有弄清楚，他们口中所谓的"权臣"，是拿什么标准进行界定的。即便这种说法能行得通，倘若把李鸿章与两汉时期的霍光、曹操，明代时期的张居正相比较，与近代时期欧美、日本那些宣称君主立宪制国家的大臣们相比较，李鸿章手中所掌握的权力，远远不及他们的大。假如李鸿章真是一个位高权重的"权臣"，我们不妨回顾一下中国古代的权臣们，他们哪个不是独断专行、擅自做主、挟持天子、天下人敢怒而不敢言，这样的人能动摇社稷、颠覆政权，可是李鸿章自始至终忠心不二，从来没有非分之想，更没有取而代之的野心，从这一点来看，可以说他是位忠心耿耿的大臣了；如果李鸿章真是位权臣的话，那我们再看看近代各国权臣是如何做的，他们哪一位不是在改革政务时雷厉风行、我行我素、不忌猜疑、不怕责难，而李鸿章却因循守旧、畏手畏脚、不敢做主、碌碌无为，从这一点可以说明，他其实就是一位庸碌的大臣，皇权的一枚棋子而已。即便这样，李鸿章所生活的时代，与他们仍然存在着很大的区别，在此我试着与读者们一起进行研究，从古至今，逐步一一分析。

长期以来，中国是一个中央集权制的自我封闭的国家，这是人所共知的事实。尽管如此，这个专制政体也有可取之处，它虽然存在着种种弊端，同时也遵循着进化论的原理，逐渐发展并壮大起来，一度成为世界上最为强大的国家。这种专制政体发展到现在，已经走向末路，所谓权臣的权力，到今天几乎被剥夺殆尽。回眸历史，春秋战国时代，鲁国的三桓（季孙、孟孙、叔孙），晋国的六卿（智氏、赵氏、韩氏、魏氏、范氏、中行氏），齐国的陈、田，这些人才是中国历史上最大的权臣。那个时代，以贵族政体为根本，国家在选拔栋梁之材时，是万中选千、千中选百，通过一层一层的选拔。这种选拔方式就像一棵大树，修剪树枝就像选拔官员的过程，如果树枝太多太强大，势必会影响树干的生长，所以要通过层层的修剪，把最重要的保留下来，把不重要的一律修剪掉，这是必然遵循的规律。两汉以后，天下统一，中央集权的政治体制逐渐形成，但是它的根基还不稳固，外戚掌权滋生出来的祸乱非常严重，像霍光、邓骘、杜宪、梁冀，这些人相继把持朝政，其权势一手遮天，这种畸形政治生态导致王莽篡权，夺取了汉朝的江山，自此中央集权还多少带有点贵族政治的特点，应该称得上贵族政治的余波了。在这种政体下，没有雄厚的家世门第做背景，根本不可能有掌握大权的机会。范晔在《后汉书》中说张奂、皇甫规等人，尽管他们功劳盖世、扬名四海，轻而易举便可以把皇帝赶下台，但是他们在皇权的统治下，面对大汉天子，依然不顾个人形象，死心塌地地跪拜在天子面前，这就归功于儒家思想中的“独尊儒术”从中起到的作用，这就是儒家思想的效果。这期间贵族掌权的风气并没有完全寿终正寝，所以说，如果没有贵族背景和资历，不敢有图谋不轨的想法。这是权臣的第一种类型。

汉代末年，自从董卓出现以后，天下大乱，各路英雄豪杰纷纷趁势而起，曹操趁机夺取高位，凭借武力成为权臣，曹操自此开了个头。接着，时代变迁，司马懿、桓温、刘裕、萧衍、陈霸先、高欢、宇文泰等人，都走的是靠武力夺取权力的道路。这是权臣的第二种类型。又例如秦朝的商鞅、汉代的霍光、诸葛亮、宋代的王安石、明代的张居正等人，这些人出生在平民家庭里，家世没有什么背景，自己也没有什么依靠。他们能够取得成功，全是凭借自己的才华得到皇帝的赏识，才被委以重用，自己的志向从而得到实现，成为一人之下万人仰慕、大权紧握、无人企及的重要人物，这些人的权力相当于近代君主立宪国家中的首相了。这是权臣中的第三种类型。还有一类位高权重者，他们的实力稍微低于权臣，但他们凭借的不是真实的实力，而是靠花言巧语、献媚讨好，取悦帝王的手段，窃取国家的权力，他们利用手中的权力，祸害国家、盘剥百姓，例如秦朝的赵高，汉代的十常侍（张让、赵忠、夏恽、郭胜、孙璋、毕岚、栗嵩、段珪、高望、张恭、韩悝、宋典十二个宦官），唐代的卢杞、李林甫，宋代的蔡京、秦桧、韩侂胄，明代的刘瑾、魏忠贤，这些人嫉贤妒能、见识肤浅、鄙陋苟且，简直就不值得一提。这是权臣的第四种类型。以上列举的四种类型，应该把中国几千年来称得上权臣的人，基本上都概括进去了。

简单地说，时代越久远，出现的权臣越多；时代越近，出现的权臣越少，这究竟是什么原因造成的呢？应该是权臣势力的多少，与专制政体在发展过程中不断完善成反比的缘故吧。中国专政制度之所以如此的发达，主要有两个原因：一是由于传统儒家思想的全面渗透，二是相当一部分杰出君王的努力。春秋时期，孔子就看到了周朝末年贵族政治出现的种种弊端，他就希望能出现一位卓越的明君，使天下太平，万众归心。因此，当贵族势力肆无忌惮之时，他便著书立说，建立起国家的理论体系和教化民众的行为准则，并多次强调其作用和意义。

刘邦打败项羽建立西汉以后，叔孙通、公孙弘等人，在继承和完善儒家思想的前提下，并利用儒家思想树立起君王的权威。汉武帝更是尊崇儒学、把六艺（诗、书、礼、易、春秋、乐）推到极高的位置，为此他罢黜百家，专门利用儒家思想来教化和统治天下，天子与臣子之间的尊卑关系就显得格外的明显，天下人这时才开始认识到权臣是应该被指责的对象。在以后的两千多年中，儒家思想都被历代统治者作为教育国民的核心思想。宋朝的贤人传承了儒学，并将其发扬光大，使得它在社会中的基础更加稳固，于是，在所有的士绅阶层和上流社会当中，以儒家礼仪约束和规范自己行为的人，没有哪个不是洁身自好、彬彬有礼、小心谨慎的。儒家的伦理道德既然已经深入人心，便能够逐渐消除人们内心的骄蛮纵横的习气，让人的行为符合名教礼仪的各种规范。像汉朝末年的诸葛亮、唐朝的郭子仪，近代的曾国藩、左宗棠及李鸿章，都被这种观点影响得很深。不仅如此，历代皇帝在总结前朝兴衰原因时，一个比一个做得详细、周密，因此贵族掌权的例子到了汉代几乎已经没有了。东汉的光武帝刘秀、宋朝的开国皇帝宋太祖赵匡胤对待功臣时，一方面给予丰厚的俸禄，一方面削夺他们手中的兵权；汉高祖刘邦、明太祖朱元璋对待功臣时，则采用另外一种方式，那就是只要有所嫌疑就抓起来，罢其官职，甚至满门抄斩。尽管这种做法近乎残忍，与宽容比起来大相径庭，但本质都是一样的，都是通过不同的手段，剥夺他们手中的兵权，维护君王至高无上的权力。到了近代，天下依然采用的是郡县制度，但土地世袭制被取消了，中央政府和地方政府互相牵制，皇帝虽高处庙堂之上，制度像一条无形的鞭子，皇帝可以用它任意抽打他们。无论是在朝廷中当了十年的宰相，还是在地方做封疆大吏，皇帝的一纸诏书就可以削夺他们官职，定他们的罪，不是发配到偏远地区就是贬为庶民，过着与普通百姓没有区别的生活。所以说，那些身处重要地位的官员们，没有几个能够善始善终的，他们为了保全自己的地位、名声和性命，整天过着小心谨慎、避免灾祸的生活，难道这些人的性格和修养比古人还要好吗？其实并非如此，都是被形势逼迫成这样。正因这两点原因，所以那些有野心的人才有所顾忌，不敢肆意妄为，天下也因此得以太平一些。再说那些洁身自好的人，常常如临深渊、如履薄冰的感触，天天只希望明哲保身，并以他人的错误警示自己，即便国家出现大事，内心明白自己应该坚持原则，应该有所担当，但畏惧于种种压力，不敢首当其冲、力排众议，更不敢违抗皇帝的圣旨。俗话说："当一天和尚撞一天钟。"满朝文武大臣，一个个都想保全自己，避免祸端，这种状况不是一朝一夕形成的，而是日积月累而形成的。

到了本朝（清朝），又出现了一个特别的原因。清王朝起源于中国东北的一个部落，他们刚开始时逐水草而居，过着游牧生活，后来逐渐强大起来，势力范围进一步扩大，继而打败明朝，入主中原。一个只有区区几十万人的外来民族，统治人数过亿的汉族，满汉之间不可能不存在你我之分的想法，这是不可避免的现实。当初在云南、福建和广东设立三藩时，任命的封疆大吏全是降将，必然埋下隐患，威胁清王朝的安危，后来竭尽全力才削藩成功，形成真正意义上的中央集权。此后的两百余年，只有满族官员成为权臣，而汉人中没有出现一个。例如，鳌拜、和珅、肃顺、端华这些人，基本上能和以往朝代的权臣相提并论的人，都是满族人。

细数清王朝的历次重大战役，除了开国的那几次外，例如平定三藩、平定准噶尔、平定青海、平定回部、平定哈萨克布鲁特敖罕巴达克爱乌罕、平定西藏廓尔喀、平定大小金川、平苗、平定白莲教、平定天理教、平定喀什噶尔，前后出兵数十次，八旗兵都是主力部队，任命亲王、贝勒或满人大臣作为统帅或督军。通常情况下，不管是内阁大臣还是封疆大吏，汉人基本上处于备用的位置，对于国家的发展大计，根本没有过问的权力。例如，顺治、康熙年间的洪承畴，雍正、乾隆年间的张廷玉，他们在朝野内外，无论是地位还是声望都很高，但就是没有实权，不过是被利用的臣子而已。其他汉人中的文武官员，更是显得微不足道。所以，咸丰朝以前，朝廷中的重要文武官职，没有一个任用汉人的（将帅中偶尔有一到两人，该部队则为八旗汉军）。

到了洪秀全、杨秀清率领起义军造反时，赛尚阿、琦善以大学士身份被任命为钦差大臣，率领八旗军去远征起义军，哪料贻误战机，导致起义军的实力不断发展壮大，八旗军根本不是对手。这时当权者才明白，现在的八旗军不是彼时的八旗军了，他们整天只知道享乐，没有任何的战斗力，万般无奈的情况下，只好启用汉人，自此汉人被委以重任的时机来临了。所以，金田起义实际上是满汉权力此消彼长的重要时期，如果不爆发金田起义，清王朝不会重用汉人。到了曾国藩、胡林翼等人在湖南、湖北起兵后，他们实际上已经成为平定江南叛乱的重要军事力量，而朝廷方面对他们仍然不放心，依然派满人以大学士的身份担任钦差大臣。在平定叛乱方面，清王朝倚重汉人其实是无奈之举，又怎么可能完全信任汉人呢？曾国藩、胡林翼明白清王朝上层统治者的心思，为了让皇帝放心，他们诚心实意与满人搞好关系，每当军中有事务需要向朝廷请示或汇报，必然请满人领衔；每次上报战功，把首功都让给满人；需要向朝廷上奏折时，先让军中的满人同意，然后再发往朝廷。当时汉人对满人恭谨的态度令人敬佩，他们这样做，内心也有苦衷，实在是件可悲的事情呀。从《曾文正集》中可以看出，曾国藩自从攻破南京，平定太平天国以后，每天过着战战兢兢、如芒刺在背的生活。曾国藩是一位精通人情世故的人，他都这样担惊受怕，更何况李鸿章的自信心还远远不如曾国藩呢？因此，我敢做出这样的结论：李鸿章在朝廷中的地位，与汉代的霍光、明代的张居正，及近代欧洲、日本等一些君主立宪制国家的大臣相比，还是有很大的区别，他们才是真正的权臣，李鸿章不够资格，这就是时势所造成的。

提及李鸿章的地位，必须要了解中国的官制。李鸿章历任大学士、北洋大臣、总理衙门、商务大臣、江苏巡抚、湖广总督、两江总督、两广和直隶总督。从表面上来看，也可以称得上是位极人臣了。但是，我们不能忽略一个事实，清王朝自雍正当皇帝以后，政府的实际权力，完全掌握在军机大臣手里（同治时代以后，尽管地方督抚的权力有所加强，但也要看是谁坐在督抚的位置上，所以不能一概而论），军机大臣在治国安邦过程中，对出现的功过得失要负主要责任。李鸿章虽然任职总督、巡抚，与其他的总督、巡抚还是有区别的，倘若要把近四十年来政治上的失败全部归罪于李鸿章一个人，李鸿章完全有理由不去接受。现将同治中兴以来，军机大臣中的实力派人物列表如下：

第一	文祥、沈桂芬时代	同治初年
第二	李鸿藻、翁同龢时代	同治末年及光绪初年
第三	孙毓汶、徐用仪时代	光绪十年（一八八四年）至光绪廿一年（一八九五年）
第四	李鸿藻、翁同龢时代	光绪廿一年（一八九五年）至光绪廿四年（一八九八年）
第五	刚毅、荣禄时代	光绪廿四年（一八九八年）至今

案语：在这个列表中，我们可以看到满汉权力相互交替的过程。太平天国和捻军起兵叛乱以前，汉人没有真正的掌权者，从文祥和沈桂芬开始，汉人才逐步掌握实权。接着是李鸿藻、翁同龢，然后是孙毓汶、徐用仪，至于他们的才干和能力，这里暂时不做讨论。自从同治以后，汉人在朝廷中所占的席位已经过半，不仅仅表现在封疆大吏上，内阁中枢也是这样。可见，汉人的实力正在迅速增强。但是，到一八九八年八月以后，形势有所变化。究其原因，存在很多因素，鉴于与此书没有直接关系，就不做详细介绍了。

从上面的表格中不难发现，这数十年来与李鸿章一起共事的都是一些什么样的人。至于他们的办事能力与个人品格不再一一细说，总体而言，他们的见识、理念、想法与李鸿章都不相同。李鸿章对俾斯麦说的话，的确有根据啊。而且这群位居要职的军机大臣只会俯首帖耳、奉旨办事，与李鸿章想拯救中国的想法完全不同，除了他们之外，朝廷中的其他官员也是这样，这就是我怜悯李鸿章的原因所在。当然，这仅是我的个人观点，并没有袒护或为李鸿章开脱的意思，事实本来如此。即便李鸿章手中掌握实权，放开手脚去为自己的愿望而拼搏，我敢断言他取得的成绩不可能超越今天人们做出的贡献。为什么这样说呢？李鸿章的出发点是美好的，可他缺乏学识，导致眼界不够开阔，做起事来就显得捉襟见肘。如果李鸿章是真正的英雄豪杰，凭借他当时的地位，为什么不加强和巩固自己的实力，不断地培植自己的势力，将自己的治国方略施展出来呢？欧洲的格莱斯顿、俾斯麦在实现自己的宏伟计划过程中，难道没有阻力吗？所以，即便想为他辩护，也找不到最为恰当的理由。尽管如此，倘若把清政府政策上的某些错误决策，归罪于李鸿章头上，他也有难辞其咎、不值得同情的一面。问题是，那些掌握实权而误国的内阁要员们，反而有冠冕堂皇的理由去推卸和逃避责任，他们将我四亿国民的生死置之度外，根本没有意识到自己身上背负的责任有多大，这实在令人可恨。李鸿章与他们相比，就无足轻重了，这就是李鸿章在时局中的处境，也是我想为他辩护的原因所在。至于他的功劳和罪责以及人品，我会在后面进行谈论。

第三章
李鸿章未发达以前及当时中国的形势

李鸿章的家世

欧洲势力的东扩

中国内乱的发生

李鸿章与曾国藩的关系

李鸿章，字渐甫，号少荃，安徽庐州府合肥县人。父亲叫李进文，母亲沈氏，共生下四个儿子，老大李瀚章做到两广总督，三子李鹤章、四子李昭庆都参军入伍，立有战功。次子李鸿章，生于道光三年（一八二三年）正月初五，幼年在普通私塾里读书，学习科举应试的内容，二十五岁时考中进士，道光二十七年（一八四七年）进入翰林院，那年是丁未年。

李鸿章出生的那一年，恰恰是法国大革命风潮刚刚平息之际，叱咤风云一时的拿破仑死于流放孤岛——圣赫勒拿岛。欧洲大陆的整体局势已经平稳，各国之间不再相互侵略，而专心于养精蓄锐、休养生息，以便将战略目标转移到东方。于是，几千年来维持大一统局面的中国，便逐渐遇到了越来越多的麻烦事。俄罗斯单方面撕毁伊犁划界条约，两国因边界问题，矛盾日益加深；在中国的南方，因反对鸦片流入中国，与英国人爆发了鸦片战争。此时的中国，正是多事之秋，也是国家急需要人才的时候。自从瓦特发明了蒸汽机后，将航海业向前推进了一大步，大型的轮船、军舰可以乘风破浪，世界上洲与洲、国与国之间的距离大大缩短了，天涯之隔就像邻居一样不再遥远；埃及的苏伊士运河开通以后，东西方之间的距离一下子拉近了，西方列强渐次侵入东方，其势力汹涌澎湃，如狂飙、似怒涛，击石拍岸，天地间顿时为之变色，他们入侵的力量猝不及防，也无法抵挡。所以，自李鸿章出生以来，正是中国与世界开始有紧密联系的时代，同时也是中国外交方面最为艰难的时刻。

再回过头看国内的情况，自乾隆以后，清王朝的国运由盛转衰，民生凋敝，百姓苦不堪言，各级官吏恣意骄纵，盗贼横行乡里，国内的麻烦事越来越多。乾隆六十年（一七九五年），湖南、贵州一带的红苗发生叛乱。嘉庆元年（一七九六年），白莲教起义，势力蔓延到五省区，为平定这次叛乱，前后用了九年，一共消耗白银两亿两，才算控制住形势。与此同时，以蔡牵为首的海盗把越南作为老巢，不断在广西、广东、福建、浙江等地烧杀抢掠，无恶不作，到嘉庆十五年（一八一〇年）才被铲除。清政府还没来得及喘口气，李文成、林清成立的天理教在山东、直隶一带兴风作浪。同时，陕西则传来劫匪作乱的警报。到了道光年间，又爆发回部的张格尔叛乱，边境陷入混乱，人心惶惶，直到朝廷派重兵前去征讨，用了七年的时间才将其平定。如此看来，嘉庆、道光两朝，国力消耗、民心躁动已经到了十分严重的地步，而达官贵族整天过着醉生梦死的生活，表面上对皇权唯唯诺诺，看上去一团和气，一片歌舞升平的太平景象，实际上水灾、旱灾等各种灾难威胁着底层贫苦百姓的生存权，民众无处申诉，只好起来暴动，这种状况让当时的有识之士早已为国家的前途命运担忧起来。

中国数千年来的历史，从某种意义上来说，其实就是一部用鲜血写就的历史。所谓人才，都是统治者杀人的工具或机器。纵观古今，乱世才会造就英雄，太平盛世不会出现英雄。这是历史的必然规律，自有其道理。道光、咸丰末年，乱世已现端倪，所谓的英雄开始磨刀霍霍、等待时机大显身手。中国自从有了国家的概念以来，出生底层的百姓，鲜有参加国家政治的先例，百姓一直被官吏逼迫压榨，遭受着种种残酷的虐待，当申诉无门之时，他们便奋起反抗，通常有两种途径：轻一点儿怠工罢市，重一点儿揭竿造反，他们这样做，实属无奈之举。至于改朝换代、更姓受天命，与平常事没有什么两样，所谓胜者为王，败者为寇，就是这个道理。历史上的汉高祖、明太祖发迹前都是无赖，今天还是盗贼，明天就成了神圣的帝王，谁最厉害谁就最受尊崇，其他的都不值得一提。正是因为有了这样的概念和这样的心理，历朝历代从底层起来造反的事情，在史书里屡见不鲜。历史上出现百年或数十年的太平阶段，不过是上一次祸乱杀戮之后人们厌倦了战争，人口也大幅减少，谋生相对容易；或者是君王统治得当，用小恩小惠赢取人民的拥护，取得一时安定而已。实际上，国家内部的深层隐患从来没有消除过，只要有合适的机会，就会卷土重来。所以，数千年的史书，都是用鲜血写成，用肝脑点缀的，这是无法回避的事实。清王朝在关外发迹，入关后，主宰中原，统治汉人，汉人向来有自尊自大、蔑视他族的心理，被满人主宰，心里自然不舒服、不自在。因此，从明朝灭亡以后，其遗老遗少组织秘密党会图谋恢复大明江山的活动，延绵二百余年未曾中断，其势力蔓延到十八个省，可谓无处不在。以前这些人屡次煽动造反，都因有英明的君主相继出现，使动乱没能成功；然而积蓄了很久，总会有爆发的那一天。自从道光、咸丰两朝以后，官吏昏聩无能、劣迹斑斑，压榨百姓的手段变本加厉；加上政府腐败无能，弊政烦琐，外国侵犯致使国耻纷至沓来，怀有爱国热情的人一心想扫除阴霾，破旧立新，狡黠凶恶的人想乘机实现野心，这就是形势所致，自然也有其必然的道理。于是，一代英雄曾国藩、左宗棠、李鸿章等人，因时因事出现了。

早年，李鸿章以优贡生（科举制度中由地方贡入国子监的生员之一种）的身份客居北京，由于文章颇受曾国藩的赏识，便拜于他门下，成为曾国藩的学生。期间，与曾国藩朝夕相处，向他学习儒家义理及经世济民的学问，这段时间奠定了李鸿章一生的学识与修养。当他进入翰林院不满三年之际，金田爆发起义，洪秀全以普通百姓身份在广西造反，仅仅两年多的时间，起义军就占领半个中国，东南部的重要城市相继成为太平天国起义军的地盘，当时的清政府到了土崩瓦解、岌岌可危的地步，统治者惶惶不可终日。这一时期的李鸿章在安徽老家，协助巡抚福济和吕贤基管理军务。当时，庐州已经陷落，起义军分别占据附近的地区，形成两面相互援助的犄角之势。福济一心想收复庐州，却想不到如何击退敌兵的办法。李鸿章也没闲下来，他向福济提出建议，先攻下含山、巢县，这样便可以切断敌方的后备增援。福济觉得有道理，就让他指挥军队，咸丰四年十二月，李鸿章收复两个县。从此，李鸿章在军事上的指挥才能，在清政府中传开。

洪秀全攻陷武昌时，礼部侍郎曾国藩正在老家守孝，皇帝传下圣旨，命令曾国藩在地方训练武装部队。曾国藩欣然授命，决心训练一支精良的军队，解救危难中的清王朝，湘军就是在这种背景下成立的。后来，李鸿章的淮军是以湘军为模板并借助湘军的力量形成的。此时，八旗军和绿营（清朝常备兵之一。顺治初年，清政府在统一全国过程中将收编的明军及其他汉兵，参照明军旧制，以营为基本单位进行组建，以绿旗为标志，称为绿营，又称绿旗兵）早已没有了当年的精、气、神，他们疏于操练，懒惰颓废，胆小怯懦得犹若寄生虫一样，没有任何的实战能力；士兵如此，将领们也好不到哪里去，他们一个个平庸低劣、玩忽职守。曾国藩通过深入调查，认真分析后，认为必须革除这些腐朽的作风与习气，必须组织另外一套班子和人马，否则的话，根本不能解决眼前的问题。为此，他到处招揽人才，统筹全局，苦心经营，凭着他坚忍不拔的意志，局势很快得到改观。清朝的军队从节节败退到稳固收复失地，就是从这个时候开始的。

洪秀全占领南京以后，渐渐滋生出骄傲自大和懈怠的心理，加上太平天国内部失和，为了争权夺利相互残杀，衰败的形势已经很厉害了。如果当时官兵中有得力的将才，全力围剿洪秀全，太平天国很快就会土崩瓦解。无奈官兵的放纵和腐败，比太平军还厉害。咸丰六年（一八五六年），向荣指挥的江南大营第一次被太平天国击败；咸丰十年（一八六〇年），钦差大臣和春、江南提督张国梁指挥的江南大营再次被太平天国击败，直接导致江苏、浙江的沦陷，这时敌方的气焰比年初时更加嚣张。加上咸丰七年（一八五七年）丁未以来，又与英国开战，当张国梁、和春阵亡时，正是英法联军入侵北京，火烧圆明园的日子。天灾人祸，交相进逼，至此大清国传了十代的江山已经命悬一线了。

曾国藩带兵十年，长期在长江上游作战，没有突出的战绩，这可能与他深谋远虑、善于心计、小心行事、不急于求成、脚踏实地、节节进攻的策略有关，同时也和朝廷方面不委任专人，事权不统一，前线军事指挥官不能完全按照自己的策略进行指挥有关。正是这种种制约，曾国藩带领的湘军，转战湖南、湖北、江苏、安徽等省区时，被地方官干扰掣肘以致贻误战机的事情屡有发生，所以在很长时间内，不能为国家建功立业。当江南大营遭遇第二次溃败时，清政府终于认识到，除了湘军之外，朝廷中没有可以依靠的部队了。咸丰十年（一八六〇年）四月，清政府任命曾国藩为代理两江总督，紧接着让他掌管实权，并授予钦差大臣，监督办理江南军务。直到此时，曾国藩才把兵权和财权完全掌握在手中，没有后顾之忧以后，他与左宗棠、李鸿章等人合力解决苏州、安徽、江苏、浙江等地的战事，整个战局开始有利于清政府。

李鸿章给福济做幕僚时，福济曾上疏极力举荐他为道员，由于寿春镇总兵郑魁士的阻挠，没有获得这一职务。当时，李鸿章处在风口浪尖上，针对他的谣言四起、诽谤他的语言到处乱飞，致使李鸿章几乎不能在老家立足。后来虽然被授予福建延平、邵武、建宁的道员，只是虚衔，并没有实际职责。咸丰八年（一八五八年），曾国藩率军转战到建昌，李鸿章便前来拜访，随后留在了曾国藩手下做幕僚。咸丰九年五月，曾国藩调遣驻守在抚州的湘军旧部四营，接着又新招了五营，任命他的弟弟曾国荃为统帅，前往江西的景德镇协同围剿，并让李鸿章作为参谋一同前往。江西平定之后，李鸿章又在曾国藩军队里待了两年多。曾国藩出任两江总督，准备兴建淮阳水师，奏请让李鸿章填补江北司道的空缺，没有获得批准；又推荐他为两淮盐运使，等奏章到了北京，正值英法联军火烧圆明园，咸丰皇帝逃到热河去了，李鸿章做官的问题自然也没人理会了。此时的李鸿章已经三十八岁了，他自感怀才不遇，内心比较郁闷，就像失意的古人那样，拍着大腿，仰天长叹，痛惜岁月蹉跎。人生已经过了一半，命运也就这样了，不去想能在仕途上有什么发展了。唉！这是上天有意磨砺李鸿章，还是厚待他呢？为何不让他的才干充分展示出来，李鸿章想不通，熟悉或认识他的人也想不通。其实，在这颠沛流离的十余年中，磨砺了他的气量，增长了他的才干，为日后担当大任做好铺垫。在曾国藩手下做参军的几年时间里，是他学习知识和积蓄能量的实验学校，也是他终生受益的一笔宝贵财产。

第四章
军事家李鸿章（上）

李鸿章的崛起与淮军的建立

官军的衰败和粮饷的匮乏

江浙两省得失的关系

常胜军的兴起

李鸿章与李秀成的交战

淮军平吴之功

江苏军与金陵军、浙江军的关系

金陵的收复

秦朝末年，天下大乱，各路豪杰纷纷起事，直到项羽奠定霸业以后，韩信才开始崭露头角；汉朝末年，天下大乱，各路豪杰纷涌而出，直到曹操成就天下霸主以后，诸葛亮才开始展露才能。自古以来，伟大的人物，他们的一举一动，进退升降之间，上天似乎在有意控制着，一定要等到时机成熟、准备充分之后，才像拉满弦的弓箭射出去。其实，没有什么力量主宰着他们必须这样，冥冥之中似乎又有某种力量驱使他们这样。谢灵运曾说："你们虽然升天在我之前，但成佛必然在我之后。"在我看来，同光中兴的大臣中，论声望，李鸿章成名最晚；名气最大、掌权最久的，李鸿章却是第一。成就事业的机遇随时都会出现，时势造就英雄，李鸿章是当之无愧的时代骄子。

咸丰六、七年（一八五六年、一八五七年）之交时，太平天国的气势已经达到了极点，他们所向披靡，战无不胜；清朝军队一败涂地，士气衰败，从将领到士兵一个个萎靡不振。国家随时有被取代的危险，即便处于生死存亡的时刻，清政府在军事决策上依然摇摆不定，那些掌握实权的官员不去想办法对付太平军，而是相互猜忌、钩心斗角，加上军需物资匮乏，国库空虚，财政拮据，各省只能自己筹集钱粮维系开支，这种零打碎敲、拆东墙补西墙的方式，也只能勉强缓解燃眉之急。在这种全方位都不利于清政府的情况下，即便有忠诚良将和雄才大略之人，也无法在短时间内发挥其作用，这个道理大家心里都清楚。于是，清政府在万般无奈的情况下，有了雇佣欧美军队镇压太平军的想法。

当初，洪秀全、杨秀清占据南京以后，开始发动全面攻势，民众饱受其苦，十八个省份，没有一处安宁的地方，政府历经十年镇压，也没有平定叛乱。清朝政府的无能与乏力，是天下尽人皆知的事情。英国的领事人员和在上海的英国富商们，不认为洪秀全是颠覆大清王朝的乱臣贼子，反而将他看成像欧洲各国倡导民权的革命党一样，对待他的态度也十分友善，有时还为他提供枪支、弹药、粮食等军需物资。后来，洪秀全骄傲自大，奢侈腐化到了极点，太平天国内部出现互相残杀的现象，他们的政务荒废得厉害，且一天比一天的糟糕。欧美国家中的一些有远见的人士，渐渐明白所谓的太平天国，所谓四海皆兄弟，所谓和睦博爱，所谓平等自由，不过是戴在脸上的假面具而已；他们的本质，与中国历代出现的流寇没有什么差别，由此断定他们无法成就大事。有了这样的认识，英、法、美等国纷纷改变对华方针政策，都愿意借兵给清政府，帮助清政府平息叛乱。当西方列强把这个想法传达给清政府时，是咸丰十年（一八六〇年）的事情。俄罗斯也不甘寂寞，打算派遣小型海军舰队，运载若干军队，沿长江逆流而上协助剿“匪”，为此，俄国公使伊格那还拜访恭亲王奕䜣，当面商谈此事。

案语：欧美各国当时刚刚和中国通商贸易，他们当然不希望中国发生动乱。所以，当两军长期相持，不分胜负的时候，他们定然希望帮助其中一方，以尽快结束战争。而清政府的腐败无能，长久以来也让西洋人厌恶和忌惮，他们对太平天国所寄予的希望也就增多一些，这是时局所决定，也是情理之中的事。当时欧美各国，帮助清军一方，则清军可以取得胜利；帮助太平天国一方，则太平天国可以取得胜利。中国当前的形势很微妙，胜败只在一线之间。如果洪秀全是一位有谋略、有见识的人，能够妥善治理好内政，处理好外交，迅速与在华的各个国家签订通商协约，借助他们的军事力量来平定中原，那么天下大势就完全是另一番情形了。可惜的是，洪秀全不明白这个道理，大业未成，内部就腐败了，在外交上处处树敌，最终失败并被外国人俘获，这样的命运对他而言，不是很正常吗？而李鸿章等人的名望和功业，也正是在这个时候建立的。

当时的情况是，以英法为首的联军刚刚入侵北京，咸丰皇帝逃往热河。虽然已经签订了和约，彼此之间的猜忌心理还相当严重。所以，对于向外国出兵援助清政府剿匪这件事，恭亲王奕䜣不敢自作主张，他一方面向住在热河行宫里的咸丰皇帝请示，一方面又向江南、江北的钦差大臣曾国藩、袁甲三（袁世凯之父）及江苏巡抚薛焕、浙江巡抚王有龄等人征询意见，让他们说说自己的意见与看法。这些手握兵权的大臣们听到这件事后，当时反应激烈、极力反对，说有百害而无一利的只有江北钦差大臣袁甲三。薛焕虽然也持反对意见，但他建议可以雇用印度士兵，用来防卫上海及周边地区，并请求让美国将官华尔、白齐文担任队长。曾国藩的想法和薛焕大致相同，说眼下中国陷入极度的困境之中，官兵们士气衰落，无法与洪秀全领导的部队抗衡，既然外国人想帮助我们，不要拒绝他们的好意，应该一边用好话回复他们帮助剿匪的美意，但在他们出兵的日期上尽量拖延；一边要充分利用国外军官，在剿匪上起到实际的作用。于是，朝廷按照这些建议，婉言谢绝了各国帮助剿匪的提议，并让曾国藩负责聘请外国军官训练新兵。“常胜军”由此产生，而李鸿章开始建功立业，与这件事有很大关系。

华尔，美国纽约人，毕业于美国陆军学校，担任军官期间因为犯了一点小罪逃离美国，远渡重洋跑到上海隐藏起来。咸丰十年（一八六〇年），太平天国的军队侵入江苏，很快就攻陷了苏州和常州。上海的候补道杨坊知道华尔是位遇事冷静、行为低调，富有才华的人，就向布政使吴煦荐举此人。吴煦找到美国领事，申请赦免华尔的罪过。美国领事答应了吴煦的请求，华尔得到赦免后，先让他招募几十个愿意从军的欧美人，又把几百位志愿当兵的中国人交给华尔，让他训练这批军人，用来防卫苏州和上海。后来，这支部队屡次与太平军交战，他们常常能以少胜多，所向披靡，战绩突出，无论是官兵还是太平军，都称这支部队为“常胜军”。其实，李鸿章未来上海之前，常胜军就成立了。

在叙述李鸿章战绩之前，请允许我先介绍一下李鸿章立下战功的地理位置以及当时的形势。

江苏、浙江两省，历来都是中国财政税收的重要省份，可以说没有江、浙两省做支撑，国家就很难运转下去。所以，要说兵家必争的战略要地，没有哪一个地方能比得上武汉的；要说粮饷财源之地，没有哪些地方能比得上江、浙的，略微对军事策略有所了解的人，都知道这两点的重要性。洪秀全看到近来官兵的士气高涨，不像以前那样不重视他们了，况且安庆刚刚被官兵收复（咸丰十一年八月由曾国荃收复），南京越来越陷入孤立无援的地步，形势对太平天国而言越来越不利。在这种情况下，洪秀全派李秀成、李世贤等人兵分两路分别进攻江苏、浙江，从而牵制清政府的部队对南京的压力。李秀成率领的部队勇敢善战，一路进展顺利，很快攻下萧山、绍兴、宁波、诸暨、杭州等地，浙江巡抚王有龄在战斗中身亡，江苏各地在李秀成的攻打下，流离失所的百姓，纷纷逃难于上海。

湘军收复安庆之后，士气更加高涨。以前那些与曾国藩政见不和的中央及地方大员们，不是死亡就是被撤职，讨伐太平天国的重大责任，完全落到曾国藩一个人的身上。朝廷为了早日平息太平天国，传下圣旨，催促曾国藩率兵东进，收复苏州、常州、杭州等被太平天国占领的郡县，短短五天之内，接连下了四道圣旨，且口气一次比一次严厉。曾国藩不敢耽误，上奏折举荐左宗棠负责浙江的军事指挥，江苏的绅士钱鼎铭等人十月份乘船沿长江逆流而上抵达安庆，苦苦哀求曾国藩派遣军队支援江苏，说淞沪地区有三个稍纵即逝的大好机会，将难以守住太久：一是当地团练，二是洋枪和火轮船，三是埋伏下的内应。此外，虽然还有三座城池暂时没有被太平军攻陷，但也维持不了多久，它们分别是镇江、湖州、上海。曾国藩见钱鼎铭等人言辞恳切，一脸的惨相，同情之心油然而生。问题是，由于粮饷缺乏、兵力不足，左宗棠所统领的楚军也没有可供抽出的兵力，于是曾国藩就与李鸿章一起商讨，决定第二年（咸丰十二年，一八六二年）的二月出兵援助江苏。

咸丰十一年十一月，朝廷传下圣旨，向曾国藩询问援助江苏，谁可以担任军队的统帅，曾国藩就举荐了李鸿章，同时向朝廷请示，调拨几千人的部队，迅速奔赴长江下游，帮助江苏的官兵围剿敌人。李鸿章被任命为统帅后，马上回到老家庐州，在那里招募“淮勇”，把他们带到安庆后，曾国藩又亲自帮他制定各项营规军纪、武器军械的配备、军饷口粮的分配等相关制度，这些都是按照湘勇的章程制定，并参照楚军的营规建制，对淮勇进行训练。

以前，安徽中部经常被太平军和捻军进攻和骚扰，当地百姓深受其害。合肥县的志士张树声、张树珊兄弟，周盛波、周盛传兄弟以及潘鼎新、刘铭传等人，自咸丰初年就开始训练当地的民兵保卫家乡，他们筑起堡垒，时刻保持警惕，防止流寇侵扰，当时安徽全省几乎全都卷入战乱，唯有合肥县能够保全自己的地盘。李鸿章回老家招募的淮军，就是在这些乡里团练的基础上加以精心训练而组成的，张树声、张树珊、周盛波、周盛传、潘鼎新、刘铭传等都跟随他参军。安徽桐城人程学启，本来是曾国荃的部下，官职为参将，此人有勇有谋，在军中算得上是出类拔萃的人才，曾国藩特意把他挑选出来，让他跟随李鸿章。在以后的战争中，程学启果然名不虚传，他勇敢善战，闻名一时。就在淮军刚刚成立之际，曾国藩从湘军中划拨出几个营补充淮军，并且从湘军中选出一位优秀的将领作为统帅，接受李鸿章的指挥，这位将领就是郭松林。因此，淮军中的知名将领有程、郭、刘、潘、二张、二周。

同治元年二月（一八六二年），淮军正式亮相于历史舞台，总兵力有八千人。原计划沿着长江乘船顺流而下，从太平军的防务要塞旁边硬冲过去，去支援镇江，但还没有最终决定。二月二十八日，上海官僚、绅士们筹集了白银十八万两，雇了七艘轮船到安庆迎接淮军。面对眼前的局势，淮军决定分三批前往上海。三月三十日，李鸿章的淮军到达上海，朝廷传下圣旨，任命他为代理江苏巡抚，薛焕（原江苏巡抚）为通商大臣，专门负责外交方面的事务。

此时常胜军的军队建制，还不够完善。华尔作为一名外籍将领，率领着五百人的部队，在松江驻防。这年正月，一万多名太平军攻打松江，把华尔指挥的部队里里外外围了几十圈，华尔率军奋战，力破重围。李鸿章的淮军到达上海后，华尔的常胜军编入李鸿章的部队，听从李鸿章的统一管理和指挥；接着，又招募了一些身强力壮的中国年轻人，交给华尔训练。华尔训练出来的士兵，薪水比湘军、淮军都高得多。从此，常胜军在围剿太平军的过程中，发挥了很大的作用。

松江府位于江苏、浙江两省的交界处，是地方最高军事长官的驻扎地，是江苏的交通要道。太平军知道此处的重要性，对其进行十分猛烈的围攻，李鸿章自然清楚松江府的重要性，命令常胜军和英、法守军（当时有一部分英法的守兵专门驻扎上海，保卫各自的租界）合并在一起，攻打松江南部的金山卫和奉贤县；命令淮军中的程学启、刘铭传、郭松林、潘鼎新等所属部队，攻打松江东南的南汇县。太平军将士不顾个人安危，拼死作战，英法联军抵挡不住撤离阵地，嘉定县落入太平军的手中。太平军攻破嘉定县后，乘胜进攻上海，程学启在太平军进军的途中进行拦击，太平军大败。驻守在南汇的太平军将领吴建瀛、刘玉林等人见守城无望，只好开城投降。此时，川沙厅（位于吴淞口南岸）的一万多太平军又来进犯，刘铭传坚守南汇县，打败太平军，收复了川沙厅。但太平军的斗志依然顽强，一支队伍围困松江、青浦，另一支驻扎广福、塘桥，主力驻扎泗泾准备进攻新桥。五月，只有程学启一支部队守卫在新桥，抵挡太平军的进攻，程学启的孤军连续数天被包围，情况十分危急，新桥随时有可能被太平军攻破。李鸿章得知军情后，亲自带队前去支援，在徐家汇与太平军交战，最终击败太平军。程学启看见李鸿章的帅旗，立即率军两面夹击，终于获得大胜，歼灭太平军三千多人，俘虏四百多人，有一千多人投降。在松江府外驻防的太平军听到风声后都很震惊，慌忙向北撤退，新桥之围就此解除，上海的防御形势也缓解了。

淮军刚刚到上海的时候，西方人见他们的军服简陋破烂，都暗地里耻笑他们，李鸿章镇定地对手下的将领说："军队能不能打仗，难道是从服饰上体现的吗？等他们看到我们的将士作战，自然就会重新认识我们。"当欧美人看到淮军将领们作战勇敢，士兵们奋勇杀敌，军队的纪律严明，没有一个不改变看法、肃然起敬的。当初，常胜军划归为李鸿章管辖，从军官到士兵，心里多少有些不舒服；当看到李鸿章从严治军，部队接连打胜仗，便对李鸿章心悦诚服，甘愿顺从他的指挥了。

当时的曾国藩是剿灭太平天国的核心统帅，责任重大，而且全由他一人担当，没有人帮他分担，也没有人给他添乱。于是，他派李鸿章负责平定江苏，左宗棠负责平定浙江，曾国荃负责平定南京。南京是太平天国的大本营，就战略形势而言，南京是江、浙两省相互呼应的重要军事要地，太平天国之所以能形成强大的势力，主要是在地理位置上占得了先机。所以不把江苏的太平军消灭干净，就没法围困南京，而不围困太平天国的南京老巢，江苏的战事也不能顺利进展。当初，淮军进驻上海时，曾国荃和杨载福（后来改名杨岳斌）、彭玉麟等就商议水陆并进，攻破长江南北两岸的太平军堡垒。四月份，曾国荃从太平府出发，顺流而下，一连攻破金柱关、东梁山营寨、秣陵关、三汊河、江心洲、蒲包洲。五月份，就率军进驻到南京城外的雨花台。这实际上得益于李鸿章对松江的解围。因此，说起这些战绩，大家应当明白湘军能够攻克南京，消灭大量太平军，并不是曾国荃一个人的功劳，实际上是靠李鸿章等人消灭外围势力，使太平天国的军饷来源、军事形势都形成孤立的局面，这样一来，太平天国的主力就不得不坐以待毙了。而淮军能够在江苏取得重大胜利，也不是李鸿章一个人的功劳，实际上是靠曾国荃带兵直捣太平军的老巢，让太平天国的精锐部队有后顾之忧，战斗的锐气受到了挫败。正如苏东坡说的那样："江山如画，一时多少豪杰。"同治元年、二年也是中国历史上一个可圈可点的时间段。

李秀成，这位李鸿章的劲敌，也是太平天国中后期成长起来的最为优秀的将领。在洪秀全刚刚开始起兵造反的时候，他们队伍里杰出的将领有东王杨秀清、南王冯云山、西王萧朝贵、北王韦昌辉、翼王石达开，当时并称为"五王"。后来，南王冯云山和西王萧朝贵在湖南战死，东王杨秀清和西王萧朝贵因争权夺利，在南京相互残杀；石达开胸怀大志，不安于现状，带领所属部队，另立旗号，转战于湖南、江西、广西、贵州、四川等省市。就这样，当初太平天国的"五王"，实际上已经名存实亡。咸丰四年到五年（一八五四～一八五五年）这段时间，朝廷军队的气势已经低落到极点，太平天国由于内斗和失和，同样也很衰落。李秀成当初是军队中的一名普通士兵，地位很低下。太平天国定都南京时，他是杨秀清手下的一名小侍卫，这个人机智聪慧，善于谋略，胆识过人。太平天国末期，仍然能够兴风作浪，主要是李秀成和陈玉成从中起到巨大的作用，官兵为了对付他们，前后经历了六七年的时间，才最终平定这场轰轰烈烈的叛乱。陈玉成活动于长江上游一带，在河南、安徽、湖南、湖北掀起一阵飓风；李秀成活动在长江下游及入海口这一区域，在苏州、杭州、常州、扬州兴风作浪。同治元年（一八六二年），陈玉成被叛徒出卖，慷慨就义。陈玉成死后，洪秀全能仰仗的人只剩下李秀成了。李秀成不但智勇双全，而且胸怀宽广，对待下属和蔼可亲，深得将士之心。在这样的情况下，清政府虽然收复了安庆，但长江下游的太平军将士们奋勇作战，形势对清政府来说更加不乐观。在曾家兄弟合围南京城外的雨花台以后，江苏各地的战争仍然持续着，让李鸿章、曾国荃费尽心力，花了巨大的代价仅仅得到了表面胜利和荣誉的人正是李秀成。谈论李鸿章这个人，就不能不了解李秀成。

自从南汇一战以后，李鸿章的根基逐渐稳固，开始考虑与南京方面的官军相配合，继而牵制太平军，于是他确定了进攻的策略。同治元年（一八六二年）七月，李鸿章派程学启、郭松林突袭攻占青浦，又派兵从海路驾汽船渡海攻占浙江绍兴府的余姚县。八月，李秀成派谭绍光带十多万太平军攻打北新泾（江苏地名，距上海仅几里地），刘铭传率兵在半路堵截，并打败谭绍光率领的太平军，太平军只好退守苏州。

同月，淮军和常胜军共同进入浙江，攻占慈溪县。在这场战斗中，常胜军统帅华尔身先士卒，被流弹击中胸部阵亡。按照他的遗嘱，华尔穿着中式服装入殓。美国人白齐文接替华尔统领常胜军。

同年（同治元年，一八六二年）夏秋交接之际，江南出现瘟疫，许多官兵因此感染而死亡。李秀成抓住战机，想解南京之围，于是在闰八月，挑选苏州、常州的精兵十多万人奔赴南京，包围了曾国荃的大营，调用数十门西洋开花大炮，集中火力进行轰炸，连续十五昼夜。清朝军队拼死抗战，士气高昂，丝毫没见削弱。九月，李秀成又令李世贤从浙江带领十多万士兵过来，一起合围了南京，进攻进一步加剧。曾国藩听到战报，深表忧虑，急忙从别处征集援兵。这次战役，可说是两军开战以来最激烈的一次战斗。当时太平军有二十万大军，而被包围的官军才三万多，并且将帅和士兵病死、战死及负伤者也有大半。曾国荃与将士们同甘共苦共患难，就像家人、父子一样紧密团结，相互关爱，所以三军将士愿意以死来报答他，也因此能够抵抗十倍于自己的敌军，从而成就了曾国荃的功业。李秀成眼看不能为南京解围，又因为江苏的官兵气势也日益高涨，恐怕江苏失守而南京也不能自保，十月，就带兵撤退，雨花台之围就此而解。

案语：在这场战役以后，洪秀全的太平天国大势已去。驻军于敌人坚固的城池下，乃是兵家大忌。向荣、向春，都曾犯此大忌而两度遭受失败，所以曾国藩非常警惕，也非常慎重。最开始曾国荃驻扎在雨花台的时候，曾国藩就多次告诫他。到这场战役时，外有十倍于政府军的敌军，内有走投无路、拼死一战的末路之人，政府官兵的危险处境，可以说前所未有。太平军明知清朝官兵此时力薄势寡，而且伤亡惨重，却不敢奋力搏杀，与之决一死战，抓住转瞬即逝的机会建立非凡战功，而是功亏一篑，率领军队退去，导致进退失策，随后走向灭亡，到底是什么原因？这大概都是由于当时太平军将领已极度富贵荣华、骄奢淫逸、贪生怕死，因而导致了这种局面的出现。这种现象也是清朝官兵们始料不及的。曾国藩曾说："军队最怕士气低落。"在道光、咸丰两朝之际，清朝官兵全都暮气沉沉、士气低落，而太平军却朝气蓬勃、士气高涨；到了同治初年，太平军都变得士气低落，而清朝官兵则朝气蓬勃。成败的关键，正在于此。实在地讲，以李秀成这样的贤能之才，尚且不能避免失败，像洪秀全这样的冢中枯骨，更是不值一提了！所谓灭亡六国的，实际上是六国自己，并不是秦朝；灭亡秦朝的，实际上是秦朝统治者自身，而并不是天下之人。殷鉴不远，有志于夺取天下的人，应该以此来警告自己。洪秀全最早不过是一个市井之人，等抓住机会后在短时间里崛起，不到几年的时间便席卷了大半个中国，但他却没有在当时风起云涌的社会局势下，通过战争来成就一番大业，而是很快就偏安苟且于南京，将其作为安乐窝，不求进取，住进深宫宅院，真是和陈涉一般目光短浅、见识低微的人。死守在一座城市里，等着别人来包围。所以向荣、和春的溃败，并不是因为洪秀全有克敌制胜、起死回生的招数，实在是洪秀全所遇到的对手也和他相当，差不了多少，从而得以苟延残喘，勉强支撑了一段时间。唉！洪秀全的崛起和失败都在一线之间，这究竟是天意，还是人为所致？君子都会说："是人的原因。"

又按：这场战役是淮军和湘军诸位将领最终立下功劳的最大关键点。如果没有包围南京，就不能够牵制江苏、浙江一带的太平军，李鸿章新创建的淮军，也难以很快取得胜利；如果没有攻打江苏、浙江一带，那也不能够解除南京的重重包围，这样的话曾国荃的久战疲惫的军队也将难以保全。读史的人不能不对此有一个清醒的认识。

李秀成包围南京的时候，让副手谭绍光、陈炳文防守苏州。九月，谭绍光等人率领部队十多万人，分道从金山、太仓向东进发，淮军有诸位将领进行防御，两军在三江口、四江口交战，双方之间有胜有败。太平军又沿着运河安营扎寨，横亘数十里。又在运河及其支流上架起浮桥，方便相互往来和联系。太平军进攻黄渡，把清军包围在四江口，对其发动猛烈的进攻，形势非常危急。九月二十二日，李鸿章命令诸位将领进攻太平军大本营。太平军强悍善战，淮军几乎坚持不住。刘铭传、郭松林、程学启等人身先士卒，挥剑拼杀，淮军的士气为之大振，于是大败太平军，抓获、歼灭了一万多人，四江口才得以解围。

常胜军统领华尔死后，白齐文凭借华尔副手的资格接替他的职务。白齐文的为人处世与华尔完全不同，属于贪权谋利的狡黠小人。当时他见官军处境窘迫危急，就私下与李秀成勾结。十月份，暗地计划在松江城内为李秀成做内应。到了上海以后，白齐文胁迫上海道台杨坊，向他索取巨额的军费。杨坊没有答应他，于是他便殴打了杨坊一顿，抢到四万两白银后逃走。听说此事，李鸿章大怒，立即与英国领事馆交涉。还罢免了白齐文的职务，要他偿还所掠夺的钱财，以英国将官戈登取代他的职务，常胜军才重被启用，时为同治二年二月。这实际是李鸿章与外国进行交涉的第一件事情，他表现出的果敢与强硬作风，令人交口称赞。

革了白齐文的职后，李鸿章本想杀掉他，但美国领事表示反对，于是就把他放了。之后，白齐文投降李秀成，做了参谋，出了不少主意，但他的主意没有多大的成效。他曾建议李秀成放弃江苏、浙江，毁掉当地的桑树、茶树等经济作物，并烧毁民居，然后集中兵力北上占领陕西、山西、山东、河南的中原腹地以控制东南，因为官军的水师控制不了那里，可以在那里成就大业。李秀成没有理睬他的馊主意。白齐文又为太平军购买军械、偷抢汽船，并搞来几门新式大炮献给李秀成。正是因为这个缘故，在苏州之战的时候，官军在宝带桥阵亡了数百人。后来白齐文因为得不到李秀成的赏识，又到漳州投靠别的太平军部队，再后来被郭松林抓住处死。

此前，曾国藩抓到太平军的一个探子，从他的身上搜出一封洪秀全写给李秀成的手谕，上面说河北以及长江以北的广大地区，兵力不足，让李秀成带领二十万部队，先攻打常熟，再攻打扬州，另外准备向安徽、湖北进军。曾国藩得到这个消息后，如获至宝，马上命人把这个消息传递给李鸿章，让李鸿章先发制人，抢先一步攻打太仓的太平军，对常熟形成威慑，起到牵制李秀成的作用，让他不能按计划赶到长江以北。李鸿章的想法正好与曾国藩不谋而合。同治二年（一八六三年）二月，李鸿章给常熟守卫下达死命令，让他死守常熟，等待援军支援，同时派刘铭传、潘鼎新、张树珊率领所部乘船奔赴福山，与那里的太平军交战几十次，均取得胜利。此外，又派遣程学启、李鹤章攻打太仓、昆山，阻断敌军的增援；派戈登率领常胜军与淮军一起进攻福山，终于攻克福山，解了常熟之围。三月份，又攻下太仓、昆山，俘虏太平军七千多人，在这次战斗中功劳最大的要数程学启。经历这次战役后，戈登从此对程学启敬佩不已。

五月，太平军将领李秀成从无锡出发，他和五位部将率领数十万水陆大军准备增援江阴、占领常熟。李鸿章命令李鹤章、刘铭传、郭松林等将领分兵阻击太平军。刘铭传、郭松林与太平军的先头部队相遇后，双方发生激战，刘铭传、郭松林的部队取得胜利。由于敌方来势凶猛，每次交战，双方的伤亡人数都相当的大。当时，太平军在沿运河两岸扎起连营，北至北溷，南到张泾桥，东至陈市，西到长寿，纵横六七十里，不仅如此，还在运河的险要位置修筑上百个堡垒。同时，把运河上的桥梁全部拆毁，河面上船炮游弋，从而形成了水陆呼应的局面，形势对官兵颇为不利。

李鹤章与刘铭传了解到情况后，商量好对策，就派人暗地收集木材，搭建浮桥，半夜时分紧急渡过运河，突袭太平军，部队击破驻守在北溷的三十二个敌营。郭松林方面，也向太平军发起猛烈的攻击，击破驻守在南溷的三十五个敌营。周盛波带领的部队，在麦市桥击破二十三个敌营。李鸿章的部队大获全胜，太平军惨败，死伤数万人，尸体堆满运河，导致不能正常流动。官兵俘虏敌军各级将领一百多人，五百匹战马，二十艘战船，武器弹药、粮食不计其数。从此，顾山以西牢牢控制在李鸿章的手里，此役淮军的士气得到空前的提升。六月，守卫吴江的太平军将领，见大势已去，只好放下武器，举手投降。

接着，程学启率领的一万人的水陆大军，与刘铭传的部队一起商议收复苏州，他们先进攻花泾港，守城的太平军抵挡不住，开城投降，然后官兵驻扎在滩亭。七月，李鸿章亲自带领部队，一举收复太湖厅，开始向苏州进发，他先派遣刘铭传攻打江阴。眼看江阴不保，太平军中的猛将陈坤书率领自己的部队，并从湖南、湖北、山东调集其他军队，这四股力量组成十万多人的庞大军队，合力支援江阴。李鸿章、刘铭传亲自到前线了解敌情，看到他们大大小小的兵营犹若棋子一般驻扎在西至江滨，东到山口的这一区域，于是便制定出强攻的策略。太平军拼死抵抗，双方相持不下。后来，江阴城出现内乱，城内的人打开城门，向官兵投降，江阴得以收复。

就在李鸿章收复江阴之际，驻扎在苏州附近的程学启，几乎每天与太平军发生激战，大大小小的战斗打了几十次，每次都取得胜利。太平军在宝带桥、五龙桥、蠡口、黄埭、浒关、王瓜泾、十里亭、虎丘、观音庙等十多处营垒先后被攻破。郭松林的军队，在新塘桥同样大获全胜，斩杀两名高级将领，歼灭太平军一万多人，缴获舰船数百艘，重创太平军的水师。李秀成得知惨败的消息后，痛哭流涕，悲伤得几乎无法控制自己。

太平军经历过这次重大失败后，李秀成组织大规模的反攻，希望收复失地，他命令手下的将领集中了无锡、溧阳、宜兴等处八万余人，一千多艘战船，从运河口进发；自己率领数千名精兵，占据金匮，增援苏州的部队，这样的好处是可以相互配合。太平军与清朝官兵连续作战，双方各有胜负，战事呈相持状态。十月十九日（同治二年），李鸿章亲率大军，任命程学启、戈登为先锋，向苏州发动凌厉的攻势，经过一番艰苦、激烈的战斗，终于击败防护苏州外围的太平军。在不得已的情况下，李秀成和谭绍光等人退回内城，誓与苏州城共存亡。李鸿章的淮军一时攻不下城池，便采用三面围攻，水陆并进的方式，孤立苏州城，此时城内已经断粮，人心慌乱，无心守城。李秀成的部下郜云官等人，内心发生变化，背着李秀成，与程学启私下联系，准备向淮军投降。于是，程学启、戈登乘坐小船，来到城北的阳澄湖，与郜云官等人当面详谈，订下投降的相关协约。程学启让郜云官等人杀掉李秀成、谭绍光作为献礼，承诺事成之后赏他们二品官衔，郜云官等人有所怀疑。由于戈登是英国人，程学启就让他做担保人，郜云官等人就打消了先前的疑虑。李秀成毕竟是他们的统帅，昔日对郜云官等人也不薄，就不忍心杀他，答应只杀谭绍光。双方谈好条件后，就各自离开了。

李秀成对这次谋杀有所察觉，此刻的他已是强弩之末，面对眼前的败局，他连夜（十月二十三日夜）逃出城。二十四日，谭绍光因为有事，派人叫郜云官到他的军帐，郜云官和悍将汪有为又担心事情败露，见到谭绍光后，就将其刺杀，并一同消灭了谭绍光的亲信部队一千多人，接着打开城门，向淮军投降。二十五日，郜云官等人献上谭绍光的人头，请程学启进城验证。一起投降的将领以及职衔如下：

一、纳王郜云官	二、比王伍贵文
三、康王汪安均	四、宁王周文佳
五、天将军范起发	六、天将军张大洲
七、天将军汪环武	八、天将军汪有为

当时，城里还有八位降将十万多人的部队，这时士兵气势汹汹、斗志不减。程学启任命八位降将为总兵副将，他们要求履行先前定下的承诺。程学启暗地里观察这八个人，觉得他们一个个毒狠凶残，担心以后不好控制，就和李鸿章私下密谋如何除掉他们。两人很快定下计策，以款待八人之名，在战舰上大摆宴席。八人到后，一声炮响，事先埋伏的士兵冲了进来，二话不说，把这八个人全部斩杀，同时还杀了一千多的抵抗者，其余的士兵彻底投降。平定苏州后，李鸿章因功绩卓著，被朝廷授予太子太保。

当初，八人与程学启签订投降事宜时，戈登是担保人，当他听说李鸿章杀了他们，勃然大怒，怀揣短枪，扬言要杀掉言而无信的李鸿章。李鸿章虽然是淮军的最高统帅，戈登仅是他的部下，但李鸿章惧怕他的英国身份，便躲着他，不敢回到军营。几天以后，戈登的怒气才渐渐平息，打消了杀李鸿章的念头。

案语：李鸿章在这件事上做得非常理亏。杀投降者，任何正人君子都不会这样做，这是一件非常可耻的事情，更何况事先已经与降将有所约定，并且还有担保人。李鸿章的这个行为，有三桩罪：一是杀投降者，违背公理人道；二是单方面撕毁约定，不兑现承诺反而把对方杀了，这是失信；三是英国人戈登做担保人，李鸿章出卖朋友，有悖于义。戈登为此咬牙切齿，怒火中烧，要杀李鸿章，难道不是情理之中的事吗？李鸿章这样做，也是迫不得已，这样做可以起到杀一儆百的作用，避免了苗沛霖、李世忠等人投降后发生叛乱的后果。李鸿章这个人喜欢玩弄小权术、小聪明，从这件事就可见一斑了。

苏州大捷是平定江南的关键性战役。当初，曾国荃、左宗棠、李鸿章，分别孤军东下深入江南军事重地，彼此之间不能相互联系，每支部队就显得力量单薄，无论是处境还是形势，对他们都不利。苏州大捷后，李鸿章建议对整个全局进行规划，希望乘胜追击，攻入浙江，与曾国荃、左宗棠的两支部队相互呼应，这是后来官军取得胜利的第一因素。他的建议很快就得到朝廷的批准，十一月，刘铭传、郭松林、李鸿章攻克无锡，活捉守将黄子漋父子。在有利于淮军的情况下，李鸿章将淮军分成三支部队：甲队，由自己带领；乙队，由程学启指挥，攻克平湖、乍浦、澉浦、海盐、嘉善，进逼嘉兴府，左宗棠的部队与他相互策应，协同作战，进入杭州地区，攻占余杭县，多次击溃太平军；丙队，由刘铭传、郭松林等人指挥，与常胜军并肩作战，先攻克常州，接着平定宜兴、荆溪，俘虏了太平军将领黄靖忠。接下来，李鸿章又命令郭松林的部队攻打溧阳，溧阳守军很快就投降了。

当时，太平军将领陈坤书占据常州府，拥有十多万兵力，从官兵背后进行攻击。李鸿章和刘铭传率领部队积极防御，但是太平军攻势太猛，淮军节节败退。此外，陈坤书抽出一部分兵力，迂回到江苏腹地，在江阴、常熟、福山等地活动，为了防止太平军扩大活动范围，江阴、无锡加强戒备，因此江苏西部的守军整天处于担惊受怕之中。

面对眼前的不利局势，李鸿章就命令刘铭传的部队单独抵挡陈坤书的太平军，并让郭松林放弃金坛，日夜兼程支援苏州。然后，命令李鹤章火速回防无锡，让杨鼎勋、张树声率领另一支部队扼守在江阴的青阳、焦阴，断绝敌人的后路。当时的情况是，太平军已经把常熟团团包围，情况十分危急，官兵连日苦战，才勉强支撑着局势。就在常熟告急之际，太平军同时又包围了无锡，李鸿章率领士兵奋力防守，几乎到了城池崩塌的地步。几天后，战事出现转机，郭松林带领的援兵赶到，打败攻城的太平军，无锡才得以解围。郭松林因此立下大功，被授予福山镇总兵。

当初（同治三年正月开始），程学启率兵攻打嘉兴，进攻的力度很强，守城的太平军也不示弱，拼尽全力防守城池，双方一攻一守，伤亡都很惨重。急攻不下，对程学启不利，二月二十九日，为了激励将士，以最短的时间内拿下嘉兴，他身先士卒，冲锋陷阵，带头穿越浮桥，爬上云梯与敌方展开肉搏战。守城的太平军没有退却半步，他们居高临下，对攻城的官兵进行反击，枪弹如雨点一样密集，突然，一颗弹丸击中程学启的左脑，他应声倒下。部将刘士奇看到以后，立即代替主将督军，此时士卒悲愤难当，士气空前高涨，进攻得比以前更加猛烈，潘鼎新、刘秉璋等部队也都水陆并进，一举攻下了嘉兴。

程学启受伤以后，卧床疗伤几十天，没有任何好转的迹象，于三月十日去世。朝廷追授程学启“忠烈”的谥号。李鸿章为此痛哭悼念。

清军收复嘉兴后，守卫杭州的太平军气势衰落，大队人马连夜从北门逃脱。左宗棠的部队三月二日进入杭州城，从此李鸿章军队（淮军）与左宗棠军队（浙军）合兵一处，军力得以集中。

程学启死后，李鸿章命令其部将王永胜、刘士奇带领这支部队，与郭松林会合，从福山镇出发，攻打沙山，很快收复沙山。王永胜、刘士奇、郭松林率领的官兵乘胜追击，当到达三河口时，消灭了两万敌军。战局对李鸿章越来越有利，为了不给太平军喘息的机会，李鸿章马上集结部队围攻常州，让刘铭传从常州的西北方进行攻击，刘铭传很快攻下相关的战略要地；郭松林方面，顺利攻下太平军的陈桥大营；张树声、周盛波、郑国魁等人成功偷袭驻扎在河边的二十多座敌营。太平军屡屡遭遇失败，想撤回到常州城中，守城的陈坤书拒绝他们进入，并动用枪炮驱赶他们，许多太平军的士兵纷纷死于城下。三月二十二日，李鸿章率军逼近常州城，常州城池坚固，普通的进攻方式没有任何效果，李鸿章调来大炮和炸药，对城墙进行轰炸，这一举措十分奏效，城墙被炸塌了一个数十丈的大口子。尽管如此，要想攻入城中，绝对不是一件容易的事情，于是城下的官兵就组织数百人的敢死队，搭起云梯，想通过炸开的缺口攻入城中。陈坤书英勇善战，亲自登上城墙，率兵迎战，数次击退官兵，并紧急修补城墙缺口。官兵伤亡惨重，李鸿章勃然大怒，增加攻城器具，并绕城构筑工事，不分白天黑夜，连续猛攻，两军伤亡十分严重。经过十多天的连续进攻，官兵丝毫没有占到便宜，李鸿章亲自到阵前督战，刘铭传、郭松林、刘士奇、王永胜等人，身先士卒，奋勇拼杀，终于登上城头，一时间太平军大乱，官兵趁势入城。陈坤书不甘心失败，与部下费天将率领精锐部队，与官兵展开巷战。在激烈的巷战中，郭松林擒住陈坤书，费天将也被周盛波俘虏。刘铭传对着还在抵抗的太平军大声喊话："放下兵器者，不杀！"太平军的士兵见大势已去，一万多人缴械投降。在攻打常州城的战役中，官军死亡好几千人。四月六日，常州正式收复。至此，江苏军（李鸿章军队）与金陵军（曾国荃军队）汇合，江苏全境除了南京外，全被官兵收复。

自从同治元年二月开始，李鸿章率领八千人东下到上海，统领淮军和常胜军，转战各地，经历数十场大小战役。这一系列的战役，从松江保卫战开始，到嘉兴、常州攻坚战为止，用时共两年，同治三年四月，清政府平定了江苏南部的太平军。

案语：李鸿章能够成功平定江苏，与淮军各级将官英勇征战有直接关系，但是华尔和戈登从中也发挥了很大的作用，不仅仅是因为常胜军打了几次胜仗这么简单。当时的李秀成智勇双全，他的部队大多使用的是西式枪炮，程学启、刘铭传、郭松林、周盛波、张树声、潘鼎新等将领，虽然屡立战功，凭借的是勇气和谋略，对新式战法缺乏了解。淮军初期与太平军作战时，吃了许多苦头。李鸿章考虑到这一点以后，让淮军将领向常胜军学习，部队也配备了不少常胜军使用的武器。左宗棠能够平定浙江，得到了法国将官托格比、吉格尔等人的不少帮助。大清王朝行将灭亡时，又起死回生，英国人和法国人出了不少的力。他们的本意是，通过帮助清政府维护东亚的和平局面，可以为自己营造一个良好的商业环境。让人想不到的是，直到今天我们还没有振作起来，将来有可能会爆发更大的革命。

此前曾国荃水陆大军相互配合，包围南京整整两年，到同治三年正月攻下钟山的石头堡垒，太平军的险要据点已经丢失，南京外围的合围之势形成。太平军内外不通，向城内运送粮草的道路已经被曾国荃的部队封死，城中的粮草已经断绝，洪秀全见无法挽回败局，便于四月二十七日这天服毒自杀。洪秀全死后，太平天国已经名存实亡，但剩余的将领们还是拥立洪秀全的儿子洪福继位。当时，官军还不知道太平天国内部发生了这样的事情。朝廷屡次催促李鸿章，带领江苏境内的官兵帮助曾国荃围剿南京。曾国荃认为城中太平军早已精疲力竭，弹尽粮绝，已经不堪一击，所以不愿借助李鸿章的力量；李鸿章心里也明白，曾国荃迟早能攻打下南京，不想抢他的功劳，只有采取回避、谦让的态度搪塞朝廷，理由是盛夏季节，不利于使用火器。就这样，李鸿章一拖再拖，就是不肯出兵。朝廷并不理解李鸿章的意图，一而再，再而三地敦促他。曾国荃知道朝廷催促李鸿章的这件事后，既发愁又生气，于是从五月十八日起，下令不分昼夜猛攻地保城（即龙脖子，山北的坚固堡垒，最为险要的地方），终于将其攻下。时间不等人，曾国荃必须尽快攻破南京城，他命令士兵深夜挖掘通向城墙的地道，从五月三十日到六月十五日，半个月的时间挖好十多条地道。然后，命令围城的各个营，做好攻击的准备，并在各个军营贴出告示，重金招募敢死队，约定城墙一旦有了缺口，就率先冲进去。

当时，李秀成已经逃回南京，洪秀全死后，太平军的一切行动都由他一人指挥。李秀成知人善任，恩威并施，很得人心，将士们如同儿子对待父亲一样，听从他的指挥，服从他的命令。五月十五日，李秀成率领一支由数百人组成的敢死队，从太平门缺口冲了出来，另外又派数百人的敢死队，穿着官兵的服装，出朝阳门直扑曾国荃军营，放火后大声叫喊。连日作战，官兵们早已疲惫不堪，几乎没有战斗力，李秀成的敢死队犹如下山的猛虎，一个个凶猛无比。官兵遭遇突袭，溃不成军，幸亏彭毓橘等诸位将领率领新兵急速赶来救援，才解除了这一危机。

六月十六日的中午，装在地道内、城墙下的炸药同时爆炸，一时间万雷齐鸣，响声震天动地，南京城墙一下子炸塌了二十多丈。曾国荃的部队顺着炸塌的缺口，潮水般扑了过来，守城的太平军拼死抵抗，官兵手中洋枪发射的弹丸雨点一般向太平军的士兵飞来，守护在外围的太平军士兵当场就死亡四百多人。官兵见扫清外围障碍，气势更加振奋，踩着尸体向前冲去，进入南京城中。此时，李秀成早已把生死置之度外，他把自己心爱的战马送给幼主洪福，让他赶快出城逃命，自己则决心与城池共存亡。李秀成带领剩余的太平军，与官兵展开巷战，连续打了三天三夜，直到耗尽所有力气，才被官兵捉住。在这次残酷的战斗中，太平军战死的、烧死的，多达三千人。太平天国昔日的宫殿在大火中烧了三天三夜。城中一直跟随洪秀全的十万多士兵和百姓，没有一个人向官兵投降。从咸丰三年洪秀全占据南京到灭亡，前后共十二年。

案语：李秀成是时势造就的英雄豪杰。太平天国陷入生死存亡、全城上下命在旦夕之际，他不顾个人安危，率领近千名士兵，突破重重包围，与官兵决一死战，几乎反败为胜。五月十五日这天的战斗，曾国荃取得胜利，可能是天意吧。南京城被官兵攻破以后，他想到的不是自己，而是幼主，他把心爱的战马送给洪福，自己明明知道是怎样的结果，却毅然慷慨赴死，有与国家同归于尽的个人英雄主义精神。回首中国历史上的历代名臣、儒将，也不过如此。项羽的乌骓马到了最后也跑不起来了，文天祥虽然忧国忧民却无力回天，这些英雄豪杰之士的败落，是天意还是人为的原因呢？我曾听说，当初李秀成离开苏州时，苏州的老百姓，没有一个不伤心流泪的。至于他礼葬浙江巡抚王有龄、优待投降将士的做法，俨然有现代文明国家在战争中遵循国际公法的意味。最后南京城中十余万人没有一个投降的，就像当年齐国田横的五百士，他们的志向相同，所做的事情也一样。说到魄力，李秀成的个人能力可以超过前人一百倍，这的确是自古以来，战争结局中没有发生过的现象。如果太平天国的领袖不是洪秀全而是李秀成，现在的中国还不知道是谁的天下呢！李秀成被官兵捉住后，曾国荃命人制成一木笼，将他囚禁其中，从六月十七日到十九日这三天里，他壮怀激烈，站在笼中洋洋洒洒写下数万字的供状。后来尽管经过官军方面的删节，没有完整地流传下来，但今天读来，依然可见威武不屈的豪迈之气。唉！刘邦当上皇帝，天下人都骂项羽。自古以来，都以成败谈论英雄。今天，谁愿意站出来，为李秀成的功绩说句公道话呢？相信百年之后，对他自然有一个公正的评价，日后那些优秀的史学家怎么可能根据自己的私心，进行妄加评论呢？虽然如此，物竞天择、适者生存，曾国藩、左宗棠、李鸿章等人也同样是人中豪杰。

收复南京以后，朝廷按照功劳的大小进行封赏。两江总督曾国藩，加授太子太保衔，封世袭一等侯爵。浙江巡抚曾国荃，江苏巡抚李鸿章，均被封为世袭一等伯爵。其他将领，根据不同的级别进行封赏。曾国荃在收复南京的过程中，立下头等大功，其他派系的将领，出于忌妒，对他进行诽谤，一时间谗言四起，即便像左宗棠这样的贤能之人，也难免有些忌妒之意，李鸿章却没有说一句不利曾国荃的话，并且还站在曾国荃一边，帮曾国荃说话，维护他的功劳。

案语：这正是李鸿章死后，得谥号“文忠”的原因。当时，朝廷多次传圣旨催促他与曾国荃一起围攻南京，他想办法找借口不去攻打南京，就是不想分享曾国荃的功劳。曾国荃攻下南京以后，李鸿章非但不忌妒，还向朝廷极力标榜曾国荃的功绩，他的品德和胸襟，的确高人一等。李鸿章名不虚传，不是随便说说的。

第五章
军事家李鸿章（下）

收复南京以后，全国的战事减少了一大半，不过捻军的叛乱还在继续，针对朝廷的威胁还没彻底清除。捻军的兴起，是从山东的一帮无业游民开始的。咸丰三年（一八五三年），洪秀全攻占安庆、南京的消息传到安徽，全省大为震惊，捻党趁此机会，在宿州、亳州、寿州、蒙县等地造反，活动于安徽、山东、河南一带，所到之处，肆意掠夺，清政府忙于对付太平军，地方官兵对他们毫无办法。朝廷派官员围剿，当即就遭到捻军的袭击，且屡次被他们打败，捻军的势力由此发展得越来越大。到咸丰七年的冬天，捻军的骑兵已经在直隶大名府等地进行骚扰，北京的形势不容乐观，进入戒严状态。

现在把捻军开始造反到李鸿章平捻之前，朝廷所派平捻的统帅列表如下：

人	官	任官年份	屯驻地
善禄	河南提督	咸丰三年	永城县
周天爵	钦差大臣	咸丰三年	宿州
吕贤基	工部左侍郎	咸丰三年	安徽
陆应谷	河南巡抚	咸丰三年	开封府
舒兴阿	陕甘总督	咸丰三年	陈州
袁甲三	钦差大臣	咸丰三年	宿州(周天爵死后代替他)
英桂	河南巡抚	咸丰四年	开封府
武隆额	安徽提督	咸丰五年	亳州
胜保	钦差大臣	咸丰七年	督江北军
史荣春	提督	咸丰八年	曹州、兖州
田在田	总兵	咸丰八年	曹州、兖州
邱联恩	总兵	咸丰八年	鹿邑
朱连泰	总兵	咸丰八年	亳州
傅振邦	总兵	咸丰九年	宿州
伊兴额	都统	咸丰九年	宿州
关保	协领	咸丰九年	督河南军
德楞额	协领	咸丰九年	曹州
胜保	都统、钦差大臣	咸丰十年	督河南军,关保副之
穆腾阿	副都统	咸丰十年	安徽(协助袁甲三)
毛昶照	团练大臣	咸丰十年	河南
僧格林沁	蒙古亲王	咸丰十年	
曾国藩	钦差大臣	同治三年	

第二次鸦片战争时，以英法为首的联军攻入北京，咸丰皇帝到热河避难，捻军乘势侵入山东，在济宁进行大肆掠夺。德楞额率领军队与捻军交战，结果大败而归。随后朝廷开始让蒙古科尔沁亲王僧格林沁带兵围剿捻军，僧格林沁也就是同捻军作战中树起骁勇善战的名声。同治二年（一八六三年），太平军的将领陈得才、蓝成昌、赖文光等人与捻军进行联合作战。捻军将领张宗禹、任柱、牛落江、陈大喜等人分别率领

数万军队，在山东、河南、安徽、湖北各地州县活动，他们行动迅速，如暴风骤雨一般，来得快，走得也快，让官兵琢磨不透，只落得个疲于奔命的下场。同治三年九月，一支捻军进入湖北，在襄阳、随州、京山、德安、应山、黄州、蕲州等地大肆掠夺。舒保在战斗中阵亡，僧格林沁率领的军队也屡屡被捻军打败。僧格林沁是一介武夫，作战勇敢强悍，但他不学无术、军纪松弛，所到之处烧杀掠夺、奸淫妇女，他们的行为与太平军、捻军几乎没什么区别，湖北的百姓非常痛恨他们。

当南京收复以后，有数万残余太平军加入到捻军的队伍中，他们转战到河南、山东一带，进行骚扰和掠夺。同治四年（一八六五年）春天，僧格林沁决定彻底扫除乱党，他率领一支轻便骑兵，追击捻军首领，日夜兼程三百里。到了曹州以后，部队中的许多官兵对他产生怨恨情绪，相继背叛了他。四月二十五日，僧格林沁中了捻军的计策，他拼死抵抗，当逃至曹州西北的吴家店时，不料从马背上摔落下来，被一捻军士兵诛杀在麦田里。僧格林沁战死疆场，清政府上下一片震惊，皆以失去“国之柱石”而惋惜，对其家人深表哀痛之后，急忙命令曾国藩为钦差大臣，负责围剿直隶、山东、河南一带的捻军；同时命令李鸿章代理两江总督，为曾国藩提供粮草，做他的后勤支援。

以前，捻军出现在哪个地方，官兵就追到哪个地方去，等官兵到后，捻军早已消失得无影无踪，这种做法起不到任何作用，偶尔采取围堵策略，也不过是应对一时之急罢了，在根本上起不到任何作用。总的来说，无论进攻还是防守，官兵一直处于被动的状态，不但没有重创捻军，还给了对方增长实力的机会；即便发动声势浩大的进攻，没有制订周密的计划，而是行动鲁莽，让自己的兵力一损再损，士气一落再落。因此，在此前十五年对付捻军的过程中，没有收到实质的效果。曾国藩接受命令以后，一改先前的做法，他制定了一个包围圈，限制捻军的活动范围，再逐步缩小包围圈，然后集中优势兵力，进行围歼。后来，李鸿章秉承了这一战略方针，顺利平定中原的捻军。

曾国藩修养深厚，是位仁人君子，他谨言慎行、小心翼翼，地位、声望越高越能谦逊和推让，常常以急流勇退的信条自我鞭策。收复南京平定太平天国，他的愿望已经实现了，便有了功成隐退的想法。僧格林沁死后，捻军更加猖獗，势力逼近京城，形势日益危急，官兵接连失败之际，曾国藩临危受命，担当起歼灭捻军的重任。当他看到湘军的气势低迷，恐怕不能担当大任，就逐步把湘军解散，用气势正旺的淮军。其实，曾国藩被朝廷任命为钦差大臣，负责围剿捻军时，他就想把这个位置让给李鸿章，让李鸿章成就功业。同治五年（一八六六年）十二月，曾国藩以身体有病为借口辞去职务，举荐李鸿章担任钦差大臣。朝廷允许后，曾国藩回到两江总督的职位上，负责给李鸿章筹集粮饷等其他后勤保障。

对于如何围剿捻军，李鸿章认为，捻军是善于运动的流寇，必须把他们逼到某一个区域内，让他们无法继续流窜，然后集中兵力共同进剿，才是最好的方法。就像明代孙传庭所说："想剿灭流寇，必须把他们逼入绝境，在他们困顿、垂死之际歼灭他们。如果不这样，仅仅是你我相互攻守，通过激烈战斗在个别的城池之间争一时的胜败，那么就算取胜，与彻底消灭流寇的目标相差甚远。"李鸿章就是参考了孙传庭的办法，再结合实际情况，制定出自己的战略方针。其实，这个策略曾国藩已经想到了，他在同治四年（一八六五年）十一月份，向朝廷上奏，称必须将捻军逼迫到地形复杂的地方，接着故意放弃地盘诱敌深入，然后会集各省兵力，从不同的方向进行合围。后来李鸿章大功告成，证明这是一个行之有效的好办法。

同治四年五月，任柱、赖文光等人率领捻军大举侵犯山东。李鸿章果断命令潘鼎新、刘铭传带兵全力追击，打算把他们赶到登州、莱州的海边，然后控制住胶州、莱州的交通要道，不让他们向北流窜到京畿，更不让他们跑到淮南。六月，李鸿章来到济宁，认真分析当前的形势，认为任柱、赖文光等人马，都是经过上百次战争淬炼的精锐部队，连一些老兵们，一个个既狡猾又剽悍。如果兵力不够，把他们追得太紧，很容易被他们看穿整个计划，他们就会寻找突围的机会，稍微有所放松，就会逃走，导致全局处于被动状态。于是，李鸿章在制定策略时，先在运河上布防，这样就可以切断敌人的退路。再在胶州、莱州等地设防，截断交通要道。可是，山东巡抚丁宝桢，一心想把捻军从山东驱逐出去，对于李鸿章的这个策略，不但不重视，还产生抵触情绪。

七月，捻军突袭潍河，山东地方守将王心安当时正在戴庙驻防，对捻军偷渡潍河不闻不问，导致胶州、莱州的防线功亏一篑。此时，各种诽谤声纷纷而起，朝廷知道后，责备李鸿章战略有瑕疵，甚至要改变他的战略。李鸿章急忙上奏朝廷进行解释，他认为捻军在运河东、南、北三个区域流窜，官兵分别截击，虽然当地百姓受了一些蹂躏和侵扰，不过几个府县而已；如果捻军长驱直入，进入运河以西，受害的不仅仅是这几个地区了，而是好几个省。同是国家的领土，同是国家的百姓，不应该再让其他地方遭受蹂躏。朝廷听到李鸿章合理的解释后，就同意了，李鸿章仍按照原先的战略进行部署。十月十三日，刘铭传在安邱和潍县的交界地带与捻军发生激战，打败捻军。二十四日，刘铭传乘胜追击来到赣榆，和骑兵统帅善庆一起作战，在这次战争中击毙了任柱，从此，东捻的实力大大削弱。

二十八日，潘鼎新在海州的上庄与捻军交战，歼灭了大批的捻军。十一月十一日、十二日，刘铭传、唐仁廉等人在潍县、寿光包抄和袭击捻军整整一昼夜，捻军损失惨重，军心动摇，很多人放弃抵抗，就地投降。郭松林、杨鼎勋、潘鼎新等人也是捷报频传，胜仗一个接着一个。到二十九日时，刘铭传、郭松林、杨鼎勋等人，一口气追击捻军七十里，到寿光的弥河，双方展开交战。十几个回合后，捻军开始败退，郭松林、杨鼎勋、潘鼎新等人又追赶了四十多里，歼敌近三万人，捻军在逃跑的过程中，把精锐的兵器、骡马、辎重全部丢掉。官兵为此也付出了很大的精力，李鸿章在写给朝廷的奏报中说："当士兵回到军营后，臣亲自去安慰，我看到他们非常疲惫，一个个面如土色。”赖文光在弥河战败后，慌不择路落入水中，没有淹死，他被救出来以后，又纠集了一千多骑兵，从六塘河防线突围而出。黄翼升、刘秉璋、李昭庆等人，带领水、陆、骑兵，在后面紧追不舍，他们一边追一边打，赖文光的一千多骑兵最后只剩下几百，被迫逃进高宝（原文误作“室”）湖水乡。此前，李鸿章就派遣淮军“华”字营的统带吴毓兰防守扬州运河。由于各支军队通力合作，对捻军采取前面堵截后面追击的方式，逐步缩小包围圈，十二月十一日，赖文光被吴毓兰活捉。自此，山东、江苏、安徽、河南、湖北五省的东捻军全部被消灭。

李鸿章在写给朝廷的报捷奏折中，附带讲述了下属的各支部队自从围剿捻军以来，长年转战于多个省份，他们有时日行百里，有时忍饥挨饿，还要遭受来自其他方面的指责和讥讽，他们经历的种种苦难，是平常人难以忍受的。东部捻军平定以后，刘铭传、刘秉璋、周盛波、潘鼎新、郭松林、杨鼎勋多次申请离开职位，李鸿章就代他们请求朝廷，让朝廷体谅他们的苦衷，给他们休养的机会，不要再调动他们去远的地方执行任务。由于刘铭传积劳成疾，李鸿章代他请了三个月的假。

同治七年（一八六八年）正月，西捻张宗禹的大股部队忽然从山西渡黄河向北流窜，直逼京城周围，北京城上下大为震惊。初七、初八两天，朝廷多次下命令催促刘铭传、善庆等步兵、骑兵各营立刻赶往河北剿贼。因为刘铭传正在病假中，李鸿章不忍调动，就率领周盛波、盛传兄弟十一个营的步兵、骑兵，潘鼎新“鼎”字军的全军，以及善庆、温德勒克西的骑兵部队陆续进发，从东阿渡过黄河，命令郭松林、杨鼎勋整顿好大队人马，随后跟进。

剿灭西捻的战斗比剿灭东捻更加难打，一是黄河以北是千里平原，没有高山、大河可以阻隔；张宗禹又深知兵法，诡计多端，长期在北方平原袭扰，掠夺了很多马匹，所以行动迅速、踪迹不定，能在很短的时间内出现在百里之外，想要用大的包围圈围困他们，地理条件不允许这么做。并且他们有了任柱、赖文光的前车之鉴，一旦遇到官军的包围就死命冲出，根本不给官军留下构筑工事的时间。这是第一个难处。整个淮军部队全都由南方人组成，到了黄河以北，环境差异巨大，南方人的脾气、口音和北方人不一样，北方以谷物和面食为主，饮食习惯也和南方不同，加上骑兵力量又很单薄，草料供给也不充分。这是第二个难处。于是李鸿章根据实际情况，向朝廷提出坚壁清野的战法，他认为："先前任柱、赖文光在中原各省流窜的时候，看到村寨比看到官军还害怕，那是因为河南东部、安徽北部的民风强悍，又加之长期受到捻军的骚扰，他们各自加固村寨的防守，兴建了许多防御工事，捻军只能快速过境，无法长期驻留。近年来只有湖北、陕西受到骚扰最厉害，因为那里的村寨没有防御功能，临时兴建根本来不及。捻军一直在这一带流窜、大肆掠夺，每次都能得到很多财物和粮食，他们的气焰也就越来越嚣张。直隶、山西一直没有受到捻军的骚扰，这一带民风淳朴，百姓的性格略显懦弱，村寨也不具备防御功能。张宗禹本来就极度狡猾，又是被逼急了的穷寇，南面有黄河阻挡，他势必会到处乱闯，百姓担惊受怕、颠沛流离的日子已经持续了相当长的时间，真是令人可悲可叹……自古以来用兵必定要将敌我双方的战斗力和后勤保障能力的对比，作为重要的参数，现在看来，捻军未必强于官军，但他们马多，我方马少，相差悬殊；捻军可以随地抢粮作为补给，我们的军队必须随地买粮，捻军经常能吃饱，我们的士兵经常忍饥挨饿，在这方面我们与敌方有很大的差距。要断绝捻军的粮食及马匹的来源，只有严格劝诫和命令河北的士绅百姓，让他们赶紧筑起防御村寨，一旦发现捻军袭扰，立刻将粮草、牲畜藏进去，既能自保生命财产的安全，又能制敌于死地，如此等等。"后来，平定西捻靠的就是这种策略。

同治七年四月，李鸿章上奏朝廷，让刘铭传担任前线总指挥，朝廷予以准许，并敦促他立即上任。李鸿章命令自己的淮军和河北、山东的民团一起，沿着黄河和运河，修长墙、挖壕沟，控制捻军的活动范围；在进攻上，对捻军采取轮流攻击、轮流休整的办法。让那些长时间追击捻军，疲惫不堪的官兵停下来，驻扎在运河东岸的险要地段，只要捻军流窜过来，就迎头痛击。这种方法的好处是，官兵以逸待劳，以防守带动围剿。还命令张曜、宋庆分别驻扎在夏津、高唐一带；程文炳驻扎在陵县、吴桥一带，为防守运河的部队做策应。左宗棠方面也派刘松山、郭宝昌等将领率领部队前来助战，他们布防在连镇以北到沧州一带的河东岸，与杨鼎勋等人的部队相互呼应。前期布置好后，围剿捻军正式开始。

五月，捻军向西北流窜，各路部队分头拦截，取得多场胜利。李鸿章借着黄河汛期上涨的机会，缩小对捻军的包围，把运河作为外围，将恩县、夏津、高唐的马颊河一带，作为内部包围圈，逼迫捻军向西南流窜，进入层层的包围之中。五、六月间，官兵接连获胜，捻军的实力大大削弱，投降及逃散者日渐增多。六月十九日到二十二日，官军紧追不舍，每次交战都打了胜仗。二十三日，西捻军统帅张宗禹渡河，向西南方向逃窜。二十四日，从平原县逃到高唐县。二十五日，潘鼎新追击一百二十里，冒雨赶到高唐县，捻军已逃向博平、清平县一带，企图突破运河防线。官兵早就在马颊河西北岸筑起了一道数百里的长墙，能足以围住捻军的人马。等到捻军恍然大悟的时候，已经落入了圈套之中，活动的空间越来越小，距离他们灭亡的日期越来越近。由于官兵长时间追击，已经显得疲惫不堪了，李鸿章就命令刘铭传带领精锐的骑兵前来助阵，增援部队的到来，让前线追击的部队士气大振。二十八日，官兵把捻军包围在徒骇河、黄河和运河这一狭窄的区域内，刘铭传调动骑兵和步兵进行攻击，捻军疲于奔命，没有机会休息，几乎没有战斗力，他们无心交战，官兵一到他们就跑，官兵紧追其后，追杀了好几里；此时，郭松林率骑兵从东面赶来，迎头挡住捻军逃跑的路线，再加上河道交错、湿滑泥泞，捻军行动起来十分困难，刘铭传、郭松林率领的骑兵有五六千人，两支部队纵横追杀，联合攻击，一时间捻军死伤无数。张宗禹只带几十个骑兵往北逃窜，官兵一路追赶，很快把张宗禹逼上绝路，为了不被官兵俘虏，他纵身跳入水中，溺水而亡。就此，西捻军被歼灭，中原恢复安定。八月，李鸿章奉旨进京。

李鸿章在用兵方面，从来不会贸然行事，他会先制定策略，然后再采取行动。在分析战局和敌情方面，犹若神助一般，统领军队的十五年间，从来没有打过败仗。外人看来是件非常幸运的事，难道不是他兢兢业业，个人努力的结果吗？他在剿灭太平军的过程中，凭借区区三座城池为根据地，仅用了短暂的一年时间，就平定了苏南的太平军；捻军横行十多年，朝廷的许多将领对此束手无措，他只用了一年的时间，就把捻军歼灭，这真的像老天在帮助他。他对待手下的将领，从来不摆高高在上的姿态，而是对他们重情重义，亲如骨肉家人。正是由于他的这种品格，将士们都服从他的命令，他真是一位难得的统帅呀！尽管李鸿章在军事上取得了辉煌的战绩，与曾国藩有着密切的联系，这种联系不仅仅局限于曾国藩把他推荐给朝廷。他收复苏南，曾国藩是整个战役的统筹者，肃清了长江上游的太平军，曾国荃部包围南京，牵制了敌军，使李秀成疲于奔命，这才使得李鸿章有机可乘。他围剿捻军，也是秉持曾国藩的战略思想，曾国藩为他提供粮草解决了他的后顾之忧，可以让他安心统领部队。不仅如此，李鸿章跟随曾国藩的数年时间里，是对他的意志最好的磨炼，他受曾国藩人品和才华的熏陶，提高了自己的人生境界和人生格局，随曾国藩行军打仗的过程中，他从中学到了如何练兵和用兵。总之，李鸿章身体力行、任劳任怨、坚忍不拔的精神，以及他带兵时，厚待将士、团结部属，都是从曾国藩那里学到的。所以说，先有曾国藩，才有后来的李鸿章。李鸿章把曾国藩视若父母、敬如神明，是人之常情呀！

第六章
洋务运动时期的李鸿章

洋务运动的成绩

北洋海陆两军的兵力

李鸿章办理洋务失败的原因

“洋务”二字，其实不能称为是李鸿章的专用词。尽管如此，本着名从主人的原则，为李鸿章作传，就只好用“洋务”两个字来概括他中年阶段，二十多年的奋斗历程。

因为洋务，李鸿章遭受天下读书人的唾骂；同样因为洋务，李鸿章成为天下那些贪图功利的人所崇拜的对象。我既推崇他，还责备他，更为他惋惜，也是源于洋务。李鸿章不懂洋务吗？不是。中国倡导洋务的人士中，我没有发现能超过他的；李鸿章真正精通洋务吗？我不得不打个大大的问号，其他国家通过洋务运动变得繁荣富强起来，可中国在李鸿章主导的洋务运动中，不但没有兴旺发达，反而变得更加衰落了，这究竟是怎么回事儿呢？我可以用一句话来总结：李鸿章自以为有远大的眼光和高明的见解，自以为领悟到洋务的精髓，但他却不懂得如何将洋务融入到有着几千年封建专制制度的国家中，他所认为的洋务，就是自己和洋人所做的事情没有什么区别。

现将他平定太平天国、平定捻军之乱后，和日本交战之前，所办的洋务事件列表如下：

设外国语言文字学馆于上海	同治二年正月
设江南机器制造局于上海	同治四年八月
设机器局于天津	同治九年十月
筹通商日本并派员往驻	同治九年闰十二月
拟在大沽设洋式炮台	同治十年四月
挑选学生赴美国肄业	同治十一年正月
请开煤、铁矿	同治十一年五月
设轮船招商局	同治十一年十一月
筹办铁甲兵船	光绪元年十一月
请遣使日本	光绪元年十一月
请设洋学局于各省，分格致、测算、舆图、火轮机器、兵法、炮法、化学、电学诸门，择通晓时务大员主之；并于考试功令稍加变通，另开洋务进取一格	光绪元年十二月
派武弁往德国学水陆军械技艺	光绪二年三月
派福建船政生出洋学习	光绪二年十一月
始购铁甲船	光绪六年二月
设水师学堂于天津	光绪六年七月
设南北洋电报	光绪六年八月
请开铁路	光绪六年十二月
设开平矿务商局	光绪七年四月
创设公司船赴英贸易	光绪七年六月
招商接办各省电报	光绪七年十一月
筑旅顺船坞	光绪八年二月
设商办织布局于上海	光绪八年四月
设武备堂于天津	光绪十一年五月

开办漠河金矿	光绪十三年十二月
北洋海军成军	光绪十四年
设医学堂于天津	光绪二十年五月

以上列出的李鸿章所办的洋务事件，基本上就是这些。总的来看这些洋务，可以分为两类：一是军事，如购船、购械、造船、造械、筑炮台、修缮船坞等；二是商务，如铁路、招商局、织布局、电报局、开平煤矿、漠河金矿等。这期间，也创办有学堂、派学生到外国学习等事情，其目的不是服务于军事，就是培养外交翻译人员。在李鸿章的认识中，西洋人具有的优点，大概就是这些。

陆军和海军，是李鸿章大力扶持的事业。他靠军事成名，在与西洋人相处中，亲眼看到西洋武器在作战中产生的威力，并将西洋武器引进来，装备自己的军队。平定太平军和捻军之后，他认为现有的武器对待叛乱还行，无法抵挡外来侵略，因此他把加强国家军力发展作为头等大事，其眼光不得不说高人一等。中日战争以前，李鸿章手下的兵力，大体如下：

北洋海军兵力表　　表一

分职 队别	船名	船式	吨数	马力	速力	炮数	船员	进水年份
主战舰队	定远	铁甲	七三三五	六〇〇〇	十四点五	二二	三三〇	光绪八年（一八八二年）
	镇远	铁甲	七三五五	六〇〇〇	十四点五	二二	三三〇	光绪八年（一八八二年）
	经远	铁甲	二九〇〇	三〇〇〇	十五点五	十四	二〇二	光绪十三年（一八八七年）
	来远	铁甲	二九〇〇	五〇〇〇	十五点五	十四	二〇二	光绪十三年（一八八七年）

队别＼分职	船名	船式	吨数	马力	速力	炮数	船员	进水年份
防守舰队	致远	巡洋	二三〇〇	五五〇〇	十八	二三	二〇二	光绪十二年（一八八六年）
	靖远	巡洋	二三〇〇	五五〇〇	十八	二三	二〇二	光绪十二年（一八八六年）
	济远	巡洋	二三〇〇	五五〇〇	十八	二三	二〇三	光绪九年（一八八三年）
	平远	巡洋	二二〇〇	一五〇〇	十四点五	十一		
	超勇	巡洋	一三五〇	二四〇〇	十五	十八	一三〇	光绪七年（一八八一年）
	扬威	巡洋	一三五〇	二四〇〇	十五点五	十八	一三〇	光绪七年（一八八一年）
	镇东	炮船	四四〇	三五〇	八	五	五五	光绪五年（一八七九年）
	镇西	炮船	四四〇	三五〇	八	五	五五	光绪五年（一八七九年）
	镇南	炮船	四四〇	四四〇	八	五	五五	光绪五年（一八七九年）
	镇北	炮船	四四〇	四四〇	八	五	五五	光绪五年（一八七九年）
	镇中	炮船	四四〇	七五〇	八	五	五五	光绪七年（一八八一年）
	镇边	炮船	四四〇	八四〇	八	五	五五	光绪七年（一八八一年）
练习舰	康济	炮船	一三〇〇	七五〇	九点五	十一	一二四	光绪七年（一八八一年）
	威远	炮船	一三〇〇	八四〇	十二	十一	一二四	光绪三年（一八七七年）
补助舰	泰安	炮船	一二五八	六〇〇	十	五	一八〇	光绪二年（一八七六年）
	镇海	炮船	九五〇	四八〇	九	五	一〇〇	同治十年（一八七一年）
	操江	炮船	九五〇	四〇〇	九	五	九一	同治五年（一八六五年）
	湄云	炮船	五八七	四〇〇	九	四	七十	同治八年（一八六九年）

附水雷船

表二

船名	船式	吨数	速力
左队一号	一等水雷	一〇八	二四
左队二号	一等水雷	一〇八	一九
左队三号	一等水雷	一〇八	一九
右队一号	一等水雷	一〇八	一八
右队二号	一等水雷	一〇八	一八
右队三号	一等水雷	一〇八	一八

直隶淮军练勇表

当中日发生战事时，直隶的淮军和新招的陆军两万余人，其略如下：

表三

军队	营数	人数	将领	驻地
盛　军	十八	九〇〇〇	卫汝贵	小站
铭　军	十二	四〇〇〇	刘盛休	大连湾
毅　军	十	四〇〇〇	宋　庆	旅顺口
芦防淮勇	四	二〇〇〇	叶志超　聂士成	芦台北塘、山海关
仁字虎勇	五	二五〇〇	聂士成	营口

以上合计四十九个营，两万五千人左右。

李鸿章几乎倾其所有来经营陆军和海军，自认为能够把它们建设成强大的武装力量。

光绪八年（一八八二年），法国入侵越南，故意在我国广西边境寻衅滋事，朝廷商议筹资经费，提前加强京城周边地区的防御，李鸿章却上奏说："在训练士兵方面，我花费了十多年的时间；在装备方面，我购买了新式武器，由于经费紧张，有些愿望没有实现，但临阵杀敌，还是绰绰有余，皇上不必为此担忧……"这些话，显示出李鸿章超常的自信心。让人万万没有想到的是，中日开战后，李鸿章苦心经营的海军战舰，不是被日舰击伤就是被日舰击沉，还有一部分被日军缴获，淮军和新式军队，屡吃败仗，李鸿章的名声一落千丈。剩下的一些残缺老旧的武器装备，后来在天津塘沽与八国联军的交战中，基本上陪着罗荣光、聂士成一起灰飞烟灭。直隶总督、北洋大臣李鸿章三十年的积累，三十年的苦心经营，全部烟消云散，犹如一场梦，让人不敢相信又不得不接受这样残酷的现实。直到李鸿章去世，他的天津大本营，还控制在外国人手里。唉！李合肥呀李合肥，我知道你九泉之下也无法瞑目啊。

对于李鸿章失败的原因，主要集中在两点上。一点是朝廷里的一些大臣主张议和，这从而牵制了他的行动；另一点是他的个人行为。从个人角度而言，也可以分为两点，一点是用人不当，用了不该用的人；另外一点是见识不够，没有认真分析对手的实力和优势。当他立下大功，名声到达顶峰时，变得飘飘然起来，认为天下事都很容易办。功成名就后，他把昔日的一些老部下提拔到重要岗位上，让他们与自己一起共享荣华富贵。从道义上来说，无可厚非；但是在治国安邦上，他任人唯亲，犯下了一个极大的错误。这些人尽管能够在战场冲锋陷阵、英勇杀敌，一旦放到其他的位置上，个人的短板就会凸显出来。他们遇到事情，不但没有做好，反而把事情搞坏，影响整个大局，这就是李鸿章失败的原因所在。此外，李鸿章只关心如何练兵，不知道士兵的来源；只知道筹集粮饷，不知道粮饷的来源地，所以做了很多琐事，最后一无所成，这又是另一方面的原因。下一节中，再详细论述。

李鸿章创办的商务，也没有收到预期的效果，没有其他的原因，主要是经商处处要受到官方的监督和牵制。中国人在经商方面颇具天赋，假如国家能制定相关的商业法律，开辟市场，打通商业渠道，保护商人的利益，让人力、物力得到充分的发挥，就不会浪费资源，距离国家富强的日子也就不远了。现在每当要开发一个新项目，必须向朝廷请示，还要派大臣进行监督，即便派遣的人既合适又得力，依然会产生越俎代庖的现象，肯定会影响真正办事的人；如果派来监督的大臣，以贪财获利为目的，势必会仰仗着朝廷给予的权力，对项目指手画脚，从中干预，怎能不让那些已经参与进来的人心寒呢，那些想要参予进来的人怎能不犹豫观望呢？中国的商务无法发展起来，可以说是被李鸿章推行的官督商办的政策所害。

我敢用一句话做结论：李鸿章其实是位不懂得治理国家的人。不懂得国家的真正含义，不懂得国家与政府之间的关系，不懂得政府与人民之间有哪些责权关系，不懂得大臣应该怎样去尽自己的责任。至于西方为什么富强，他也不知道，他一直认为中国的政治、教化、传统、风俗，都要高于西方，不如西方的仅仅是枪炮、轮船、铁路、机器等等，并且还自私地认为只要我们学会他们的长处和先进的技术，就可以把洋务做好。这也是当下喜欢谈论时事的人共同的论调，李鸿章则是这一派中，有着三十年资历的老前辈了。这就像东施效颦、邯郸学步，越学越糟糕，一事无成是必然的结果。

尽管这样评价李鸿章，他的远见还是远远超过一般的人。我曾经看到他在同治十一年（一八七二年）五月，第二次上奏朝廷，不要撤销制造轮船的事情，奏折中这样说道：

微臣发现欧洲这些国家，在近一百年里，从印度到南洋，又从南洋到中国，闯入中国边境，继而深入腹地，这些自古以来从未与中国有过交往的国家，纷纷申请准许通商。皇上有天朝大国的气度，答应他们的请求，与他们互通商贸，通过商业手段笼络这些国家。看看眼前发生的情况，这些分布在地球各地的国家，不远万里来到中国，这是三千年来从未发生过的事情。西洋人靠着他们的制造精良、威力巨大的枪炮轮船，在我中华大地上横行，我国士兵所使用的武器老旧落后，无法与他们抗衡，所以受到他们的压制。今天我们说把他们驱逐出境，仅仅是嘴上说说而已，实际上我们根本没有这个能力，要想保全和平，守住疆土，我们必须得有先进的武器，才能够在我们的土地上打败他们……那些士大夫被局限在圣贤的道德章句的学问里，看不到数千年来的这一大变局，满足于现状，苟且偷安，忘却了二三十年前遭受重创时的疼痛，也不去想千百年以后用什么来安定国内局势、抵御外辱。这就是建议停止建造轮船的言论出现的原因。微臣认为，国家在其他经费上都可以节省，唯独养兵设防、造枪炮、制造兵舰的费用万不能省。如果在军费上节省，其他领域的开支就更没有必要了，这样的话，国家就不能自立，永远不会出现强盛的那一天。

光绪元年（一八七五年），他在因台湾事变而筹划建立海防的奏折中说：

总理衙门的这六条主张，已经把当务之急和日后的长远打算都包括进去了，的确是拯救时局的关键。其中，短时间内不容易办到的是，优秀的人才难以找到，筹措经费有困难，意见和分歧不容易化解，陈旧风气不好消除。如果还一味地因循守旧，不想办法去改变，就算每天设防，无异于画饼充饥，在实质上起不到任何作用。当务之急，需要破除成见，统一意见，做切实可行的事情。为什么要这样说呢？历朝历代在防卫方面，把重点放在西北地区，其强弱的分布和主次的划分，各个朝代大同小异。中国与邻国之间，有固定的边界。现在形势与其他朝代有所不同，东南海疆有一万多里，沿海城市开放，允许各国通商、传教，他们有时还聚集在北京或其他省会。他们表面上假借友好的名义，暗地里实施侵吞我国的阴谋。一个国家的相关人员在我国闹事，其他国家就跟着煽动是非，这是几千年来从未出现过的事情。洋人使用轮船来到我们这里，他们的电报可以让信息很快就传达到千里之外；他们手中武器的威力，比我们的武器强一百倍，这是几千年来，从没有遇到过的强大对手。西方列强不断变着方法、找着理由来侵扰我们，我们却还在使用旧的方式来抵制他们，这就好像医生看病，不问病因，不对症下药，把原有的旧处方开给病人，怎么可能会有疗效呢？一八六〇年的鸦片战争以后，西方列强不再满足于沿海地区，他们的势力逐渐向内陆渗入，那些从来就看不起洋人的文人士大夫们，没有一个不义愤填膺的，他们纷纷发表言论，一致要求把洋人驱逐出境。这些言论固然值得称道，但他们都是局外人，根本不知道局内人办事的艰难。问他们用什么方法去自强，有什么能力去抵御列强的入侵时，他们一个个既茫然又显得不知所措。我主持洋务也有很长的时间了，在经历和见识上也比较开阔，敌我之间的优劣对比，认识得比较深刻。眼前的情况是，我们的人力、物力、财力等方面显得力不从心，传统观念束缚着手脚，他人的议论牵制我们的行动，即便想振奋起来做点事情，也不知道从何处下手。《易经》上说："穷则变，变则通。"如果不进行变革，无论战还是守，都没有保障，靠讲和更不能持久。

李鸿章又说：

最近这些年，那些传统的读书人，大多数认为办理洋务，和外国交往是件可耻的事情；那些整天只想着如何博取功利、投机取巧的人，把反对洋务当成自己提高声望和地位的一条捷径。朝廷不加大力度弘扬新风气、破除旧陋习，推行富国强民的好办法，我们面临的危险局面，就无法挽回。将来，人才匮乏得比现在还厉害，我泱泱大国，就不会有自强自立的那一天，这不仅仅让人担忧，更让人感到可耻。

从李鸿章的奏折中可以看出，他已经看到了中国三千年的传统思想和认知已经落后了，今天国内、国外的局势已经发生了巨大的变化；同时他也知道，满足于现状只能是苟且偷安，外国列强正虎视眈眈地注视着我们，我们根本不可能有长治久安的局面。他作为朝廷里的重要大臣，为以后中国的江山社稷着想，主动寻找安定国内、抵制列强的办法。他心里比谁都清楚，中国现状之痛，要是还用老处方治疗的话，起不到任何的作用。要想让中国再次成为世界强国，必须进行维新变法，面对西方列强，无论是战还是守，都不能换来国家的安宁。他还知道，洋务和保守是两大对立的矛盾点，如果不及时化解，不彻底根除陋习，任何事情都办不成。甚至他还预测到，若按照这种方式发展下去，将来中国缺乏人才比现在还要厉害，我们的国家没有扬眉吐气的那一天。李鸿章的话，句句触及到痛处，现在读来，让我不禁热泪盈眶。李鸿章就是这样一位忠诚爱国的人，他具有敏锐的观察力，又长期身居要职，但他对中国现状的认识仅仅局限于这些，这又是什么原因呢？李鸿章只懂军事，对民生知道得很少；他懂得外交，但不知道如何内治；他只知道对朝廷负责，却不知道如何安抚国民。他每天责备那些不懂得时局的人，自己对国内外的局势也不完全了解；他每天责备那些与自己意见有分歧的人，让朝廷革除陋习，对自己权力范围内的分歧和陋习，却不加以重视。他与那些人相比，没有太大的区别，不过是五十步笑一百步罢了。他想使中国富强，却没有搞清楚，当今世界国与国之间的竞争，不在于国家而在于民众；他不清楚西方各个国家能够化解分歧、革除陋习、实施新政，使国家走上富强的道路，原因是主要动力来源于民众而不是上层领导者。要激发出这种动力，必须要有激发人力量的先行者，通过先行者去引导他们、鼓励他们。一旦改革的风气形成以后，再利用下层力量乘势实施，那就一定能获得成功。李鸿章不知道这一点，不为此担忧，也就算了；既然他已经知道了，已经有所担忧，凭他的地位和声望，上可以影响皇帝的思想，让皇帝按照他的想法指挥文武百官，下可以制造舆论呼吁全国的百姓，可惜他没有做到。我认为，李鸿章最大的问题在于不学无术。他是时势造出来的英雄，不是能够造就时势的英雄。

尽管如此，同样的人和事，放在不同的环境中、不同的时代里，就会有不一样的效果。生活在今天的人们，把这样重大的责任全部推在李鸿章一个人的头上，我想他肯定接受不了。他面对局外人的指责，以不了解局中人办事的艰难作为解释，言外之意就是，自己心里有许多苦衷，外人根本无从知晓。按照《春秋》中“责备圣贤”的说法，李鸿章固然有不可推卸的责任，试问今天的四亿中国人，具备先行者资格的，能有几人呢？我虽然批评李鸿章，但决不对那些死板的读书人、投机取巧的人加以宽恕，更不允许他们像我批评李鸿章那样，对他进行横加指责，妄加评论。总而言之，李鸿章是一位名副其实的英雄，不幸的是，有着数千年灿烂文明的中国，自从李鸿章以后，却没有出现一个像李鸿章这样的人物，即便是无名英雄也不曾有过。李鸿章在任期间的有所行动，都没有成功，失败的原因十分复杂。仅凭他兴办洋务、实施革新这一点，我为他的遭遇，深表同情和悲悯。

这一章结束后，李鸿章的得意人生就此终结，失意人生从此开始。

第七章
中日战争时期的李鸿章

中日甲午战争的起因

战争之前李鸿章的失策

大东沟之战

平壤之战

甲午九、十月以后大概情形

导致失败的原因

李鸿章的地位和责任

中国维新运动的萌芽，开始于中日甲午战争，李鸿章用大半生建立起来的功绩，也因为中日甲午战争而丧失殆尽。真是令人痛惜啊！光绪十九年（一八九三年），李鸿章刚刚过完七十岁大寿，就卧病在床，病魔没有夺走他的生命，紧接着便是甲午战争，对李鸿章来说，真是祸不单行，倒霉的事一个接着一个，这样又折腾了最为艰难、极度危险、极度耻辱的八年，才离开人世。苍天啊，为什么前半生如此的宠爱他、优待他，却让他在后半生遭受如此残酷的厄运呢？写到这里，我禁不住停下笔，发出无可奈何的慨叹。

中日战争的祸端起源于朝鲜，追溯源头，应该说是李鸿章在外交上的一次重大失误和终身遗憾。朝鲜是中国的附属国。整个事件的起因，要从同治十一年（一八七二年）说起，当时日本和朝鲜在外交上出现矛盾，日本政府便派使者到中国交涉，朝鲜是中国的附属国，外交事务理所应当由中国做主，这是国家公法所认可的。中国政府不愿意多管闲事，就对日本使者说："朝鲜的事由朝鲜做主，我朝不便于干涉，贵国与朝鲜不合，你们应该自行解决。"得到这样的答复，日本政府派使者到朝鲜，于光绪元年（一八七五年）一月份，日本、朝鲜国两国正式签订和约，合约的第一条是："日本承认朝鲜是一个独立自主的国家，朝鲜和日本一样，拥有平等自主的主权。"这是日本与朝鲜交往的开端。光绪五年（一八七九年），英、美、德、法等国，纷纷请求与朝鲜进行商业贸易，朝鲜政府十分惊慌，不知道如何对应。李鸿章知道这个消息后，就给朝鲜太师李裕元写了一封密信，鼓励他与申请国签订条约，李鸿章在给朝廷的奏折中说，这样做可以防御俄国，同时又能牵制日本等有利于清政府的话。光绪六年，日本驻中国使臣何如璋给总理衙门写信，建议中国主持朝鲜外交事务，信中说中国应该在朝鲜设立办事处，专门负责朝鲜的外交事务。李鸿章认为这个建议存在瑕疵，如果暗地里维护朝鲜，我们能够进退自如，把主动权掌握在自己的手中；如果直截了当地去接手朝鲜的外交，朝鲜方面不但不会完全听我们的，其他国家也会以干涉内政为借口，把矛盾指向我们，总有一天，会给我们造成骑虎难下的局面，说不定还会引起战争等其他的麻烦事。光绪八年（一八八二年）十月，皇帝的陪读张佩伦上奏折，奏请皇上派通商大臣去朝鲜，协助朝鲜方面，处理日常外交事宜。李鸿章知道后，急忙上奏，坚持自己以前的观点。李鸿章固执己见的原因是，不熟悉"藩属国无外交"的国际公法，他只本着多一事不如少一事的原则，却不能大大方方地表明中国的立场，最终让其他国家抓住把柄，这不能不说是外交上的一次遗恨终身的失误。从此以后，各个国家都不把朝鲜看成是中国的藩属国了。

光绪十一年（一八八五年），李鸿章与伊藤博文在天津签订条约，条约上明确规定，朝鲜如果发生战争，中、日两国需要派兵的话，事先向对方通知一声。这么一来，朝鲜就好像成了中日两国共同保护的属国，这的确是件名实不符、令人费解的事情。后来两国家发生争执，各执一词、互不相让，最终酿成战争，这是前期埋下的祸根。这个祸根是李鸿章一手造成的，是他外交上的重大失误。

光绪二十年（一八九四年）三月，朝鲜爆发东学党叛乱，气焰非常嚣张。当时，袁世凯以办理商务委员的身份驻扎在朝鲜。袁世凯是李鸿章的亲信，他多次给李鸿章发电文，请求朝廷派兵帮助朝鲜剿灭东学党，并怂恿朝鲜国王，请求清政府派兵增援。李鸿章借口保护商业之名，于五月初一这天派海军“济远舰”、“扬威舰”赶赴仁川、汉城，并命令直隶提督叶志超率领一千五百名淮军前往牙山，同时遵照当初与伊藤博文签订《天津条约》的规定，及时通知日本，清政府派兵的消息。日本知道后，也随即向朝鲜派兵。截止五月十五日，在仁川登陆的日本军队多达五千人。朝鲜方面大为震惊，请求中国政府先撤兵，然后再让日本撤兵。清政府单方面不同意，就与日本反复磋商同时撤兵的相关事宜，这时东学党已经被镇压下去了。日本派来重兵，自然不会草草而归，就与中国商议，帮助朝鲜变法，实际上是干涉朝鲜的内政。中国政府不同意日本提出的想法，双方多次信函往来，言辞一次比一次激烈，战争的苗头已经出现端倪。

这次出兵，中国方面来说，朝鲜是中国的藩属国，国内出现叛乱，国王请求派兵支援，中国作为宗主国，自然有帮助围剿叛乱的责任，由此可见，中国出兵名正言顺；对日本来说，既然朝鲜已是主权国家，就享受主权国家的待遇，日本不应该出兵干涉朝鲜的内政。日本的想法是，中国派兵帮助主权国家平定叛乱，存在着某种不可告人的目的，日本派军队登陆朝鲜，是为了防备中国军队有其他的想法。日本认为保卫主权国家，是应该的。两个国家围绕撤兵的问题，各执一词，都认为对方的想法是错误的，都能够找出自己的理由和根据。的确，其中有一些值得怀疑的地方，当中国还没有决定向朝鲜派兵时，袁世凯就多次向李鸿章致电，说东学党在朝鲜十分猖獗，朝鲜政府根本没有能力平息这场叛乱，接着朝鲜国王亲自向清政府请求援兵，也是袁世凯从中鼓动的。问题是，为什么清政府五月初一才发兵，朝鲜方面初十就已经传出叛党被平定的消息呢？按常理，当时清政府的军队还在路上，与朝鲜平定乱党没有任何必然联系，由此可见，朝鲜平乱，根本不需要清政府的助剿。既然没有必要助剿，清政府无缘无故地派兵，怎能不让日本产生疑心呢？因而清政府说日本派兵到朝鲜没有道理，日本自然不能够接受这种说法。有人猜测，袁世凯想借此机会，获取战功，就在给李鸿章的电文中夸大其词，没想到节外生枝，日本也派来了军队。如果真是这样的话，为了一己之私，让十多万人民遭受兵灾之患，也毁了数千年来国家的章法。袁世凯固然难辞其咎，任用袁世凯、听信袁世凯的人不也是用人不当吗？这是李鸿章的第二大失误。

日本多次与清政府商议，共同干预朝鲜内政，被中国断然拒绝；中国多次要求与日本一起撤兵，遭到日本的拒绝。在双方互不相让的情况下，李鸿章和总理衙门，将目光盯到俄国和英国人身上，希望他们出面调停。北京、伦敦、圣彼得堡三个城市间，电报、信函相互来往，通过交涉，俄国和英国表示愿意站出来帮忙，实际上是希望从中获得好处。就这样一连拖延了好几天，清政府没有做好与日本因朝鲜问题开战的准备，或者说根本不想和日本开战。很快就到了五月下旬，日本派遣到朝鲜的军队已经多达一万余人，清政府的兵力本来就不如对方，战争眼看就要爆发，准备又不到位，可以说每一步都落后于对方，而一些战略要地早已被日本占领。本来在朝鲜问题上，清政府属于东道主，日本属于宾客的位置，现在日本反客为主，把主动权掌握在自己手中，因此双方还没有开战，胜败的结果已经定局了。这是李鸿章的第三大失误。

三大失误没能及时挽回，中日之间的战争就打响了。六月十二日，李鸿章奉命积极准备作战，他命令总兵卫汝贵带领“盛军”六个骑兵营进入平壤，又命令提督马玉昆带领两千“毅军”进入义州，这两支部队乘船抵达朝鲜半岛，从大东沟登陆。命令叶志超率领的淮军移师平壤，所有前往朝鲜的部队，雇用的是三艘英国商船分批运输，让济远舰、广丙舰两艘军舰护航。二十五日凌晨，船队遭到日本军舰袭击，济远舰舰长方伯谦，看见日本军舰逼近，吓得立即躲到铁甲最厚的地方。济远舰被日本的火炮击中，船舵被毁，胆小懦弱的方伯谦没有迎战，高高挂起白旗，白旗下面是日本旗，匆匆逃回旅顺港。商船高升号被击沉，清兵死亡七百多人。二十七日，清政府向全国通告战事，命令中国驻日本公使的汪凤藻撤下国旗，立即回国。二十九日，牙山丢失，叶志超撤回平壤，向朝廷谎报打了胜仗，说在二十五日、二十六日、二十七日等几天时间内，多次打败日本的军队，歼灭五千多敌人。朝廷接到喜报后，下旨赏赐白银两万两，各级军官中有数十人受到赏赐。从此以后，中国海军、淮军的威望，开始日渐衰落。

在五月、六月之间，日本的军舰聚集在朝鲜，密密麻麻，穿梭如织。中国的军舰则都躲藏在威海卫，悠闲自在地停靠在岸边。直等到京外人们纷纷奏本弹劾，才假装着派遣出一支辅助舰队，开出军港，或是开出三十里，或是开出五十里。大体上从启航出港算起，经过约五六个小时，便立即把船开回军港，并迅速致电北洋大臣，称某船巡逻到某处，并没有发现日本军队的踪迹等等。种种的情形，让人觉得可笑又可叹。八月上旬，北洋大臣连续接到来自朝鲜的军事电报，请求出师相助以壮声势。于是就用了招商局的船五艘，运载士兵、银两，由海军的军舰护送。铁甲舰、巡洋舰各六艘，水雷舰四艘，合成一队同行。到中秋节那天，安全抵达鸭绿江江口。然后，五艘运兵船直接驶入鸭绿江，浅水兵船和水雷船护航与其一起驶入，剩下的船舰则驻扎在离江十里或十六里的地方。当时各船舰锅炉里的煤都还没有熄灭，北洋舰队将士们就在十六日早晨，瞭望到南方隐隐出现缕缕黑烟，知道了日本的军舰即将到来。于是海军提督丁汝昌，传令各船舰列阵为“人”字形。镇远号、定远号两艘铁甲舰位于“人”字形的顶部，靖远号、来远号、怀远号、经远号、致远号、济远号、超勇号、扬威号、广甲号、广丙号及水雷船，分开列为“人”字形的两翼，还用号旗招令鸭绿江中的大小战船全部出来助战。很快，日本的舰队就逐渐靠近，共十一艘军舰列阵成“一”字形，向中国军队发动猛烈进攻，他们的巡洋舰的航行速度比中国军舰要快。转瞬间，日本舰队又改变阵形为太极阵，将中国海军“人”字形阵包围在其中。

中国舰队率先开重炮示威，当时距离日本的战船有九里远，没打中也正常。炮声还未落，日军军舰就蜂拥而至，和定远号和镇远号间保持着六里多的固定距离，也许是因为畏惧定远号、镇远号两舰厚厚的铁甲和重炮。在这个距离上，中国的船炮射程不能打到敌舰，日军的船炮却可以击中我军。日本的舰队距离我军“人”字形阵末尾的两艘战舰较近，欺负这两只火炮口径比较小、装甲比较薄的战舰。过了一会儿，日本的舰队切入“人”字形阵脚，致远号、经远号、济远号三艘战舰都被隔在“人”字形阵之外。致远号与其他战舰失去联系以后，船身多次受到重创，眼看就要沉没之时，其管带邓世昌，开足了马力，向日军的战舰飞速驶去，想撞上它与之同归于尽、共沉大海，但还没到达就已经沉没，船上的二百五十名将士同时殉难。

在整个中日甲午战争当中，牺牲者以邓世昌最为壮烈。与致远号同时被隔离在舰队之外的经远号，在刚刚离开舰队之时就突然燃起了大火，管带林永升一边开炮迎击日舰，一边泼水救火，依然指挥得井井有条。远远看见有一艘日本战舰，好像已经受损，便开足马力追击，却遭到日本军舰水雷的攻击，躲闪不及，船体立即被轰裂，死难者也有二百七十多人。实在是惨烈啊！济远号管带方伯谦，也就是在七月份时护送高升号到牙山，半路上遇到日本舰队后立即逃回旅顺的那个人，当天是中日两军刚交战，方伯谦就先挂起了白旗，示意对方的主将，自己的军舰已受重伤，很快便因为想逃跑，也被日本舰队隔在了圈外。致远号、经远号两舰与日军展开苦战，但方伯谦完全不顾，如同丧家之犬一般慌忙逃窜，并误入浅海区。当时扬威号铁甲舰先搁浅在这里，不能够转动，于是济远号撞上了它，撞开了一个大的裂缝，扬威就此沉没。扬威号遭遇这样的飞来横祸后，死了一百五十多人。方伯谦见状后惊惧万分，飞速逃回了旅顺口。第二天，李鸿章电报传令将方伯谦绑起来，在军前就地正法。海战中还有广甲号也和方伯谦一样逃出了阵外，不知道它当时是否受损，然而只顾防备后面的追兵，不顾前方的道路，误撞在礁石上，被日军放水雷轰击炸毁。在中国舰队的阵中，经远号、致远号、扬威号、超勇号沉没，济远号、广甲号逃跑之后，与日本舰队展开战斗的军舰就只剩下了七艘。这场战争中，日本的军舰虽然有受重创的或轻微受损的，却一艘也没有沉没，中国则损失了五艘军舰。

大东沟一战，中国海军几乎全军覆灭，陆军方面也在平壤战败。平壤是朝鲜的重镇，西、南、东三面环海，北面崇山峻岭，整座城市背依山崖，城市东面的江水，绕过山崖，一路弯弯曲曲向西流去。西北角是一片相对平缓的地带，既没有高山也没有河流，是直达义州的交通要道。李鸿章部下的叶志超、聂桂林、丰升阿、左宝贵、卫汝贵、马玉昆六员将领，共统领三十四个营的精兵，七月中旬在此处会合。当初，中国军队从牙山出发时，副将聂士成就曾提出建议，趁日本军队还没进入朝鲜之前，先派部队渡过鸭绿江，快速挺近平壤，同时派我海军舰队扼守仁川港，日本的军舰就无法进入。这样的话，牙山的陆军与北面的海军就可以起到共同牵制日军的作用，然后，让驻扎在平壤的陆军向南进攻等一系列的计划。李鸿章没有采纳聂士成的建议。七月二十九日，牙山失守，这个策略再也没有可用之处了。

日军进入朝鲜境内的时候，正是炎炎夏日，加之道路坎坷，行军很艰难；沿途虽有村庄，百姓都很贫穷，日本军队很难抢到粮食。朝鲜人向来敬仰中国军队的威势，他们所到之处，当地百姓纷纷拿出粮食慰问中国军人，这与他们对待日军的态度恰好相反。所以，当日军进攻平壤时，除了自己带的干粮外，根本没有其他吃的，即便是一勺咸盐，也要支撑好几天。此时，中国军队要是机动灵活的话，可以趁日军疲惫的时候，对其进行突然袭击，必定能获取胜利。事实上他们没有这样做，而是采用以主待客、以逸待劳的策略，还侥幸地认为，平壤的防御工事很坚固，足以抵抗日军的进攻。这是一个战略大失误。李鸿章八月十四日下达的所有军令，都放在防守上，根本没有把进攻考虑进去。整个中日战争，都是因为这个错误的策略，导致严重的失败。

根据李鸿章的部署，马玉昆率领的四个营的“毅”字军绕过江东，与其他部队形成夹击之势。卫汝贵、丰升阿统领的两支部队，有十八个营，驻防在平壤城南面的江岸一带，左宝贵统领的六个营，驻防在城北的山区一带，叶志超、聂桂林统领的部队，驻防在平壤城里面。八月十二日、十三日、十四日这几天内，日军陆续在平壤附近结集。刚开始时，双方相互挑衅，没有带来多大的损伤。十五日晚上，日军完成作战前的部署，用右翼部队攻取大同江左岸大桥旁边的中国炮台，然后渡江正面进攻平壤城，以师团长率领的主力部队作为后援；用左翼部队从羊角岛顺流而下，渡过大同江，直接攻击我国军队的右翼。十六日，马玉昆的部队在大同江岸与日军相遇，双方展开激战，日军伤亡惨重，但中国军队的炮台被日军占领。防守平壤城北的左宝贵，在牡丹台也与日军展开激战，左宝贵部队装备的是七连发毛瑟枪和快炮等武器，在激战中起到很大的作用，日军的火力毫不逊色，接连发射开花大炮，左宝贵不慎被击中，很快阵亡。主将身亡，部队顿时大乱。下午四点半，叶志超抵挡不住日军猛烈的进攻，紧急挂起白旗，请求停战。当夜，全军趁夜色分由义州、甑山两路逃遁，被敌兵截杀，阵亡两千余人，平壤被日军占领。

平壤战役，把李鸿章苦心经营二十多年，自以为是强兵劲旅的部队，基本上损失殆尽。中国军事上装备落后，外国人早就知道。淮军、奉军、正定练军等几支部队，采用的是西洋的训练方法，也是李鸿章全力打造的核心部队，日本人对这几支部队心有余悸。等到战争胜利以后，日本的将领还觉得这样的结果让他们始料未及。淮军的失败，不是败在武器装备上，而是将帅的腐败无能上，他们在战争中既愚蠢又极其不称职，更让人无法接受的是，卫汝贵克扣军饷，临阵先逃；叶志超谎报军情，明明吃了败仗，却欺骗皇上，说打了胜仗，向皇上邀功请赏。这样的将才，放在前线上指挥作战，怎能不失败呢？另一方面，这六个统帅的官职、权限都一样，没有一个统领全局的指挥官协调统一指挥他们，这种职位对等、谁也管不住谁的状态，势必导致管理混乱，配合不力。这次战役是李鸿章在用兵打仗上，走向失败的开始；淮军当年的名声，也由此一扫而光。

经过长期训练的部队，竟然有如此结果，更别说仓促招募起来的军队了，他们军纪不严，装备不完备，真是不值得一提。自从平壤战役失败后，朝廷的决策愈发动摇不定了，军事上不再让李鸿章一个人负责，这里不做详细叙述，只是把重要将帅列出来，如下表：

一	依克唐阿	奉天将军	满洲马队	以光绪二十年八月派为钦差大臣
二	宋庆	提督	新募军	以光绪二十年□□月派总统前敌各军
三	吴大澂	湖南巡抚	湘军	以光绪二十年十二月派为帮办军务大臣
四	刘坤一	两江总督	湘军	以光绪二十年十二月派为钦差大臣

其余先后参战的部队有：承恩公桂祥（慈禧太后的弟弟）、副都统秀吉的神机营马步兵，按察使陈湜、布政使魏光焘、道员李光久、总兵刘树元、编修曾广钧、总兵余虎恩、提督熊铁生等率领的湘军，按察使周馥、提督宗德胜等人率领的淮军，副将吴元恺的鄂军，提督冯子材率领的粤勇，提督苏元春率领的桂勇，郡王哈咪率领的回兵，提督闪殿魁新招募的京兵，提督丁槐率领的苗兵，侍郎王文锦、提督曹克忠奉旨办的团练津胜军，还有某蒙古官员所率领的蒙古兵。在战争期间，这些部

队有时归李鸿章指挥，有时归依克唐阿指挥，有时归宋庆指挥，有时归吴大澂指挥，有时归刘坤一指挥，没有一定的归属，也做不到统一，内行人早就知道他们打不赢战争了。

九连城沦陷、凤凰城沦陷、金州沦陷、大连湾沦陷、岫岩沦陷、海城沦陷、旅顺口沦陷、盖平沦陷、营口沦陷、登州沦陷、荣城沦陷、威海卫沦陷、刘公岛沦陷，海军提督丁汝昌率领北洋舰队残余部队向日军投降，自此清政府的海防力量全部被摧毁。在这里将李鸿章生平最用心经营的海军重列一个表格，以便大家感受那种穷途末路的情形：

船名	船式	结局	地点
经远	铁甲船	沉	黄海
致远	钢甲船	沉	黄海
超勇	钢甲船	沉	黄海
扬威	钢甲船	火	黄海
捷顺	水雷船	夺	大连湾
失名	水雷船	沉	旅顺口外
操江	木质炮船	夺	丰岛中
来远	铁甲船	沉	威海卫
威远	练习船	沉	威海卫
龙福	水雷船	夺	刘公岛外
靖远	钢甲船	沉	刘公岛外
定远	铁甲船	降	刘公岛中
镇远	铁甲船	降	刘公岛中
平远	铁甲船	降	刘公岛中
济远	钢甲船	降	刘公岛中
威远	木质船	降	刘公岛中

剩下的还有“康济”、“湄云”等木质小兵船，“镇北”、“镇边”、“镇西”、“镇中”四艘蚊子船，还有水雷船五艘，炮船三艘，停泊在刘

公岛海湾内或受伤或完好无损的船只，大大小小的舰船共有二十三艘，全被日本军队缴获。此外，广东水师的“广甲”、“广丙”、“广乙”三艘军舰，不是沉没，就是投降。自此以后，我国北部数千里的海面上，几乎没有中国海军军舰的身影了。

在中日战争的过程中，李鸿章成为人们指责的中心，几乎被骂得体无完肤，每一个人都想杀死他。客观地说，李鸿章确实有不可推卸的责任，刚开始时他就劝告朝鲜国王与外国签订和约，错就错在不明白国际公法，这是责任之一。既然李鸿章让朝鲜国王与日本签约，等于承认朝鲜是自主国家，后来派兵干涉朝鲜内政，让日本抓住把柄，这是责任之二。日本派遣军队进入朝鲜，摆出只进不退的战争姿态，李鸿章不根据实际情况，做出准确判断，还想借助俄国和英国出面调停，致使延误战机，这是责任之三。聂士成曾建议趁着日军没结集完毕时，率军进攻韩城，起到牵制日军的作用，李鸿章却没有采纳，这是责任之四。运载士兵的高升号商船被日舰击沉之前，丁汝昌曾提出请示，带领北洋水师与日军作战，李鸿章也没有同意，给日军喘息和壮大的机会，使日军反客为主，而我国的军队却渐渐处于危险的地步。综合以上各种原因，都是因为李鸿章不想与人交战，希望通过外交进行平息，可他却不知道，甲午年的五、六月份，中国和日本已经成为敌对国，早就不是友好的邻邦了，他错误地把外交策略运用到战争中，这是责任之五。李鸿章可能会为自己辩解，说：“鉴于我国的军事实力不如日本，该忍的时候就要忍，发动战争对我国不利。”可是他为什么不想一想，自己身为北洋大臣，统领大清军队二十年，怎么变得不会打仗了呢？这是责任之六。他可能还会为自己辩解，说：“我的行动处处受到朝廷的牵制，军队需要的经费又远远不够，怎么能够满足军队的发展呢？”即便这样，增加经费不过是扩充军队而已，为什么现有的部队，例如叶志超、卫汝贵等久经训练的部队，怎么也变得如此脆弱？并且他们还克扣军粮、奸淫掳盗，根本不把军法军纪放在眼里，这是责任之七。士兵使用的枪不是质量差，就是弹药是假的，子弹与枪不匹配，弹药与军械不协调，却还声称管理军械局的人，一个个都很廉洁，这样的话谁会相信呢？这是责任之八。平壤之战，六个将帅权力对等，谁也管不了谁，军队没有统一指挥的统帅，这是兵家之大忌，李鸿章心里应该清楚，他为什么不任命一位前线总指挥呢？这是责任之九。始终坐等敌人进攻，总是受制于人而不去克制敌人，怕敌军像怕老虎一样，这是责任之十。北洋海军竟然不知道使用快船和快炮，这是责任之十一。旅顺港是军事要塞、易守难攻，西洋人说就算用数百士兵守护，只要粮食充足，三年也难攻破，可李鸿章却用了一个胆小懦弱的亲信，战斗一打响，他就闻风而逃，这是责任之十二。以上十二条都是李鸿章在这场战争中所犯下的罪过。到了甲午年九、十月以后，清政府上下一片混乱，乱出主意的人比比皆是，发号施令的并非一个人，责任自然也不能完全归到一人身上。要说都是李鸿章的错，李鸿章肯定无法接受。

李鸿章无法接受是情理之中的事，我认为那些指责李鸿章的人，也有不可推卸的责任，而且他们的责任比李鸿章还要多出很多倍。中日战争中，全军将帅没有一个人不给国家丢脸的，这个就不用说了。在他们中做一个比较，则海军比陆军的表现要好，李鸿章属下的陆军又比其他部队要好。海军大东沟一战，双方激战五个多小时，观战的西方人都啧啧称赞。尽管其中有方伯谦这样的败类（有人说方伯谦当时是为了救火保船，这在海军战术中是合理做法），但其余参与激战的舰船足以将功补过，即便是敌军也肃然起敬。日军在这次战役中，只有海军是他的对手，陆军没对手。到刘公岛一战时，弹尽粮绝，要么投降敌人以保全船上士兵的性命，要么以身殉国保全气节的，算起来前后死难的有：邓世昌、林泰增、丁汝昌、刘步蟾、张文宣，虽然他们死的地方及价值不同，但都有一股男儿的气概，他们的死令君子钦佩哀痛。这些人都是北洋海军中最重要的人物，反过来看陆军那些没心没肺的人，实在是不值一提了，可是平壤战役还有左宝贵、马玉昆等人与日军激战两天，这也是李鸿章的部将，据说当时敌我伤亡大致相当。后来又打算收复金州、海城、凤凰城等地，并且要在盖平设防，前后多次都曾经与日军苦战，虽说没有成功，但也尽力了，统帅是宋庆，也是李鸿章的旧部。这些还不足以抵偿叶志超、卫汝贵、黄仕林、赵怀业、龚照玙等人的罪过。即便如此，比起吴大澂贴出劝降日军的告示，之后不战而逃、全军崩溃的表现又如何呢？比起刘坤一奉命出征，逗留数月拒不发兵又如何？说中国军队全部腐败不堪是可以的，但只归罪于李鸿章的淮军不行。当时清政府充满浮躁、骄横之气，仿佛只有杀了李鸿章，就可以平息一切事态，大家就能过上好日子。那些道貌岸然、指手画脚的官僚绅士们，有着气吞东海、舌震三山的气势，其中又以湖南人的气焰为最盛。于是，有些人建议重新启用湘军，但两支军队相比较，湘军还不如淮军。唉，那些说这种话的人应该惭愧呀，我这样说，不是给淮军和李鸿章做辩护。对于中日战争，我没有任何理由去原谅李鸿章和淮军。但我特别讨厌那些奸诈狂妄的人，他们说话不负责任，抓住别人的缺点和不足之处，就无限放大，进行反复攻击。他们图口舌之快，头脑极其简单，从来没有为国家提出建设性的意见。或者说，他们根本不知道中日甲午战争中，我国失败的真正原因，这样的人没有任何真才实学，国家要是交给他们掌握，恐怕比现在还要衰弱。李鸿章罪不可恕，应该受到指责，难道这类人有资格去指责他吗？

这次战争，李鸿章的失误的确很多，即便没有失误，也不可能心存侥幸获得胜利。十九世纪下半叶以来，国与国之间的战争，在没有开战前就已决定了胜负。为什么这样说呢？社会发展得越文明，优胜劣汰就越明显。谁的实力强，谁就能够取得胜利，一点改变的办法都没有。政治、学术、商务都是这样，军事仅仅是其中的一个方面。日本近三十年来，励精图治，全国上下团结一心，才建设出一支纪律严明、英勇善战的军队，他们在与我国军队交战中，不顾一切奋勇向前，如果没有强大的自信心，他们敢吗？等到失败才知道失败原因的人，是愚蠢的人；失败后还不知道失败原因的人，是麻木得如同死人一样的人。把失败的罪责全部强加到李鸿章一个人的身上，这能说得过去吗？

对于这场战争，西方国家的报纸有这样的评论："日本不是与中国作战，而是同李鸿章一个人作战。"这句话虽然有夸大的成分，但仔细想想，也有一定的道理。战争没爆发前及交战时，各省的行政大员们，只知道管理好自己职权范围以内的事情，认为中日之间的战争是直隶省或满洲的私事，他们之中有愿意筹集粮饷或出兵增援的吗？即便是有，也仅仅是停留在口头上，没有付出实际行动。更为可笑的是，舰队在刘公岛即将投降时，相关当事人还给日军写信，请求放过"广丙"舰，信中说"广丙"舰属于广东海军管辖，与这次战役无关。这些话传到外国人的耳朵里后，没有一个人不觉得可笑。他们能说出这样的话，实际上昭示出，各省封疆大吏们各自为政的想法。如果真是这种说法，那么日本就是在同李鸿章一个人作战。以一个人的力量去对抗一个国家，李合肥呀李合肥，虽然战败了，也足以引以为豪。

从此，李鸿章在军事上的荣誉结束了，外交上的困难开始摆在他面前了。

第八章
外交家李鸿章（上）

天津教案

法越之役

中日天津条约

议和日本

停战条约及遇刺

中日和约及其功罪

外交使李鸿章在国外享有很高的声誉；同样也是因为外交，李鸿章在国内遭到严重的诽谤。总体而言，李鸿章的一生，有一半的时间用在外交上。要想评判和断定他一生的功绩和罪过，不能不把外交当作是最重要的事，因此在这些事情上必须特别留意，需要展开叙述。

天津教案是李鸿章办理的第一件外交事务。当时，太平洋和捻军叛乱刚刚平息，国内的不安定因素刚刚解决，突然发生天津的百姓杀死传教士、焚烧法国领事馆的事件（同治九年，一八七〇年）。法国人以此为借口，联合英、美两国逼迫清政府答应他们的要求。发生这一事件时，曾国藩刚刚就任直隶总督，深知中国在这件事上属于理亏的一方，问题是法、英、美的得理不饶人，提出的要求很过分。曾国藩没有更好的处理方式，一方面与对方进行巧妙的周旋，一方面镇压天津闹事的百姓，处死八个人，依法治罪二十多人。尽管如此，法国人还不满足，非要巨额赔偿，还要治罪天津知府和知县。曾国藩为了应付外国人，已经显得很疲惫，朝廷内部有些人借此攻击他，说他是卖国贼（京师湖广会馆将曾国藩写的匾烧毁，就是这个时候），弹劾他的奏章纷纷摆上皇帝的案头，全国上下好像都想置他于死地一样。在全国上下一片喊打声中，通商大臣崇厚担心事情闹大了，也上奏章请求皇上罢免曾国藩，由李鸿章接替他的职位。同治九年八月，朝廷下圣旨让李鸿章到天津任职，这是李鸿章走向外交的一个重要开始。

当时的李鸿章，如同天之骄子一般，无论做什么事情都办得顺风顺水，上天似乎专门为他设立一个成名的位置。就在他刚担任直隶总督时，普法战争爆发了，法国人无暇顾及其他的事情，匆忙回国，欧洲其他国家也因普法战争，忙得不可开交，不再去理会天津教案这样的小事。在这种大背景下，天津教案就这样不了了之，当时的中国人，对世界局势一无所知，对像普法战争这样的大事，根本不清楚它的重要性和影响力。法国人不追究天津教案，他们天真地认为是李鸿章的威望和谋略起到了作用，于是很多人就认为他比曾国藩要高明很多。正是这种错误的认识，导致李鸿章在朝廷中的声威陡增。

天津教案以后，与日本交战以前，李鸿章先后办理十余起涉外事务。其中，最为重要的是法国安南之战、日本朝鲜之战。光绪八年（一八八二年），法国在越南挑起争端，他们的真实意图不是侵占越南，而是把越南作为跳板，继而把贪婪的魔爪伸向我国，想从中获得更大的利益。此前，法国与中国已经签订了条约，他们就找借口撕毁条约，于是中法战争拉开序幕。这是一次有预谋的战争，法国水师提督格鲁比事先就制订好了战略计划。他们的计划是：海军方面，先攻取海南，再占领台湾，然后进攻福州，消灭我国驻防在那里的海军舰队；陆军方面，从越南北部地区出发，攻打云南和贵州。照这种计划，海军和陆军必将大获全胜，法国在中国的势力，与英国就不相上下了。格鲁比一方面将战略计划电传给本国，请求增派军队和物质；一方面趁福州防备松懈，炮击我船厂，破坏我战舰，同时派陆军在越南北部集结。当时中国南方的天地间，呈现出一派惨淡萧条、人心惶惶的景象。在战争阴霾的笼罩下，李鸿章采取软硬兼施的措施，让英国和德国出面牵制法国。曾纪泽是中国驻英国公使，接受这个使命后，就从中极力斡旋，虽然没有办成，但法国却因此对英国有所忌惮，向中国增派军力和增加物质的议案，在议会上遭到否决。这期间，格鲁比正率领海军攻打台湾的淡水，战争没有想象得那样顺利，淡水牢牢地控制在清军手中；陆军方面进行得也不顺利，被抗法名将刘永福的黑旗军所阻挡。当接到议案被否决的消息后，格鲁比大发雷霆，活活被气死，法国只好主动向我国提出议和。李鸿章通过外交阻止了法国入侵我国的阴谋，他的外交手段，开始引起欧洲人的关注。

法国事件还没完全处理好，朝鲜平壤发生了袭击日本领事馆的事件，为防止事态进一步扩大，中国军队和朝鲜军队都分别做好了准备。长期以来，朝鲜一直是中国的藩属国，为了实现成为主权国家，经常与中日两国进行抗争。领事馆遭袭，日本当然不会轻易放过，趁清政府忙得焦头烂额之际，派伊藤博文来天津进行交涉。他刚到天津时，法国已经向清政府讲和，李鸿章本来就有自负的一面，面对凶残如虎狼的法国，自己都能够让对方提出讲和，日本一个小小岛国有何能耐呢？所以，当伊藤博文来天津后，李鸿章就用傲慢的态度对待他。伊藤博文后来与张荫桓、邵友濂议和时，私下告诉伍廷芳，在天津见到李鸿章后，他的威严和不可侵犯的神情，现在想起来，还有些后怕。这是伊藤博文说的真心话，伊藤博文在日本政府中可谓春风得意，当他面对李鸿章时，不免有些失意，自我感觉和李鸿章不再同一个层面上。伊藤博文此行没有达到预期的目标，仅与中国签下约定：有一天，如果朝鲜出现战事，中国出兵朝鲜的话，必须告诉日本，这就是《天津条约》的核心。

仍然是一个简单的条约，却成了日后中日甲午战争的导火索。

李鸿章在对朝鲜外交上的种种失误，前一章已经讲过，这里不再赘述。正是由于当初不起眼的《天津条约》，后来却升级成为丧权辱国的《马关条约》。唉！庄子曾说过："开端往往微小，结果却相当巨大。"喜欢下棋的人，看似无关紧要的几步，也会认真对待，不会轻易错过。日后再有人碰到类似的情况，一定要谨慎行事。中日战争打到甲午年的冬天，北洋水师已经不复存在了，清政府除了和日本讲和外，没有其他的策略了。光绪二十一年（一八九五年）一月份，清政府派张荫桓、邵友濂去日本讲和。但日本人嫌这二人身份太卑微，说话没有权威，拒绝与他们议和，于是清政府只好另派李鸿章前往日本，与日方代表进行议和。二月，李鸿章就出发了，陪同他的有参赞李经方等人，二十四日到达日本马关，与日本全权大臣伊藤博文、陆奥宗光进行谈判。第二天，主要讨论的是停战的条件，日本率先提出大沽、天津、山海关三个地方作为抵押。双方为此争论了很长时间，谁都不肯让步，在进展无果的情况下，先搁置停战条件的讨论，直接进入议和阶段。伊藤博文说："既然如此，你们必须把停战协议撤回去，以后不准再提及。"双方就此反复磋商，没能达成一致。二十八日，中日进行第三次会谈后，李鸿章回下榻宾馆的途中，突然遭遇刺客，刺客向李鸿章举枪射击，子弹击中左颧骨，深入到左眼下面。李鸿章当即晕死过去。日本方面得知李鸿章遇刺的消息后，前来探视的官员像走马灯似的一波接着一波，伊藤博文、陆奥宗光也亲自前来慰问，非常诚恳地表达歉意，对李鸿章的状况深表忧虑。日本天皇及全国人民对李鸿章遇刺也深表同情，同意在中国提出的停战协议上签字。在谈判桌上，唇枪舌战争取不到的东西，因为李鸿章的遇刺得到解决。就这样，中日停战协议基本上也就落实了。李鸿章刚遇刺时，日本天皇派遣御医、军医为他治疗，所有医生都说只要取出子弹，枪伤就很容易痊愈了，但需要静养一些日子，不能费心劳神了。李鸿章慷慨地说："国家有难，议和之事刻不容缓，我怎么能拖延时间耽误国事呢？就是死，现在也不能做手术！”李鸿章遇刺的第二天，有人就看见他沾满鲜血的官袍，说道：“这是为报效国家，流出的鲜血呀。”李鸿章听后，老泪纵横，说：“如果我的性命能换来国家的利益，我会义不容辞。”他这种慷慨、忠诚的报国理念，让普天之下有正义感的人肃然起敬。

李鸿章在日本遇刺以后，朝廷下旨让他安心养伤，命令李经方全权代理谈判的相关事宜，前提是一切还由幕后的李鸿章做判断决策。尽管李鸿章受伤严重，需要卧床疗养，但他还是向谈判代表面授机宜，这让医生们为他的伤势感到忧虑。三月初七，伊藤博文等人把日方拟定好的和约底稿送来。十一日，李鸿章准备好答复文本，将日方和约按大纲归纳为四条：一是朝鲜自主，二是割让土地，三是赔偿军费，四是通商权利。除第一条朝鲜自主以外，其他三条李鸿章都极力反驳。十五日，中方另外拟定的和约底稿交给日本方面，这份和约稿的大致内容是，赔偿白银一亿两，割让奉天南部四个厅县等地方，日本方面也逐条进行反驳。十六日，伊藤博文等派人送来日方修改过的底稿，其要求比先前略有降低，与后来《马关条约》的内容相差无几。这一天，李鸿章的伤势基本痊愈，又到春帆楼和日本全权大臣进行谈判。双方在谈判桌前又是你来我往，谁也不肯做出让步。在这种拉锯战的情况下，日本方面做出声明，倘若三年内还清所有欠款，就免除利息，威海卫驻军的费用也减免一半。现将条约全文摘录如下：

大日本帝国大皇帝陛下以及大清帝国大皇帝陛下，为了订立和约，使两国及两国的臣民重修平和，共享幸福，并杜绝以后再发生纠纷事端，大日本帝国大皇帝陛下特派大日本帝国全权办理大臣内阁总理大臣从二位勋一等伯爵伊藤博文、大日本帝国全权办理大臣外务大臣从二位勋一等子爵陆奥宗光，大清帝国大皇帝陛下特派大清帝国钦差头等全权大臣太子太傅文华殿大学士北洋通商大臣直隶总督一等肃毅伯爵李鸿章、大清帝国钦差全权大臣二品顶戴前出使大臣李经方为全权大臣，相互检查了所奉谕旨承担的任务，都认定一切准确无误，一起协商议定各条款，并列出如下：

第一款　中国承认朝鲜国确为完全独立自主的主权国家，因此凡是有损于独立自主国家体制的行为，比如该国向中国的进贡和参拜礼仪等，从今以后全部废除。

第二款　中国将管理下列地方之权力，将这些地方的所有堡垒、军工厂，以及一切公共的设施，永远转让给日本。

一、下列划界以内的奉天省南部地区，从鸭绿江口开始，上溯此江到达安平河口，再从该河口划到凤凰城、海城直到营口为止。折线以南的地方，所有的城市、乡邑，都包括在划界线之内。这条线到达营口的辽河以后，即顺流到入海口停止。彼此之间以河的中心作为分界。辽东湾东岸及黄海北岸，奉天所属的各个岛屿，也全都在所割让的范围内。

二、台湾全岛，及其所有附属岛屿。

三、澎湖列岛，即英国格林尼治东经一百一十九度起至一百二十度止，北纬二十三度起至二十四度之间的各岛屿。

第三款　依上一款所述，以及黏附于本条约后面的地图所划定的疆界，等到本条约批准和互换之后，两国应当各自选派两名以上官员，作为共同划定疆界的委员，进行实地勘察检测，确定所划定的疆界。如果遇到本条约所订的疆界由于地形或是管理方面等问题受到阻碍不便实施的情况，两国各自所派的委员等，应当在妥善地进行研究讨论后更正和确定。两国所派的委员等，应当迅速地办理此划定疆界的事务，从而能够保证在接受委任之后限定的一年时间内能够完成。但如遇两国所派的委员等，对划界有所更改，那两国政府在未经确认以前，应当根据本约所确定的划界为准。

第四款　中国将库平银二亿两交给日本，作为战争的军费赔偿。该赔款分为八次交完，第一次五千万两，应在本条约批准互换后六个月内交清；第二次五千万两，应在本条约批准互换后十二个月内交清；余款平分为六次，逐年交纳，交纳的方法如下：第一次平分逐年之款，在两年内交清，第二次在三年内交清，第三次在四年内交清，第四次在五年内交清，第五次在六年内交清，第六次在七年内交清。其年度划分，均从本条约批准互换之后起算。此外，第一次赔款交清后，还没有交完的赔款，应该按照每年百分之五来缴纳利息。但无论何时，如果是要将应该赔偿的款项提前全部交清，或是分期提前全部交清，则完全由中国来自主决定。如果从条约批准互换之日起，三年之内就能够全部还清赔款的话，除了将已付的利息，或两年半，或不到两年半，在应付的本银中扣还外，其余的全额免除利息。

第五款　本条约批准互换之后，在二年的期限内，日本准许中国割让地的人民，自愿迁居到割让地以外的地方，任意变卖自己的所有产业，搬到割让地界外。但期限日满之后，尚未迁徙出去的，则应当被视为是日本的臣民。此外，对于台湾省，两国应该在本条约批准互换之后，立即各自派遣大员到台湾，在本条约批准互换后的两个月期限内将权力交接完毕。

第六款　日中两国间之前的所有条约，因本次战争，全部自动废除。中国应当在本条约批准互换之后，迅速派出全权大臣，和日本所派出的全权大臣一起，共同商议订立通商行船条约，以及陆路通商章程。两国之间新签订条约，应当以中国与西洋各国签订的现行条约为蓝本。此外，本条约从批准互换之日起，到新订条约未经实施之前，所有日本政府的官吏、臣民以及商业、工艺、行船船只、陆路通商等方面，与中国最为优待的国家所享有的礼遇和照顾相比，一律不能有所差异。中国应将下列让给日本权利的款项，自两国全权大臣画押盖印之日起六个月后照办。

第一，在现今中国已经开放的通商口岸以外，还应批准增设以下各处作为通商口岸，以便日本臣民往来侨居，从事商业、工艺制作。所有增设的口岸，均按照以往开设通商口岸，或以往开设内地市镇的章程，一样办理。应当得到的优待和利益等，也当一律享受。一、湖北省荆州府沙市；二、四川省重庆府；三、江苏省苏州府；四、浙江省杭州府。日本政府可以派遣领事官到前述的各个通商口岸驻扎。

第二，日本的轮船可以驶入以下各个口岸，搭载行客，装运货物。一、从湖北省宜昌到长江上游的四州省重庆府；二、从上海驶进吴淞江及运河，以至苏州府、杭州府。日中两国在没有商定行船章程以前，上述各通商口岸行船，务必依照外国船只驶入中国内地水路现行章程办理。

第三，日本臣民在中国内地购买经工货件，或自己生产的货物，或是将进口的商货运往内地的时候，想暂时存放货物，除了不需缴纳税款和摊派的一切费用以外，可以暂时租用客栈存货。

第四，日本臣民可以在中国通商口岸城市任意从事各项工艺制造活动，并可将各种机器任意装运进口，只需要交纳所规定的进口税即可。日本臣民在中国制造的一切货物，其在中国内地的运送税、内地税、钞课、各种摊派费用，以及在中国内地涉及货物寄存客栈等，都按照日本臣民运入中国的货物，一体办理。而应享有的优待豁免，也无不相同。以后如有因出现以上事情而应增加章程和规约的，就载入本款所称的《行船通商条约》中。

第七款　日本军队现在还驻扎在中国境内的，应当于本条约批准互换之后三个月内撤回，但须依照本条约的下一款规定办理。

第八款　为保证中国能认真履行条约内所订立的条款，须允许日本军队暂时占守于山东省威海卫。在中国将本条约所规定的第一、第二两次赔款交清，通商行船约章也经过批准互换之后，中国政府和与日本政府共同确定出周全、妥善的办法，将通商口岸关税作为剩余赔款及利息的抵押，日本则可以撤回军队。倘若中国政府不能很快地确定抵押办法，则在没有交清最后一次赔款之前，日本仍然不会撤回军队。但是在通商行船约章未经批准互换以前，即使交清了赔款，日本同样不撤回军队。

第九款　本条约批准互换之后，两国应该将各自手中的所有俘虏，全部都放还。并且中国对于由日本所放还的俘虏，不能加以虐待，或者是对他们进行治罪。中国应将认为是军事间谍，或者是因犯罪嫌疑，遭到逮捕的日本臣民，立即释放。并对此次战争当中，所有与日本军队有关联的中国臣民，予以宽待，并命令有关部门不得擅自逮捕。

第十款　本条约批准互换之日起，应当按兵停战。

第十一款　本条约经大日本帝国大皇帝陛下，以及大清帝国大皇帝陛下批准之后，定于明治二十八年五月初八日，即光绪二十一年（一八九五年）四月十四日，在烟台互换。

我觉得李鸿章这次与日本议和的情况，就像春秋时齐国的国佐（宾媚人）出使晋国，一八七〇年法国的梯也尔出使普鲁士。当敌人大兵压境、无力反击的情况下，只好放下身段，说一些忍气吞声的话，甭说李鸿章身临其境的感受，就算是旁观者也会心酸。十年前李鸿章在天津与日本签订《天津条约》时，是何等的意气风发，现在想来，就像是发生在昨天的一场梦。唉！飞翔千年的龙一朝落入井中，弱小的蚂蚁也能欺负它；衰老的千里马趴在马厩里，劣质的马也敢取笑它。天下的事情，还有比这更令人感到气愤的吗？这个时候，即便有苏秦、张仪的辩驳能力，也没办法使用；即便有战国勇士孟贲、夏育的勇猛，也无法施展。除了低声下气、乞求怜悯以外，还有什么更好的办法呢？有人偏执地认为，李鸿章能够快速促成和谈，是一种功劳，其实这种想法是不对的。即便不是李鸿章出面，日本也会与中国议和。还有人把赔款、割地的责任推到李鸿章一个人身上，把他看作是和秦桧、张邦昌一样的奸臣。说这样的话的人是否想过，如果你处在李鸿章的位置上，又会有怎么样的结果呢？总之，李鸿章在围绕中日战争的和谈中，没有功劳也没有罪过。他的外交手段，在这次以战争失败为背景下，无法得到施展。平心而论，李鸿章的确有误国行为，主要集中在前一章中所记录的十二件事上，这次和谈，是给前面的十二件错误的事画上句号，这里就不再多说了。

第九章
外交家李鸿章（下）

俄、德、法三国代索辽东
中俄密约
李鸿章出访欧洲
任外交官时期
胶州之役
旅顺大连威海广州湾九龙之役
李鸿章离开总理衙门

十九世纪末，中日甲午一战，在性质上与十八世纪末法国爆发的大革命一样。法国大革命开创了十九世纪欧洲的新时代，中日甲午战争开创了二十世纪的新亚洲。这种形势就像红日即将升起前，雄鸡率先唱响序曲；风雨即将到来前，月亮用月晕提前做预告，有见识的人都能够预测得到的。中日没开战前，说到欧洲人与中国人的关系，不过是传教和通商这两件事而已。中日战争以后的几年间，中国与西方的关系，突然紧密了很多倍。时至今日，中国人的每一个举动，就像与欧洲人同体相连一般，即便想分开，也轻易分不开。出现这种现象的原因，一半是清政府在内政上的失策，一半是外交上缺少谋略。凡是有爱国之心的人，只要读一读近十年来中国的外交史，没有不伤心落泪的。

中日没开战之前，清政府请英国和俄国从中调停，希望避免战争，这实际上是引狼入室，成为他国干涉我国内政的开端。当时，日本政府就多次说，中日两国产生的矛盾，由我们两个国家自己处理，不希望其他国家参与进来。但清政府对日本积怨已久，实在忍不下去了，就想借欧洲人之手来威胁日本。中国向英国和俄国提出请求后，俄国公使的答复是“俄国不会坐视不管，一定会提供帮助，但现在不是时候”。可见，他们早就有所预谋，所谓的帮助是虚伪的、是处心积虑的，只要时机一成熟，就会马上做出有利于自己的行动。一八九五年三月，李鸿章出使日本前，特地找各国公使会谈。在这次会谈上，俄国公使喀希尼说：“我们沙皇俄国有强大的军队，可以打败日本，保全中国的领土，前提是中国必须在防务和铁路交通上给予我们开方便之门，以此来报答我们。”这次会谈后，李鸿章和喀希尼私下另约时间，后来二人在俄国使馆里秘密商谈了好几个白天和黑夜。欧洲力量向东亚发展，就是从这里开始的。

当时想借欧洲人的力量来对抗日本的，不仅仅是李鸿章一个人，有的人的想法比李鸿章还厉害还夸张。张之洞当时任两江总督，发电报坚决反对与日本和谈，他说：“如果把赔偿给日本的钱，拿出一半给俄国，我们就可以反败为胜。希望总理衙门和出使大臣，与俄国进行商谈，倘若俄国出兵进攻日本，威胁日本废除与我们签订的和约，我们可以酌情将新疆的部分土地划分给俄国作为报酬，并答应推动与俄国的商务活动。倘若英国能出兵帮助我们，我们也可以给予同样的条件作为报酬。”等等。这就是当时所谓的外交家，他们的眼光和手段竟然如此的狭隘和低劣，真是令人感慨万千啊。

《马关条约》签订不到一个月，俄国人就纠集德国、法国合伙逼迫日本把辽东半岛归还给我国。俄国人帮助我们讨要辽东，其目的并非为我国着想，他们不过是为了自己的利益罢了。他们向日本讨要辽东半岛，实际上是想把这个地方当成自己的势力范围，这个企图他们已经预谋已久，所以不希望日本插手辽东半岛，不希望日本在辽东半岛上影响他们的好事。俄国为了给日本一个台阶，就唆使清政府拿出三千万两白银，从日本人手中购买下辽东半岛。这样的话，清政府就欠了俄国一个人情，然后俄国再慢慢收回这笔人情债。俄国人的外交手段，实在高明呀。李鸿章一生中丧权辱国的罪过中，再也找不到比这个更大的了。李鸿章的外交生涯，实际上是一败涂地的。

清政府买回辽东半岛后，喀希尼马上要求李鸿章将二人前期的秘密约定，以公文的形式上报到总理衙门。事情的真相公布后，朝廷上下顿时引起轩然大波，皇上一怒之下革了李鸿章的职，只给他保留一个大学士的虚衔。触怒清朝皇帝，李鸿章被罢职，俄国方面觉得事态有些严重，就暂时延缓此前的要求，等待机会成熟了再提出来。一八九六年的春天，俄国皇帝尼古拉二世加冕，各国都派头等公使前去祝贺，清政府也按照国际惯例派遣官员，任命王之春担任朝贺使节。喀希尼知道后，当即提出抗议，说："皇帝加冕，是俄国最为重要的礼仪活动，前去朝贺的使臣，必须是本国内最为著名的人士或者在国际上有广泛声誉的人。中国政府也不能例外，王之春官阶不够，不能出席我国皇帝加冕的仪式。中国政府中，有资格出席的，只有李鸿章。"在俄国公使的压力下，清政府只好改派李鸿章为头等公使。喀希尼一方面贿赂慈禧太后，一方面对其进行威逼，还说俄国从日本手中要回辽东半岛，是大义之举，必须有所回报，请授李鸿章全权处理此事。李鸿章向慈禧太后辞行时，太后召见的时间长达半天之久，所有联合俄国的方针就此定下。

李鸿章抵达圣彼得堡以后，就和俄国政府商谈喀希尼提前拟定好的草稿。就在俄国皇帝尼古拉二世加冕的日子即将到来时，双方才在议定书上签字画押。当双方在圣彼得堡正式讨论条约草稿时，俄国人为了不引起其他外国人的注意，不让外交大臣参与谈判，派财政大臣来负责办理。就这样，在各国使臣前来道贺的掩护下，俄国人将明修栈道，暗度陈仓的计策演绎得滴水不漏。这样一件关系到全球局势的重大事情，居然在推杯换盏、笑逐颜开中搞定了。俄国的外交手段如此狡诈与迅速，既令人佩服又让人害怕。此时是一八九六年四月。

此次签订的密约，办理得十分隐秘，除了中俄两国几个直接参与的当事人外，其他的人一概不知。让人意想不到的是，秘密签约的事情还是泄露出来。上海的《字林西报》，竟然在李鸿章还没回国时，就已经得到了密约的原文，翻译成汉字后，刊登在报纸上。据说，这是用重金从俄国宫廷内的侍从手里买出来的。全文如下：

大清国大皇帝之前，即在中日战争之后，受到大俄罗斯国大皇帝仗义帮助，本着对两国有益的原则，将两国边疆及通商等事宜，进行妥当商议，继而巩固两国的友好关系。因此，特派大清国钦命督办军务处的王大臣作为全权大臣，与大俄罗斯国钦差出使中国全权大臣一等伯爵喀希尼，在北京商定条约，把中国东三省的火车道与俄国西伯利亚省的火车道相连接，促进两国的通商速度，以及巩固沿海的边防，并制定专项条款来报答俄国替我国从日本手中要回辽东半岛的情义。

第一条　最近俄国的西伯利亚火车道即将竣工。中国允准俄国将该火车道由俄国海参崴继续延伸到中国吉林省珲春城，再向西北延伸到吉林的省城为止。另外，允许俄国将境内某城市的火车站继续延长到中国黑龙江省的瑷珲城，再向西北延长到齐齐哈尔的省城，再到吉林伯都讷地区，还向东南延长到吉林的省城为止。

第二条　凡是从俄国延伸到中国境内黑龙江及吉林各条火车道，均由俄国自行筹备建设费用，中国境内铁道的一切章程，都按照俄国火车章程，中国方面不得干预。这些铁道的管理权，暂行归俄国所有。期限为三十年。到期后，中国评估这些铁道的价值，可以将铁道、机器、沿途的厂房等相关设施赎回。至于如何赎回，日后根据实际情况再做商量。

第三条　中国现有火车路从山海关准备延长到奉天盛京城，再由盛京延长到吉林。如果中国日后不方便或没有能力按时铺设这一延长线，俄国可以出资从吉林城代中国铺设，十年后中国可以赎回。至于铁路应该从哪里开始建造，都按照中国已勘定的线路延续到盛京和牛庄等处地方为止。

第四条　中国准备建设的铁路，从奉天到山海关到牛庄到盖平，再向南到金州、旅顺口、大连湾等地方，都要按照俄国铁路的建造方式进行建设，这样可以为中俄通商带来便利。

第五条　以上俄国在中国境内各地铺设的火车道，中国政府应该给予保障和维护，并优待工作在火车道各个站点的俄国文武官员，以及相关工作人员。考虑到俄国所造的火车道，大部分处于偏远荒僻的地段，中国政府恐怕不能完全保障铁道正常运营，俄国可以派骑兵、步兵驻扎在相应重要的站点，保障两国通商不受到骚扰。

第六条　俄国在中国境内铺设好铁道后，两国进行通商贸易，中国方面使用俄国铺设的铁路，应该向俄国纳税，纳税的标准按照同治元年二月初四签订的《中俄陆路通商条约》进行缴纳。

第七条　黑龙江、吉林长白山等地方的五金矿产，以前设有禁令，不允许擅自开采。自此约定以后，允许俄国以及本国商人从事开采，但必须先通报中国地方官员，办理开采执照，遵守中国内地开采章程，才能开采。

第八条　东三省虽然驻扎有中国军队，但大半军营仍在执行古老的制度和练兵方式。如果日后中国希望将东三省各省练军的操练方法全部改仿西法，准许向俄国聘请熟悉军事的武官来中国管理一切，具体管理办法和两江总督所聘请的德国军官管理方法相同。

第九条　俄国在亚洲一直没有不冻港，一旦亚洲有军事情况，俄国东海以及太平洋水师行动有诸多不便，不能随时出港航行。鉴于这种情况，中国情愿将山东省胶州地区暂时租借给俄国，以十五年为限。在此期间，俄国所造的营房、栈房、机器厂、船坞等，准许中国在租期已满之后估价赎回。但如果没有紧急军事情况，俄国不得在那里驻兵屯守，以避免其他国家嫌疑。租赁款交割办理方式，日后另有附属条款商议。

第十条　辽东旅顺口以及大连湾等处，原本是军事要塞，中国应迅速整顿防务，以及修理各要塞炮台，以防不测。在此条约签订之后，则俄国承诺为此二处提供保护，不准他国侵犯。中国也应承诺，将来永远不能让其他国家占据。日后如俄国出现紧急军情，中国准许将旅顺口及大连湾等处地方暂行让给俄国海军、陆军驻扎，以便于俄军攻守作战。

第十一条　旅顺口、大连湾等处，如果俄国没有紧急军情，则由中国自行管理，与俄国无关。只是东三省铁路以及五金矿产的开采等问题，允许在约后即时按需施行。俄国文武官员以及商人、百姓等所到之处，中国官员理应格外优待保护，不得阻挠其到其他地区游历。

第十二条　本条约经两国皇帝批准后，各自按照条约实行。除了有关旅顺口、大连湾及胶州湾的各条款外，全部通知各地地方官遵照执行。将来应在何处换约，再行商议。自签字画押之日起，以六个月为期。

签订《中俄密约》前中国是一种局面，签订《中俄密约》后中国是另外一种局面。近些年来，国外列强在中国猎取利益，使用的都是一些新方法，大致分三种：一是租借领土，二是不许将某地让给其他国家，三是替中国修造铁路。都是从这份密约的签订开始的。《中俄密约》的第九条租借胶州湾，就为以后租借胶州、威海、广州、旅顺、大连开了头。其中第十条旅顺、大连不许让与他人，就是后来各国开始划分势力范围的开端。铁路一修建，断送了祖宗发祥的地方，加速了西伯利亚铁路的建成，又挑起了各国觊觎东三省的争端，这已经不用多说了。唉！牵一发而动全身，就是把全中国的“铁”聚在一起，也不能“铸”成如此大错，在这件事情上，我实在不能原谅李鸿章。

有的人说，这份密约是慈禧太后的主意，督办军务处王大臣也同意，并非是李鸿章的本意。虽然这样，莫斯科的草约，是定在谁手上的呢？这是不论如何都不能隐讳的呀！自从这份密约的原文被刊登在报纸上以后，各国报馆的电话、书信来往不断，相信的、怀疑的都有，不论是政府还是民间，无不感到震惊。李鸿章游历欧洲时，各国都争相责问，李鸿章只好一味地支吾和搪塞。当年七月，在莫斯科画押的草约到达了北京，喀希尼直接拿着它去和总理衙门交涉。皇上和总理大臣们都不知道有这件事，十分惊愕、愤怒，坚决不同意。喀希尼再次贿赂买通慈禧太后，甜言蜜语、威逼利诱。慈禧太后于是严厉地批评了皇上，将这份条约直接交给督办军务处，让他们从速办理，不用经总理衙门之手。公元一八九六年九月三十日，皇帝挥泪批准密约。

李鸿章前去庆贺俄皇加冕，以及游历欧洲，都不过是平常的外交访问，如果说到与对外交涉有关的事，那就是签订密约和商议增税这两件事。按照中国的旧税法，凡是进出口货物，要收百分之五的税款。但因为要赔款，所以想将税提高到百分之七点五。首先同俄国商量。俄国答应后，再与德国、法国商议，德、法说等待英国的意见。李鸿章到达英国以后，与宰相沙士勃雷提议此事。当时英国与中国的外交关系正处于低谷，再加上中俄两国签订密约的事情，英国对李鸿章深感怀疑，沙士勃雷就借口说要和上海的各处商人商量一下，实则上是推辞了。这件事最终没能成功。

李鸿章这一次欧洲之行，各国都对他礼遇有加，德国的礼节尤其隆重，他们都认为李鸿章这一次一定会购买大量军舰、大炮、枪支弹药等，还会给予他们大量通商的优惠待遇。可是等到李鸿章要走了，他也什么都没有买，这让欧洲人大失所望。李鸿章在德国拜访了俾斯麦，在英国拜访了格兰斯顿，会面都很愉快，他们都是十九世纪的世界伟人。八月，李鸿章从美洲回国。九月十八日，奉旨在总理各国事务衙门工作。从这时起直到光绪二十四年七月，实际上是李鸿章专门负责外交事务的时期。这期间，德国占据胶州，俄国占据旅顺口、大连湾，英国占据威海卫、九龙，法国占据广州湾，实在是中国外交事务最多、境遇最危险的时候。

归还辽东这件事，是由俄国首先提出来的，德国、法国则提供了支持与协助。俄国人与中国签订密约以后，在中国的北方得到了极大的权力；法国人也在光绪二十二年（一八九六年）春夏之间，得到了云南、缅甸、越南之间的大片土地，又得到了广西镇南关到龙州的铁路，只有德国则寂寂然没有什么动静。光绪二十三年（一八九七年）春，德国公使向总理衙门索要福建的金门岛，被严词拒绝，等到十月份，胶州事件就爆发了。

在这件事情上，德国的蛮横无理，人们都有目共睹。虽然如此，中国的外交官身上，也有推辞不了的责任。若是在最开始的时候不依赖于别人也就罢了，既然已经依赖了，也就不能不酬谢别人。能所有人都不酬谢也就罢了，既然已经酬谢了甲、酬谢了乙，那么对丙也应该有所酬谢。在俄国、德国、法国三国干涉下日本归还了辽东，只有德国没有得到回报，怎么会不激怒他们导致其制造事变呢？不仅如此，《中俄密约》中，还声明将胶州湾借给俄国人使用，是俄国人所享有的权利，这样一来，俄国的势力就不只是在东北三省，而是直接侵入到山东。当前正处于西方各国间相互竞争、优胜劣败的时代，其他国家怎么会不忌妒呢？所以德国做出这些蛮横无理的举动，可以说也是在中国的逼迫下而出现的。这一年的十月，爆发了曹州教案，德国的两名教士遇害。德国人听到消息以后，立即率领军舰闯入胶州湾，拔掉中国国旗，插上德国国旗，总兵章高元被抓。消息传到总理衙门以后，朝廷马上派人和德国公使进行商议。德国驻华公使海靖只是一味地进行威胁和恐吓，对所有的求情和委婉的沟通，一概予以拒绝。想要向他国请求援助，却没有一个国家站出来，为我国说几句公道话。拖了有两个多月的时间，中国只好忍气吞声地一一答应了德国人所要挟的六件事情，即将青岛附近方圆百里的土地，租借给德国九十九年，山东全省的铁路、矿务，都归德国人来承办等等。

胶州湾事件刚刚解决，又发生了一件大事，中国外交立刻波澜再起。当初李鸿章签订《马关条约》时，双方商定，如果中国能在三年内还清赔款，就免去利息，之前所缴纳的利息，也已经还给我方，又可以节省威海卫四年的驻军费用，一共节省白银两千三百二十五万两。到现在三年期限就要到了，政府希望能尽快了结此事，就打算向外国借款。光绪二十三年（一八九七年）十一月，俄国商议决定承担这项债务，但要在北方各个省修建铁路，还提出要免去赫德总税务司的职务。英国人听说后，立刻出来反对，也要承担这项债务，利息也较俄国低，但提出以下几点要求：一、监督中国的财政；二、从缅甸开始修建铁路，一直到扬子江边；三、扬子江一带不能让给其他国家；四、开放大连湾为通商口岸；五、推广内地商务；六、各个通商口岸都要免去厘金。当时总理衙门想答应这些要求，俄国、法国忽然强烈反对，说如果向英国借钱，是破坏列国均势局面的行为，每天都用强暴蛮横的语言对总理衙门进行威胁，总理衙门的官员十分苦恼。正月，回绝了各国，任何国家的钱都不借，去与日本商议，想延期二十年，分期偿还，希望以此稍微缓解眼下的困难。不料日本竟然不同意。这时，我方已经山穷水尽，进退无路，因为赫德从中周旋，才向汇丰银行和德华银行借款一千六百万英镑，我方严重吃亏，但总算是将这件事平息了。

胶州湾本来是《中俄密约》中规定的俄国的势力范围，现在德国人突然从俄国人怀里抢了去，俄国人已经十分气愤，加之遇上英国、德国又阻挠俄国借款，俄国人愈发愤怒。于是，光绪二十四年正月、二月间发生了俄国索要旅顺、大连湾的事情。李鸿章是密约的签订人，想要履行条约却无法履行，想要推诿赖账也无法推诿，最后与俄公使巴布罗福又签订一个条约，将旅顺口、大连湾两处以及两者邻近相连的海面租与俄国，租期二十五年，并允许俄国人从营口、鸭绿江之间修筑到海边方便之处的铁路。

俄国既然占领了旅顺和大连，英国借口要保持均势的局面，向中国索要威海卫。当时日本的赔款刚刚还清，戍守的士兵刚刚撤退，英国人就效仿俄国的先例租借威海卫，也以二十五年为期限，条约内容一律按照租借旅顺、大连一样处理。当时李鸿章反复辩驳，英国公使斥责他说："你只需跟俄国人去说，不要和我说；俄国公使同意，我也立即同意。"弄得李鸿章无言以对，狼狈之情，可怜可叹。如果说英国对此还有半点怜悯之情，那就是双方约定，如果他日中国要重新发展海军，可以借威海卫港停船。

从此以后，中国割地给外国的行为就变成了司空见惯的事情。当俄国、法国与英国因为借款的事情发生冲突时，法国人借助俄国人的力量，要求得到广州湾，并将其作为在南方的海军基地。当时，英国刚刚逼迫我国政府开放了西江一带作为通商口岸，准备垄断这一带的通商利权，法国人看事情紧急，就效仿德国的做法，也直接闯入了广州湾，然后再谈租借的问题，租期为九十九年。中国政府无力表示反对，于是答应了他们的要求。

英国又使用了维持均势的说法，请求租借九龙湾来抵制法国，租期也是九十九年。在签订条约的前一天，李鸿章与英国公使窦纳乐进行了激烈的辩论，李鸿章说："即使租借了九龙，也不得在其山上构筑炮台。"英国公使气愤地拍着桌子说："不要再多说了！我国要这块地也是因为贵国把广州湾让给法国，对我香港造成了危害！如果你能够废除广州湾条约，那我们的请求也立刻撤回。"李鸿章听了这话只能忍气吞声，默然流泪而已。此时是光绪二十四年（一八九八年）四月十七日。

到五月份时，还有英国和俄国之间激烈纷争的事情发生，即芦汉铁路和牛庄铁路事件。起初盛宣怀承办芦汉铁路，在光绪二十三年（一八九七年）三月，和比利时某公司订立了借款合同，约定在次年阳历一月交付第一笔借款。等到德国占领胶州以后，该公司忽然违背了之前的约定，称除非更改条约，否则借款无法提供。盛宣怀便与李鸿章、张之洞等商议，与他们另行签订了条约。新签订的条约里，比利时的公司不过是一个傀儡而已，实际权力全掌握在华俄银行的手中（华俄银行实际上是俄国政府的银行）。由于这个条约的缘故，中国黄河以北的地区将全部落入俄国政府的掌控之中，俄国人的西伯利亚铁路，将以圣彼得堡为起点，以汉口为终点。英国人对此大为忌妒，于是提议从山海关到牛庄的铁路由英国来承办，准备以此来截断俄国的铁路。俄国公使则到了总理衙门，对此事进行争辩并表达了强烈反对，英俄两国之间几乎因此而开战，形势极其危急，而且矛头都指向中国政府。各种各样的难题，都集中到了几个外交官的身上。那个时候光绪皇帝刚刚亲政，百废待兴，非常痛恨李鸿章因联俄之举，误了国家大事，于是在七月二十四日，下诏解除了李鸿章在总理各国事务衙门所任职务。至此，外交风波暂时得到平息，李鸿章的外交官生涯也就此终结。

案语：李鸿章在义和团时代的外交活动，将在本书第十一章中予以论述。

西方人在评论李鸿章时，说他是一位拥有高超手段的外交家，也有人说他是位有点小狡猾，喜欢用小伎俩的外交家。我觉得，手段狡猾，并不代表外交家的人品恶劣。世界上存在着许多大大小小的国家，为了生存势必产生竞争，在这种环境中，唯利是图才能发展得更好。这恰恰与西方一位哲人所说“个人有道德，国家可以没有道德”相互吻合。放眼看一看其他国家的大外交家们，哪一位不是因偷奸耍滑而出名呢？李鸿章的外交手段，在中国的确是一流的，但要把他放在世界的外交队伍中，恐怕只能排在后面了。李鸿章外交手段的最大特点是，联合某一个国家牵制另一个国家。所谓的联合，不是平时两个国家就很友好很团结，而是临时唆使对方与自己站在同一条战线上，这与战国时代谋士或说客的游说思想基本相同。在法国对越南战争中，李鸿章为了避免战争进一步扩大，就唆使英国、德国来牵制法国；中日战争中，唆使俄国、英国牵制日本，这两个国家见暂时无利可图，没有及时插手；胶州湾一战中，唆使俄国、英国、法国牵制德国，同样没收到效果，反而损失得更多，割让胶州、旅顺、大连、威海卫、广州湾、九龙等事件，都是这种策略所产生的严重后果。所以说，要想拥有生存权，必须依靠自己，依赖别人不可能获得好的生存环境。西方的外交家，也曾积极地与别的国家结成联盟，前提是必须对自己有利，是压制他人，不是受制于人。清政府联合某国牵制另外的国家，根本没搞清楚对方是否真心实意与我们联合，即便达成联合的共识，我们等同于做他国的奴隶，被他国宰割而已。这个道理，难道李鸿章真的不明白吗？我认为，凭借李鸿章的智慧，他应该知道，只不过没有找到更好的办法来代替。总之，国家不加强内政、不励精图治、不改革创新，外交上根本没有底气，根本没有办法维持国家在国际上的地位。以中国当时的实力，即便有高于李鸿章才能十倍的人，在处理外交事务上，也只能以隐忍迁就为主。这就是我对李鸿章表示同情的根源。不过，在其他外交事务上没有见到李鸿章用联合的手段，《中俄密约》就是他联合外交的结果。使用这种手段，造成了诸多不利的后果和困难，也算是自作自受吧，我何必又同情他呢？

案语：胶州湾事件以后，发生的其他外交事件，造成的种种失误，不能全怪李鸿章一个人，恭亲王奕䜣、张荫桓是清政府总理衙门里的重要人物，应该与李鸿章一起承担责任，广大读者应该明白这个道理。

第十章
赋闲时期的李鸿章

日本议和后入阁办事

巡察河工

两广总督

从同治元年（一八六二年）到光绪二十七年（一九〇一年），这四十年中，李鸿章一直供职于清政府的重要岗位上。自从踏入仕途后，他人生中称得上闲散的时期，有两段短暂的时间，其一为一八九五年三月到一八九六年三月这一年，其二为一八九八年八月到一九〇〇年八月这两年时间。一八九八年到一九〇〇年期间，李鸿章奉朝廷旨意治理黄河，不久后任命为商务大臣、两广总督。对他人而言，可以说是最优厚的差事了，纵观李鸿章一生，算不上是他的清闲时期。其中，最为清闲的则是一八九五年到一八九六年在内阁办事的这段时间，以及一八九八年八月到十一月从总理衙门退出，这短暂的三个月实在没有值得叙述的事情。等到他治理黄河和任两广总督期间，他的工作方法和其他官员还是有所区别的。本章中一并进行论述，也是著史者的责任。

中国的黄河，向来以难以治理而著称。历朝历代的政治家们，都把治理黄河作为一件重大的事情。如果不采用美国人治理密西西比河的方法来治理黄河，很难解决黄河泛滥所带来的危害。一八九八年八月以后，李鸿章当时没有可供安置的合适位置，清政府就把治理黄河的重任交给他。这倒给中国的河防史增添了一段可以记录在案的内容，也为治理黄河的历史加上了小小的一笔。现将李鸿章所采用的比利时工程师卢法尔勘察黄河后所做汇报的原稿摘录如下：

一、洛口至盐窝沿河情形

河身 黄河从河南龙门口改道以后，流水急转直下，流向从北向东，一路奔流到山东，进入大清河，然后取道流入大海。黄河自源头开始就东奔西突，凭借人力难以施治，等到河流位置相对固定下来了，才可以修筑堤岸。河流曲折，黄河的堤岸也随着曲折。等到河流变化时，堤岸却不能随着一起变迁。临水远近不同，堤岸完全没有采取保护措施，任凭水流冲刷。现在河水小，河面约宽九十丈至一百五十丈之间，河底则深浅不一，河面宽的地方，水深仅有四五尺，不方便行船，河面忽然变窄的地方，水深达到三丈。河流经常改道，一会儿偏左一会儿偏右，距离水流近的地方，就被冲刷得厉害，沙土被带到水流缓慢的地方，就淤积成了河滩。地方官员和当地百姓任凭河流肆意而为，从来就没有想出好的治理办法，一旦危险出现，便在决堤处添堵缺漏。这样年复一年的围堵，造成堤岸比地面高四到五尺，有的地方出现塌陷漏水的现象。现在是隆冬时节，水流变小、流速缓慢，尚且是这个样子，等到开春后河水解冻、汛期来临，水流变大、流速紧急时，那该会怎样呢？黄河下游低岸处是这个样子，上游土山一带，不用问就知道情况有多糟糕。难怪黄河里面泥沙如此之多，为五大洲所有河流之最。汛期来临时，河堤内的沙滩完全被淹没，由于河床深浅不一，河身也是高低不平，不同的地方，水流的速度也各不相同。下游的地势平坦，每里高低的差距，不超过五寸，河流的流速很慢。能容水的地方日趋狭隘，泥沙淤积日渐增高，年复一年，险上加险。因此，堤外的土地比堤内的河滩，有低一尺的，有低七八尺的。我监工期间，路过杨史道口时，曾对河面进行测量，水面宽一百三十八丈，河底最深处有二丈三尺，流水速度约每秒四尺。按此推算，每秒钟流过的水量大约是五万七千四百五十六立方尺，容水面积大约是一万三千六百八十平方尺。又在盐窝上游测量，这里水面宽度仅一百零二丈，河底最深一丈二尺，容水面积大约九千一百八十平方尺。当时杨史道口还没有合拢，主要水流都从决口流过，不再经过盐窝，该情况应该在这里进行说明。等到河水暴涨时，通过的水流量，每个人的说话都不相同。按照两处地方文武官员的记录，杨史道口容水面积应有三万六千一百八十平方尺，盐窝容水面积应在二万四千四百八十平方尺。由于大水的速度无法计算，导致过水量也无法统计。不知进水的数量，就难以确定河面宽窄、堤岸远近等数据。从洛口至盐窝共计约三百七十里。

民埝 靠近河边的堤坝，称之为民埝，由百姓修筑，官方进行保养和维护，这也是现在黄河上防水的重要堤坝。民埝距离河水的位置远近不等，有的就在水边，有的距离河水三四里，当初修造时都是随意而为，并没有一定的规律，甚至有的弯曲的样子令人费解。其高低厚薄也各不相同，有高于现在水面九尺的，有高于水面一丈五尺的，高过沙滩五尺至八尺不等的，高过堤外地面则也是九尺到一丈五尺不等。这些堤坝的堤顶有的宽二丈四尺，有的宽三丈六尺，新筑的堤坝比较厚。它们忽高忽低，忽厚忽薄，其收坡的倾斜度也不同，有好有坏。对这些堤坝的看守，也不是很周密，被水冲刷损毁的地方很多，但却没有随时修理，积年累月，几乎没有不塌陷或决堤的。这种民筑堤坝都是用极为松软的土堆积而成的，并没有使用焦泥，地基也不深。即使有焦泥，数量也极少，很容易被水冲刷出来。堤坝上可行大车、坐车、手车，车辙印痕已经很深，过路的人要么从堤坝上翻越，要么从堤坝的低处翻越。我们查阅欧美各国的情况，他们在堤坝上种草，不断研究不怕费力，不惜花费巨资，因为草根最能保护堤坝。我们这里的堤坝都不种草，一两处偶尔有草生长，都被老百姓铲除，甚至连根拔起，据他们说用这些草做燃料，或是做牲口的饲料。殊不知没有草，堤坝也很难保全，堤坝难保则水患就会很快到来。愚昧的老百姓意识不到这一点，他们的行为实在应该鄙视。耙子一类的工具最能损害堤坝，应当严厉禁止，不准使用，这也是保堤的办法之一。因为草已经被拔除，堤坝再被耙松，大风一起，堤上尘土飞扬，堤顶就逐渐降低，堤身也逐渐变薄，这类工具的害处不是很大吗？有些沿河的堤坝，周围已经柳树成荫了，有些地方刚刚开始种树，仅有一尺多高。柳树根对堤坝的坚固起着很重要的作用，应该在所有沿河堤岸边进行栽种，并且要设法保护，不准攀折。如果再和柳树一起种上藤，堤坝就更为坚实了，柳条藤条，都可以用来编制料埽，这是一种治理黄河水患时常用的圆柱形东西，由树枝、秸秆等捆制而成。这要比秸料的固堤作用强大很多，而且方便随时随地就地取材来使用，不需要花很多钱去购买，可谓一举两得，没有什么比这个办法更好了，有什么顾忌而不使用此法呢？

大堤 大堤是政府修建的，距离民埝非常远，而且远近距离处处都不一样，加上到处弯弯曲曲，令人十分不解。现在虽然有这些大堤存在，但和没有差不多，完全靠不住。大堤上居民的房屋鳞次栉比，已经发展成村落，这些居民挖取大堤的土来修筑房屋，使得大堤残缺不全。堤上一些民众经常行走过路的地方，已经被踩踏得与地面一样平，形成了大大的缺口。大堤上和斜坡上，也多被种上麦子，这对大堤的损害非常大。河水猛涨时，会把民埝冲出决口，从缺口里奔涌出来的水，直接冲击大堤，大堤没有不崩溃的理由。大堤最宽的地方三丈六尺，高则从一丈二尺到一丈六尺不等，可是完整的地段非常少。听说杨史道口的河水从民埝决口流出后竟然流入小清河，淹没了村落，危害了当地的居民，实在是由于大堤旧的决口没有修好，才使得流出的河水有隙可乘。当询问河官，为什么不堵上大堤的决口呢？他们的回答是百姓不愿意，若是修筑大堤，则上千个村的居民就必然群起而攻之等等。可见修筑大堤不光没有益处，而且也不合民意。大堤的外面，居民非常多，有几百户组成村庄的，也有四五家自立门户的，有的筑起围堤自我保护，有的建起高地住在上面，大多都是为了预先做好防水的准备。村庄外周围的土地，十分肥沃，居民们就用来耕种，以维持日常生计。此外还有斜堤拦坝，都是用来保护村庄田地的，然而其受损的程度也和大堤差不多。一旦民埝出现险情，这些也是靠不住的。

险工 即危险处的工程。沿河一带，危险处的工程最多。凡是受到水流猛烈冲击的地方，或是已经决口的地方，都要进行工程。这些工程就是要修筑磨盘形状的防水建筑物，多是在秸秆上铺上土，逐层堆积而形成，形状像磨盘一样，有的紧贴着河岸，有的和堤坝相连接，形式不一，有高有低，有薄有厚，每一个料埽也不同，各个料埽错落有致，绝对不挨着，中间还流水，三面都能受到水的冲击，不知道是什么意思。依我所见，各个料埽之间应该连接在一起，中间不留缝隙，这样既可省工，也可加固堤坝。而且料埽进入河水中，壁立如削，不会形成斜坡，正好可以用来阻挡水流冲击，不让河水流过，但这似乎也不是个好办法。至于秸料，也不是能够长久保持坚固的东西，由于秸料中间有内芯，它的质地如同灯草一样，能够大量吸收水分，使得秸料容易腐烂，这种情况一旦发生，秸料就变得和沙土一样，一点儿抗冲击能力都没有了。我在监工的时候，曾经见到几处旧料埽，虽然在外观上保持相连，但根基已经坏掉了，一旦遇到河水猛涨的情况，一定会随波逐流，民筑堤坝必定遭受损害。有人说秸秆是本地土产，价格低廉，普遍使用，除此之外别无他料。若是能如上文所说，多种藤柳，几年之后就可以使用，不须再花费巨资建造这种不耐用的工程。有人又说料埽本来是用来缓解水势的，一两年后水流已经收入河道，料埽烂了也不必担心。我认为这种说法是不对的，如果不能及时改弦更张，那么恐怕抢险不过是养痈遗患罢了。以目前的情况来看，虽然暂时没有其他材料可以用，但是制造料埽的工程模式必须改变。依靠河岸的料埽要连成一片，做出入水的斜坡来，以引导水流方向，而且必须多使用木桩，将料埽和木桩用结实的麻绳系好，使料埽被岸上的木桩牵牢，那些为保护料埽，抛掷的石头，也最好加大、增多，放置的位置要得法，才能够抵御水流冲刷的力量。我曾看到有把石头放在料埽上的，想以此压住秸料，使得它不被大风吹走，这是何等的可笑。此外还有一些石堤，比如说北镇一带的石堤，还称得上稳固，像盐窝石堤，根基已经完全空虚了，之所以没有马上就坍塌，是因为还有一些石灰粘连着，然而却不能坚持多久了。

二、盐窝到海口尾间的情形

黄河尾闾　黄河的下游，在盐窝已经改道了三次，第一次向东北方从铁门关入海，第二次向东方从韩家垣入海，第三次向东南方从丝网口入海。现仅将三处情形按次序进行介绍，还有新挑引河一条，也将其一并进行论述。

铁门关海口　这是大清河入海口。黄河改道山东之后，由此处入海，经过了三十多年以后，直到韩家垣决口，舍弃东北转向正东。如今铁门关的这条河道，前半部分已经被淤泥垫得很高，河身逐渐变成平地，无法辨识，左右两边的堤岸，也全都变成了村落。铁门关以下的部分，堤坝已经全部毁掉，只剩一片黄沙，土地极为贫瘠。大约在距离铁门关下游八里的地方，能再次看到河道的形状并有水直通到大海，河边的土地，虽然是沙滩，但沙下不深的地方，便是混合的泥土。河中的水平时大约深二尺，涨水时可深到三四尺，距离可到萧神庙，如果东北风大作，则可增加到五六尺不等，从三沟子那个地方起，有船只可以出海，与烟台相往来。这次由于河流冻结、地面潮湿，不能出海勘查，仅到三沟子往下十里，就见到满地的苇草，正是大潮所经之地，于是便返回，不再前行。据当地人说，再往下八里，已经能见到平常的潮汐，再往下十二里，便到达海滨。海口有拦门沙，当潮水退去的时候，仅仅深两尺。这片沙的长度与宽度，没有进行再次勘查，估计也不小。从盐窝至铁门关，入海口约一百一十里。

韩家垣海口 自从韩家垣决口以后，黄河的下游，就从这里取道入海，持续了八九年的时间，最近又改道向东南方向流去。韩家垣一带，已经没有了黄河的踪迹，只有从新萧神庙往下，在距离大海约六十里的地方，可以再次看到河流的形状，中间也还有河水，这是地势最低的地方，常年积水不消。听说距大海约十一里的地方，这条河又分为两股，形状如同燕尾，但是水也不深。海口同样有拦门沙，当潮水退去时，直接堵塞在入海口，阻碍着河水的泄出。这片拦门沙露出水面，宽度约为二里。据调查，韩家垣的这一河道，并未修筑堤坝。从盐窝到韩家垣入海口的距离，大约为一百里。

新挑引河 这条河是在韩家垣决口之后，特意在口门以下，挑挖了一河道，以便引水到萧神庙旧河道进入大海。然而这条河道当时深度仅有四五尺，宽度仅有三丈，现在则连这个数字都达不到。这条河弯曲的地方非常多，长度为四十里，如果取直线长度的话共有二十五里，大约是沿着原有水道挑挖比较节省工费的缘故。在萧神庙、韩家垣两处的河底，挖到深度为三尺的地方，便有了泥土，也有的泥土甚至在地面上就能看到。周围的各个村庄都有水井，在深度达一丈一尺的地方，就可以见到水，泥在水中，不是很深。铁门关的附近，有烧瓦器的窑。这里的土质如何，就可想而知了。

丝网口海口 现在黄河由此入海，河水漫散在地上，并没有河道。水量小的时候偏多，水也不是很深，水中央有沙滩，水深也仅有三四尺，有一两处最深的地方，也不过一丈深。将近海口的地方，则只有一尺四五寸深，此处水面很宽，大约有三百多丈宽。听说海口处并没有拦门沙，想来是因为那里流速较缓，河床较浅的缘故，沙子已经停下来，淤积在地上，没有再可以流入大海的了。在对北岭子决口进行勘查的时候，发现上游也有三处同时决口，因此丝网口水流不猛，北岭子门被淹没的树木，至今仍旧竖立在水中，一座古庙，也巍然地立在那里，是水流缓慢的明显证据。说到辛庄等地方，房屋也一并被冲毁流走的情况，是因为土房不够坚固的原因，并非是水势凶猛所导致的。北岸从北岭子以下，并没有设置堤坝，只用铁门关的南堤作为北岸，以保护村落。南岸则从盐窝开始修建堤坝，每个堤坝距离河水约二里远，从盐窝到丝网口海口大约九十里。

三、根据实际情况治理黄河有关事宜

治河就好比治病，必须先找到患病的根源。想要找到病源，必须根据脉理来推断，才能知道其病源的所在，然后再对症下药。这样不仅可以医治疾病，而且还可以根除。如果只是按疮敷药，不问病因，这不是好医生的做法。黄河在山东成为隐患，病源不在山东，如果只在山东治黄河，跟按疮敷药是没什么区别的，虽然可以一时止痛，不久就会旧病复发，因为它的毒没有消除，病根也没有根除。水性就像人性一样，最初性本善，如果不教导它，性情就会发生变化。老天生水，原本是用来养人的，何曾用来害人了？这都是因为人不知水性，不防备它的变化所造成的，由此使它肆意暴虐，骚扰百姓，耗费国家财力，却始终不得终止。如果要寻找最根本的原因，那都是因为治水只局限在一个小范围内，从不统筹全局。现在假如还是一再耽误，恐怕还将会是徒劳无功。想要一劳永逸，就要先找到黄河灾患的根本。从山东的小范围内看黄河，黄河只在山东一省；就中国的大范围来看黄河，那么黄河还有不在山东省内的，那么，怎么就知道山东黄河的灾患，不是从其他省份的黄河而来的呢？因此在中国范围内治黄河，黄河可以治理，如果只在山东范围内治黄河，黄河恐最终也治理不好。请让我详细陈述原因吧。

追溯黄河的源头，它出于星宿海，取道甘肃，流入蒙古沙漠，经过多次改道，才到达山西，这时已经夹带了大量的泥沙。等到流出陕西的时候，又与渭水交汇，使得水质变得更加浑浊。再穿过土山向东流出，一路拖泥带水，直接流入河南，所到之处披靡而过，水变得越来越浑。这就是黄河之病源。下游的灾患也正是由此引起的，治理黄河应该在病源上多下力气。这是因为下游停淤的泥沙，都是从上游拖带下来的。上

游地势比较高，就像高屋建瓴，而且两面都有山对河水进行约束，水流速度很快，泥沙不能停流，等过了荣泽一带，平原地区的水势变慢，水流慢则导致泥沙运动停止，沙停则导致河流淤积，河流淤积过高，河水就会改道，这是自然的道理。过去的那些往事，都是最好的证明。而且河一改道，老百姓就要遭殃，辗转他乡，被饥寒夺去性命，从古到今，简直不知道有多少次。黄河南迁北徙，畅所欲为，以开封为中心，自行开辟了一条迁徙半径，在长江北部中宽达一千五百里的扇形地区内，任意穿越，尽管齐鲁各地有高山大川，还是很难对其有效阻止。河水所经过的地方，停留下来的泥沙形成滩涂，百姓因此所困，简直是防不胜防，直到今天都没有好办法去治理，只能修修补补，挽救危急，因此劳民伤财。它所造成的祸害比瘟疫、战争还要凶猛，不过天下没有不能治理的水患，治理虽不是一件简单的事情，不过也不是人力所达不到的。那么它的方法是什么呢？答案是求助于计算。

治理方法　说到治理水患的办法，可不是说起来那么容易！黄河绵延在广袤的中国大地上，共计一万多里长。地势的高低、河流的直曲，水流的急缓，含沙的多少，都从来没有仔细考察研究过，也没有图表。向居住在河边的人询问，也很少有人能够回答出来。现在想要找到治理黄河的方法，应该先办三件事：一、测量全河的形势。包括河身的宽窄、深浅，堤岸的高低薄厚，以及水多和水少的时候河水的深浅等，都要详细地记载。二、测量绘画河图，必须要细致没有遗漏。三、每一段都要派人前去查看水性，比较水力，记载水志，考察沙子数量，并随时查验水力是多少，如果水干涸了，那就考察停积的沙子有多少。只要是河水的性质、沙子的性质，稍微有变化，都必须详细地记载下来，以供参考。

以上这三件事，都是极其细致的工作，并且是最紧要的事情，不这样做就不知道河水的情况，不能确定应该做的工作，不能疏导河流，不能预防水位上涨，不能防患于未然。这三件事情没有做的话，所有的工程，最终都难以收到想要的效果，即便可以稍稍缓解当下之急，用不了多久便会前功尽弃。如果经过详细测绘，反复考察，把握了全局，就可以考虑应当实施的工程，可以得出长久之计。此外，还须将各省的黄河，统归一位官员来管理，才能实现整体保护，永远没有后患，不过若照此办理，所需经费必然巨大。如果想要一劳永逸，则应当先统计出每年养河的费用是多少，堵漏修筑的费用是多少，免除税收的费用是多少，赈济抚恤的费用是多少，财产淹没多少，民命死亡多少，以及除弊以后能兴利多少，累积若干年共计多少，与所消耗的资金相比，哪个轻哪个重，是损失大还是获益大，才不至于在决策时犹豫。

按照图志中的标示，就可以知道某地的水性和地势，确定其河身。再由河身，可以限定水流的速度，不让它发生变更；水面的高低，也不让它随便涨落。河底的浅深，河岸的坚脆，工料的松固等等，都可以确定下来，不用担心会发生意外。这都是数学中的精微学问，不能随意而为。确定河身是最困难的事。必须知道河水猛涨时水高出多少，水性怎么样，停积在河底和停积在河滩上的沙有多少。河水上涨的高低、速率也都不同，确定河身必须了解速率的变化，才能使得河水无论上涨多高，它的速率都足以把泥沙冲刷入海。由于河形弯曲，以致造成不少危险的工事，这也应当酌情更改，然而这并非易事，若不经详细谨慎的推算则不能奏效。裁弯取直后路途变近，路途变近则河水落差变大，即地势高低的差距就增大。落差增大则速率也增大，流速增大则水流量也随之增大，在河水猛涨之时尤其应当将上下游统一进行筹算后，才能裁去一处河身弯曲。因为裁截河身的弯曲，可能会造成其他危险，不能不加以周全考虑，这也不是仅凭眼力就可以做到的事。

河堤是用来约束水流的，必须将它与河身一并进行推算。就是进入河水中的斜坡，统统必须加固，以防御异常情况下河水猛涨，才不至于误事。至于河堤的高低厚薄，则要看土质的松实，料质是否坚硬或脆弱。至于应如何建造，则必须看水线的高低，水势的缓急。河堤所需的材料，总要以能够防御河水冲击的材料才好，不必都用石堤，也不要都用料埽，等到土堤筑造结实了，再用柳树和草片来保护，也足以抵御平常的水力。查看各国的护河堤坝，大多都是用土筑造的，并没有全用石头的。但必须推算合法，位置得当，认真看守，不能任人随意践踏。石堤只用在极其危险的地方就可以了。总体而言，能节省的最好还是节省，不能节省的一定不要省，要想做到这些，不精确、不仔细地推算是不行的。我在监工的时候画了两种堤坝的样式，好像适合用在黄河的治理工作中，什么地方该用何种样式的堤坝，要临时前去查看，因地制宜，并不是说全河都应该改用。但无论用哪种材料，都应该选择上品，这样才能坚固。

涨水的时候河流流到堤根的位置，水小的时候河流在两岸中间。堤与岸都是松土，常被急流卷走就变成了泥沙，到了水流变缓的地方，淤积成了高高的沙滩，长此以往，就逐渐产生了危险。这固然值得忧虑，但更加值得忧虑的是，上游的各土山随时会坍塌到河水中，化成泥沙流到下游以后，造成非常严重的祸患。应当想办法进行保护，将水流通过的两岸，全部修筑成斜坡，先在外面涂上一层泥，再在泥上种上草，并且多栽种树木来使其坚实。有危险的地方，则应当在岸根的地方打桩，用树枝编织成筐，用泥土填成块，再用石头垒成墙，或者砌石为坡，并抛大石头到水底，才足以抵御水力。土山的两旁，也必须向水底抛石头，再在上面修筑石墙，以阻止其塌陷，这样则能保证岸土不至于被流水拖带，河流才可以逐渐变清，河患也自然可以逐日减轻。这是治理河患应该办理的最紧要的工程。

大流主要从河道中间流过，应该用什么样的解决方案，现在还不能预定。大约需要在河道拐弯处的水底多筑造挑水坝，来引导水的流向。挑水坝应该用树枝，或是用石块，这些需要斟酌当时的情形办理，只有秸料不能持久使用，并且没有抗冲击能力，因此不可使用。减水坝也应当认真建造，以防止异常情况下的河水猛涨，最好就设在堤边。应该先测量好地势，勘察河流的情形，根据河流的方向，来确定坝口的方向。此坝必须用大石头和混凝土建造。坝后新开凿的引河，以及已经存在的河流，都应当筑造坚固堤坝进行约束，使这些河流所流的水，不至于对周边地带造成危害。引河也必须要宽要深，也不能够太弯曲，还要低于黄河水面，它的河身实际上有容水的地方，才能够使用。

黄河没有流入海口处的地势陡增且有拦门沙，导致河水入海不畅。应该用机器进行挖掘，假如先建筑海塘，再用机器挖掘，也许可以达到事半功倍的效果。这座海塘接长河堤入海，则水力越来越强大，可以将泥沙冲到大海中深处，是入海口必不可少的工程。再用机器拦沙挖深，可以使水力更迅猛，冲刷掉剩下的淤沙。此项工程，需要花费很大一笔资金，这是世界各国海口都有的工程，黄河为什么偏偏没有呢？美国的密西西比海口，奥国的大牛白海口，从前也曾经被堵塞过，现在大轮船都可以往来，可以作为确凿的证据。法国的仙纳海口，从前也曾有拦沙阻碍的情况，行船十分的危险，后来经过大石填海，筑造海塘等工程，使陆地高出大潮水面，两塘之间的距离达到九十丈，海塘建成之日，入海口的深度达到二丈，到了今天，船只过往都很方便。比利时的麦司海口，也曾经兴建过这样的大工程。此外还有很多例子，不胜枚举。

黄河绵延了中国的好几个省份，与国计民生关系极为密切。现在黄河上游的水流到下游，下游不能马上知道；当下游出现险情时，上游也是在事情发生以后才发觉，上下游之间沟通不畅，防范不够周密。应该照永定河的办法，沿着河岸设立电线，按河段用电报联系，随时随地报告管理整条河流的官员，使水患得到预防。这是刻不容缓的事情。治河的工程，既然已经实施，那保护河流的章程规定也应该确定下来，使沿河地区一律严格遵循，坚持按规定办事，才不至于前功尽弃。现在的河流防治的工作人员，即使能够克己奉公，但是百姓践踢堤埽、挑土、砍柳、锄草等恶习，并没有受到广泛禁止。所以，应当妥当确定律例，严行厉禁，周密巡查，对犯者进行惩治。堤坝上不准许随便搭建房屋，有车辆需要通行的地方，一定要专门修筑马路，并且格外增加它的厚度，这样才不至于让堤坝受损。官员们随时进行稽查，发现稍有残缺不全的地方，就立即修补。这样一来，工程则可以永远保持完固，不用担心会有意外发生。

黄河的上游是否应当建设闸坝用来拦沙，或者是挑选大的湖泊用来减弱水量，也应当进行考虑。因为治河有这样的办法，所以应当在这里进行说明。上游的山，都应当下令栽种草木，以此来削减水势。西方各国由于山洪暴发，多次造成灾害，便命令在源头以及临近河水的山上栽种草木，水势才得到削减。偶尔有一两处的树木被人私下砍伐，水势便会再次猖狂，于是政府严令禁止，并设置官员来专门管理树木。西方人对这些方面事情如此重视，正是该方法有效的有力证明。分析山洪暴发的原因，则主要有两点：一是因为山上的土质疏松，不能够很好地吸收水分；二是因为山势陡峭，不能够很好地阻碍水流。如果在山上种满树木，则树根既能够坚固土壤，又能够吸收水分，还能够削减水势，让山洪缓缓地流下，不至于倾泻而下。倘若山上不适合种树，也应当种草，它的功效虽然不如种树那么大，但也比什么都不种要好。法国颁布了阿尔卑斯诸山种树律例以来，已经收到了很显著的成效。

四、现时应办救急事宜

前文中提到的治理黄河所应该做的各项事宜，都不是一朝一夕间可完成的事，就必须等到全河测量详细后，再估计工料，妥善筹措办法，才能臻于完美。只是担心河流汹涌，迫不及待，应先办救急事宜或许可以现在灾患不生，将来治理起来也比较容易。救急的都是些什么工程？无非培修堤岸，固筑防危工程，并疏通黄河末流而已。至于更改河道来让水流通畅，展缩河身来顺应黄河之性，保护堤岸来防备黄河对两岸的冲刷，各项工程都等到日后从容办理，现在无暇顾及这些。

培修河堤的方法，在前文中已经详细论述过了，不必再多说了。只要以民埝作为大堤即可。如果依靠大堤，一来相距太远，容易使河面过宽产生危险，二来大堤残缺不整，修都没有办法修，即使修好也不起作用。各处防危工程，最好全面进行加固，应该派官员进行勘察，对工程进行预算。凡是正在面对冲击的堤坝，已经朽坏的料埽，都应当立即给予修护，那些过低过薄的堤坝，也应该立即加高培厚。堤内与水接触的一面，应当加上一层泥，用来种植青草，并在大堤底部大量栽种树木，设法禁止人践踏。这是最要紧的事情，最好从速办理。有危险的大堤底部，要么抛石，要么修坝来进行加固，这些都要因地制宜。凡是堤坝有开设道路的地方，应当立即进行修补，并在堤顶筑造石子马路，以方便车马往来，不至于对堤坝造成损碍。

黄河末流的入海通道，最好在协商后妥善确定；铁门关、韩家垣现在都已经淤塞，丝网口则水势散漫，根本没有河道。调查黄河入海的末流地区时，人们对选择的地点意见不一：有的说应该在铁门关淤塞处挑通，让水仍旧从旧河道入海；有的说应当仍然从韩家垣旧河道入海；有的说应当从十六户挑引河直到铁门关，以避开盐窝的危险工程；有的说应当从盐窝挑一引河，仍然从丝网口入海；有的说应当在蒲台县三岔河引河水入海；有的说黄河应该在大马家挑河至孔家庄并入徒骇河，然后使其入海。大马家在利津上游八里的地方，调查发现，徒骇河的河道形状十分弯曲，孔家庄的河面宽大约九十丈，水流小的时候河面宽大约六十丈，两岸非常高，并且没有修筑堤坝，涨水时大约比两岸还低八尺，它的上游在禹城以下的地方，全部都已经淤塞，海口大约距孔家庄七十里，并且没有拦门沙。我认为对黄河末流进行治理，水流不应该走徒骇河，唯恐浊流汇入清流，使原来的清流也变为浊流，就未免太可惜了。如想要商酌确定一个入海口，必须在各处进行详细测量，比较各地地势的高低，考察流水的方向。据了解，现在的武备学堂测量专业的学生都非常聪明，再加上十分勤奋，四处进行测量，不遗余力，只可惜时间太短，没能得到足够详细的数据，所绘制出来的图，只能查阅大概情况。各段河中所经过水流量的数据，以及各地的落差，都无从查考。至于引河的河道形状，只按入海口的地势应当平坦的原则，引河则是越短越直越好。因为河流短水势就大，即落差增大，流水也就更有冲击力。河身则以能够容纳猛涨时的河水为标准，两岸堤坝则以能够约束水流为标准，还需要格外加固，以防被河水冲出缺口。入海口原有的所有旧河槽，尽量不用为好，因为旧槽形态都比较曲折，堤坝也不完备，不如另选一个新的地点，考虑当地形势后再进行治理为好。现在无论引河挑分在什么地方，入海口都必须要用机器来挖沙，不能依靠河水自行冲刷，因为河流的隐患没有消除，河流的泥沙也没有减少，所流经之处出现泥沙停滞淤积的问题，仍然不能避免，恐怕新挑的引河，在不久之后也会如旧河口一样，被泥沙堵塞不通。我认为引河的河形以能够让河水畅流为标准，使得不会担忧有意外的发生。

减水坝为必不可少的工程，究竟应该设在什么地方，还没有详细考查。有人称在济南城下游十八里的位置，原来有一处滚坝，似乎正可以使用。我在监工归来的时候顺便步行勘测了一下，见这座滚坝距离黄河还有五里的距离，原来建造这座滚坝的意图，是引济南周围各山的清水进入黄河，来帮助冲刷河沙，却从来没有启用过。这座坝的坝门很窄，只有一丈四尺宽，又和各河流不通，如果想要用它，就需要另外开凿引导河来疏通小清河。对小清河的河身进行考察，发现其仅能够自容，到河水猛涨的时候，水已经漫上堤岸，又加上没有河堤约束，如果再将黄河灌入，势必造成漫浸的局面，就连济南省城也可能会遭到淹没。我的意见是：如果想要减水，最好引入徒骇河，但仍需要经过测量筹算才可下结论，而且徒骇河的河道也必须要加宽，两岸添筑河堤，才能够使用。

以上的四大方面问题，我是知道多少就说多少，一点也没有隐瞒。是否妥当，全等候上级研究决定。这次在担任监工职务被委派勘察河道时，经常与司道大员和地方官一起进行勘察。虽然每个人的看法都稍有不同，但都和睦共济，为国家操心，为中堂效命，以国计民生为己任，想得出一个一劳永逸的办法，在这一点上大家是不约而同的，不论是中国人还是外国人，大家都赞成这件利国利民的有功之事，所以心中没有丝毫的成见。

卢法尔谨上

李鸿章接的是前两任两广总督李瀚章、谭钟麟的班，当时两广百废待兴、盗贼猖獗、流寇随处可见。李鸿章就任后，办理事情时雷厉风行，他首先恢复了就地正法的律例，用近乎严酷的态度，杀了很多违法乱纪的人，当时一些有修养、有品德的人十分反对他的这种做法。盗贼们非常惧怕他，他们不是被抓住杀掉，就是逃到其他地方躲藏起来。通过李鸿章的高压政策，当地的治安状况大有改观，百姓生活相对安宁起来。但最毒害两广百姓的，则是让赌博的人承担军饷这件事。两广地区盗抢的风气之所以横行，是由赌博而引起的。偷盗的人没有不赌博的，赌博的人也没有不偷盗的。李鸿章为了让人们改掉赌博的恶习，一旦抓住赌博的人，就对他们重罚，并取了一个冠冕堂皇的名字——缉捕经费。意思用重罚赌博人的钱财，作为抓捕强盗的费用。官府的做法很有意思，那些赌博的人原本不想做强盗，官府的重罚迫使他们去做强盗，这与官府教唆他们去做强盗有什么区别呢？既然“教唆”他们去做强盗，抓住以后又把他们杀掉，这种做法在有德行的人看来，是离心离德的事情。孟子说：“不教育百姓，却教唆他们犯罪，然后再处罚他们，这是欺骗百姓啊。”百姓犯了错，不进行教育，直接处罚他们，就是欺骗百姓。更何况是教唆百姓犯罪，然后再处罚他们的做法呢？这既像是用热水去阻止水的沸腾，抱着柴火去救火，李鸿章真的老糊涂了吗？如果没有，为什么到了晚年，却做出败坏自己名声，给后人留下话柄的事情呢？有人认为，李鸿章心里清楚赌博的恶习不可能一下子压制下去，不如乘此机会，筹集一些办公经费。淫乱之风不能在短时间内灭绝，但从来没有听到过政府开设妓院的荒唐事；偷盗之风不能在短时间内灭绝，但从来没有听说过政府建筑山寨供养盗贼的荒唐事。这个道理，李鸿章肯定明白。既然知道，还这样做，只能说当时的他是没心没肺的人了。

李鸿章任两广总督时，接受黄遵宪的建议，在广州施行警察制度，可惜的是这件事没有等到完成，他就离职了。

两广一带是中国人和西方人混合杂居的地方，好人、坏人都有。一些狡猾的人，常常把加入天主教会作为护身符，他们为非作歹、鱼肉乡里，天主教和其他教会的牧师袒护他们，纵容他们惹是生非。近十年来，地方的行政长官昏庸无能，形同腐朽的木头，他们害怕洋人就像害怕老虎一样。正是因为地方行政长官不作为，更滋长了这些人的嚣张气焰。李鸿章就任两广总督以后，这些往日为非作歹的教民，还想故技重演，挑战或试探李鸿章的底线。李鸿章根本没把这些无赖教民放在眼里，他叫来牧师，对他们摆事实讲道理，严格规定牧师、教民的权限，丝毫不给他们特权。对违反规章制度的教民，经过几次处理后，这些人再也不敢把教会当作靠山，在光天化日下干坏事了。唉！李鸿章这位当了几十年外交家的人，在国际交涉方面可能有些不合格，但对付这些无名小辈们，不费吹灰之力就可以解决。现在的地方官员，认为处理教案是件最为棘手的事情，这也显得实在太可怜了。

李鸿章来到两广地区时，康有为等人在国外的气势日渐强盛，朝廷下旨命令李鸿章镇压这些人，李鸿章就抓捕了海外义士的三名家属。没有说明所犯罪行，就把他们杀了，引起百姓的骚动，这就是彻头彻尾的野蛮政治，没有比这更为严重的了。有人说，杀掉海外义士的家属，并非是李鸿章的本意。既然如此，我也不再为他辩护或分析他的难言之隐。

第十一章 李鸿章的末路

当初，李鸿章被朝廷授予江苏巡抚时，仅仅是个虚名，没有到江苏就任；后来，被朝廷授予直隶总督时，同样是个虚名，同样没有就任。这真是命运不公，似乎老天意在故意捉弄他、刁难他。尽管如此，抚今追昔，还是让人为英雄无用武之地而叹息。李鸿章任两广总督不到一年，就爆发了义和团事件。义和团在什么样的背景下爆发的呢？是戊戌变法失败的反作用力而引起的。当初，光绪皇帝因为支持变法，惹怒了太后。一八九八年八月，太后发动宫廷政变，软禁光绪皇帝，逮捕并杀害戊戌六君子。以太后为首的守旧派掌握时局后，朝廷中的小人们纷纷进谗言，大肆抓捕维新人士。戊戌变法失败后，国内没有了容身之地，有识之士纷纷离开中国，康有为逃到英国，梁启超逃到日本。朝廷中的保守顽固势力，本来就把外国人当成仇敌，加之又不懂国际法，认为外国人与康有为联合起来对付他们，就更加地仇恨外国人了。生活在北方的中国人，自从天津教案到割据胶东半岛这段时间，早就抑制不住内心的悲愤了，于是就假借狐鸣篝火这些迷信手段，趁机而起。朝廷里的顽固党认为可以通过他们的力量达到自己的目的，于是便利用了义和团。义和团实际上是政府与民间势力的结合体，两股力量的目标并不相同。民间势力是出于公心，他们既愚昧又缺乏谋略，令人感到同情；政府势力完全是出于私心，做这样狂悖而倒行逆施的事情，天下有识之士无不为此痛恨他们。

如果李鸿章当时在直隶，那么这件祸事就有可能不会发生，或许义和团爆发后，李鸿章要早于袁昶、许景澄等人被朝廷处死，这都是一些未知的事情。但老天偏偏不让这场灾难早日得到平息，又偏不让李鸿章早死。反而好像专门为他设了一个位置，让他在这个位置上为自己的人生增添一座丰碑。光绪二十六年（一九〇〇年）六月，八国联军以镇压义和团之名，逼近北京城，朝廷授予李鸿章为议和全权大臣。

当时，有人给李鸿章出谋划策，让他在两广自立为王，在亚洲开创一个全新的政体，这是上策；率领军队北上，既挽救了朝廷又剿灭了义和团，八国联军也就没有攻打北京的理由了，这是中策；接受朝廷的命令，单独进京，等于把自己投入虎口，被朝廷的顽固党所利用，这是下策。如果按照第一条策略行事，只有那些具备超常学识、超常气魄的人，才敢实行，李鸿章不是这样的人。为什么说他不是这样的人呢？四十年前，他正处于壮年时期，就没有做过出格的举动，现在已经是年近八十的老翁了，怎么可能去做呢？所以说，出这样主意的人，不真正了解李鸿章的为人。第二个策略比较切合实际，问题是当时的两广没有可用之兵，即便是有，李鸿章举兵北上，万一朝廷中有与李鸿章不和的小人，给李鸿章扣上举兵犯上、意图谋反的罪名，那就骑虎难下、有口难辩了，此举等于将自己陷入绝境之中。当时的李鸿章，每天想着是怎样苟且迁就，保全自己的名声，所以第二个策略对他而言也不能使用。前两个策略行不通，就剩下最后一个了，一番权衡后，他做出自己的选择，按照第三个策略行事。他知道自己孤身一人进京或许会有意外，就一再拖延，他也知道不攻破京都，和议也不会成功，因此他故意在上海逗留了几个月才出发。

光绪皇帝和慈禧太后避难逃到西安后，议和的事才正式摆到台面上。这次议和，没有和日本那次谈判艰难，但麻烦和波折不比日本谈判那次少。李鸿章在整个和谈过程中，时刻保持清醒的头脑，时刻让自己处于镇定状态，他采取缓而不急的方式，与对方代表反复磋商、慢慢磨合。所幸的是，这些侵略中国的列强们早已对战争产生厌倦情绪，朝廷方面也有悔过的意思，便于光绪二十七年（一九〇一年）七月签订了和约，有如下十二条款：

第一款

一、大德国钦差大臣克林德男爵被杀害一事，先前已经在公历一九〇一年六月九日，即农历四月二十三日，奉谕旨（见附件二）任命醇亲王载沣为头等专使大臣赴大德国大皇帝前，代表大清国大皇帝及国家表达惋惜之意。醇亲王已遵旨，于公历一九〇一年七月十二日，即农历五月二十七日自北京起程。

二、大清国已经在做出声明，在克林德遇害处竖立铭志之碑，与克林德大臣的身份、地位相匹配，记载大清国大皇帝哀悼惋惜的旨意，用拉丁语、德语、汉语书写。先前已经在公历一九〇一年七月二十二日，即农历六月初七日，经大清国钦差全权大臣发文，到大德国钦差全权大臣处（见附件三）。现在克林德男爵遇害处建立牌坊一座，占满街道，已于公历一九〇一年六月二十五日，即农历五月初十日开始动工。

第二款

一、惩办伤害各国国家及人民的首要元凶。将公历一九〇一年二月

十三、二十一等日，即农历去年十二月二十五日、今年正月初三日等日，先后所之降旨，所定之罪名，都列在后面（附件四、附件五、附件六）。端郡王载漪、辅国公载澜，都判定斩监候罪名，并约定如果皇上认为可以免除他们一死，必须立即发往新疆永远监禁，永不赦免。庄亲王载勋、都察院左都御史英年、刑部尚书赵舒翘，都判定为赐令自尽。山西巡抚毓贤、礼部尚书启秀、刑部左侍郎徐承煜都判定为即行正法。协办大学士吏部尚书刚毅、大学士徐桐、前四川总督李秉衡都已经死去，追夺原来的官职，即行革职。另外，兵部尚书徐用仪、户部尚书立山、吏部左侍郎许景澄、内阁学士兼礼部侍郎衔联元、太常寺卿袁昶，因去年力驳那些有悖于诸国公法的极恶之罪被害，都在公历一九〇一年二月十三日，即农历去年十二月二十五日奉上谕官复原职，以示昭雪（附件七）。庄亲王载勋已于公历一九〇一年二月二十一日，即农历正月初三日。英年、赵舒翘已于二十四日，即初六日，自尽。毓贤已于二十二日，即初四日，启秀、徐承煜已于二十六日即初八日正法。另外，公历一九〇一年二月十三日，即农历去年十二月二十五日，上谕将甘肃提督董福祥革职，他应得的罪名一定从严查办。公历一九〇一年四月二十九日、六月初三、□月□□等日，即农历三月十一、四月十七、□月□□等日，先后降旨，将去年夏天时发生的惨案内所有经确认有责任的各外省官员，分别惩办。

二、大清国皇帝下旨将各国人民遇害被虐的城镇停止文武各等考试五年（附件八）。

第三款

因大日本国使馆书记生杉山彬被害，大清国大皇帝从优荣之典，已在公历一九〇一年六月十八日，即农历五月初三日，降旨简派户部侍郎那桐为专使大臣，赴大日本国大皇帝前，代表大清国大皇帝及国家致以惋惜、哀悼之意（附件九）。

第四款

在动乱时期被损坏或被亵渎的外国坟墓由各国使馆重新修复，并立碑雪耻。已经和各国全权大臣合同商定，其碑由各该国使馆督建，并由大清国政府付给估算所需经费，京师一带每处一万两，外省每处五千两。此项银两，已经付清。现在将建碑的坟墓，开列清单附后（附件十）。

第五款

大清国政府不允许把军火以及专为制造军火的各种器料运入中国境内，已于公历一九〇一年八月十七日，即光绪二十七年七月初四日，降旨禁止进口两年。到期后，如果诸国以为有仍应续禁之处，也可降旨将两年的期限往后延续（附件十一）。

第六款

大清国大皇帝下旨答应赔付各国赔偿款海关银四百五十兆两。此笔款子是公历一九〇〇年十二月二十二日，即光绪二十六年十一月初一日条款内第二款内所记载的各国、各教会、各人以及中国人民的赔偿总数（附件十二）。

甲　这四亿五千万两指的是海关银两，按照市价折合成金款。此市价按照各国的货币比价进行如下折换：海关银一两，合德国马克三点五五，合奥国克朗三点五九五，合美元零点七四二，合法国法郎三点五，合英镑三先令，合日元一点四零七，合荷兰佛罗林一点零七九六，合俄国卢布一点四一二。俄国卢布按照汇率进行合算，即十七点四二四多理亚。这四百五十兆，按照四厘计算年息，本金由中国分三十九年按后附的表格各章程清还（附件十三）。本息用黄金付给，也可以按照应还日期的市价折算成黄金付给。还本于一九〇二年正月初一日起至一九四〇年终止。还本各款，应按每年一次的频率进行付还，初次还款定在一九〇一年正月初一日。付还利息，由一九〇一年七月初一日起算。不过中国也可将所欠首六个月至一九〇一年十二月三十一日的利息，延期从一九〇二年正月初一日起，在三年内偿还。但所延期息款之利，也应当按年息四厘付清。这些利息每隔六个月偿还一次，第一次定在一九〇二年七月初一日付给。

乙　一切的欠款事项都在上海进行办理。以后各国分别派银行董事一名，将所有负责还款的中国官员付给的本利全部收存，分给有关系的国家、教会或个人，由该银行出付回执。

丙　中国将全数保票一纸交给各国驻京钦差领衔大臣手中。此保票以后分作零票，每票上各由中国特派官员画押签字。此节以及发票等一切事宜，都应由以上所述的银行董事各遵本国命令来办理。

丁　付还保票财源各项进款，应该每月交给银行董事收存。

戊　所定承担保票的财源，都已经开列在条约后面：

一、新开关税所进款项，除先前已经作为担保的借款，付清本利之后余剩的款项。进口货税增至百分之五，所增之数也用来还此次赔款。所有按照旧规定进口的免税货物，除了外国运来的米以及各杂色粮面并金银以及金银钱外，都应该抽百分之五的税。

二、所有工关、户关的各项收入，在各通商口岸的工关、户关，均归新海关管理。

三、所有盐政的各项进款，除归还西方借款一宗外，剩余一并归入。至进口货税增至实际价值的百分之五，各国现在都同意实行，但需要说明两件事：一是将现在照估价抽收进口各项税费，凡能改的都当急速改为按件抽税若干。改办一层如后，作为估算货价的基础，应以一八九七、一八九八、一八九九，三年卸货时各种货物所计算的价值，是扣除进口税及杂费总数的市价。这些税费未改以前，各税仍照估价征收。二是北河、黄浦两水路，均应加以改善，中国政府也应拨款相助。至于增税一事，等此条款画押两个月后，立即开始办理，除在此画押日期后最迟十日已在途中的货物外，一概不得免税。

第七款

大清国政府允许各国使馆境内作为外国人专门居住地，并由使馆单独管理。中国人一概不准在界内居住，各国也可以派兵保护。使馆界线在附件的图上已经标明（见附件十四）：东面的界线是崇文门大街，图上标注了十、十一、十二等字，北面图上是五、六、七、八、九、十等字的线，西面图上是一、二、三、四、五等字的线，南面图上是十二、一等字的线。此线循城墙南址随城垛的形态而画。按照公历一九〇一年一月十六日即农历去年十一月二十六日文内后附的条款，中国应当允许各国自行管理，常留军队分别保护使馆。

第八款

大清国政府应当下令将大沽炮台及有碍京师至海通道安全的各炮台一律拆毁，现已设法照办。

第九款

按照公历一九〇一年一月十六日即农历去年十一月二十六日文内后所附条款，中国政府应允许由各国自行管理，会同商定数处留兵驻守，以确保京师至海通道没有无防御的地方。现在各国驻防地点，是黄村、廊坊、杨村、天津军粮城、塘沽、芦台、唐山、滦州、昌黎、秦王岛、山海关。

第十款

大清国政府承诺，在两年中，在各府厅州县将下面所述上谕颁行布告：

一、公历一九〇一年二月一日即农历去年十二月十三日上谕：永久禁止设立、加入仇视各国的会党，违者皆斩（见附件十五）。

二、公历一九〇一年□月□□日即农历□月□□日应颁发一道圣旨，就罪犯如何处置问题，均一一载明。

三、公历一九〇一年□月□□日即农历□月□□日上谕，因各国人民遇害被侵犯的城镇停止文武各等考试。

四、公历一九〇一年二月一日即农历去年十二月十三日上谕，各省抚督文武高官以及各部门官员，在所管辖的地域内均有维持治安的责任，如再发生伤害各国人民的事情，或再有违约行为，必须立时镇压惩办，否则该负责官员即行革职，永不叙用，也不得为之开脱，或以其他形式给予奖励提拔（见附件十六）。

以上谕旨现在在中国全境逐步张贴。

第十一款

大清国政府承诺将通商行船各条约内各国认为应商议改进的地方，及有关通商的事宜，均进行商议，以达到妥善简捷的效果。按照第六款赔偿事宜的规定，约定中国政府应承诺协助改善北河、黄浦两水路，其协助具体内容如下：

一、北河改善河道，在一八九八年会同中国政府所兴建各项工程，全部由各国派员兴修；

二、等治理天津事务交还之后，即可由中国政府派员与各国所派人员会同办理，中国政府每年应从海关收入中拨出六万两白银用于支付员工工资；

三、现设立黄浦河道局经管整理改善水道各工程，所派驻该局的人员，均代表中国及各国确保在上海所有的通商利益。对今后二十年的资费进行估算，该局各工程及经管费用应每年支用海关收入四十六万两白银，这笔款项应进行平分，一半由中国政府付给，一半由外国相关机构出资。该局人员及相应责权、进款细节，都在后附文件中列明（见附件十七）。

第十二款

公历一九〇一年七月二十四日即农历六月初九日降旨，将总理各国事务衙门按照各国意见改为外务部，位列六部之首。此上谕内已选派外务部各王大臣（见附件十八）。同时改变各国钦差大臣觐见礼节，均已商定由中国全权大臣历次照会在案。此照会在后附的文件内说明（见附件十九）。

现在对上面各项内容特此声明，及后附各国全权大臣所发的文本，都是以法文为凭据。大清国政府如果按以上所述，即公历一九〇〇年十二月二十二日农历光绪二十六年十一月初一日的文内各款，按照各国意愿妥善办理，也就是说中国愿将一九〇〇年夏间变乱所产生的后果了结，各国也同意照条约规定执行。那么各国全权大臣奉本国政府的命令代为声明，除第七款所述的防守使馆军队外，各国军队即于公历一九〇一年九月十七日即农历八月初五日全部由京城撤出。并除第九款所述各处外，也于公历一九〇一年九月二十一日即农历光绪二十七年八月初十日由直隶省撤出。现在将以上条款修订后抄写十二份，均由各国全权大臣画押签字，各国全权大臣各存一份，中国全权大臣收存一份。

清政府与八国联军签订的和约，就是《辛丑条约》。该条约签订以后，还有一件李鸿章没有了结的旧债，就是与俄国人有关的满洲事件。当初，《中俄密约》中规定，俄国有权力派军队保护铁路线，义和团运动爆发以后，两国在对待义和团的问题上出现矛盾，俄国人借机进行挑衅，从吉林、黑龙江等地发起进攻，战事一直抵达营口。清政府因为八国联军侵入，一时间无暇顾及俄国的进攻。等到双方议和时，俄国人坚持说这件事要由中俄两国另行商讨，与清政府同八国联军议和不一样。在迫不得已的情况下，清政府答应了俄国的要求。也就是说，清政府与其他国家签订完和约后，再与俄国解决满洲的问题。李鸿章是害怕俄国呢？还是亲俄国呢？或有不得已的苦衷呢？尽管不知道他内心的真实想法，但根据当初所定的协议，把东三省置于俄国的势力范围之中，这是再也明白不过的事情。现抄录此条约全文如下：

第一条　俄国将满洲归还给中国，行政事务，按照以前的规章制度办理。

第二条　俄国继续在满洲驻兵，保护满洲铁路，等到地方局面安定，本条约中最重要的四条都履行后，俄国才可以撤兵。

第三条　如果出现动乱，俄国可以出兵帮助中国进行镇压。

第四条　在中国铁路（注：疑指满洲铁路）没有开通时，中国不能在满洲驻兵。将来铁路开通后，满足了驻兵的条件，驻兵多少需要与俄国商讨，但禁止向满洲运送武器。

第五条　如果地方官员在处理问题上出现问题，可以向俄国政府请示，革去该官员的职务。在满洲派兵巡察，必须与俄国商议，俄国有权力核定人数，不得使用外国人。

第六条　训练满洲、蒙古的陆军和海军，不得聘请外国人。

第七条　中国应该把旅顺口以北的金州自主权取消。

第八条　满洲、蒙古、新疆伊犁等处的铁路和矿山，以及其他的利益，没有经过俄国的允许，不得转让给其他国家，或中国自己使用，如果必须要做，首先要征得俄国的同意。牛庄周围的土地，不得租借给其他国家。

第九条　俄国在中国境内的军费，由中国提供。

第十条　如果满洲铁路公司的利益遭到损害，中国政府与该公司协商赔偿问题。

第十一条　俄国在中国所有被损害的东西，中国进行赔偿，或一次性全额赔偿，或拿出一部分利益作为担保，进行分期赔偿。

第十二条　允许中国顺着满洲铁路，修一条达到北京的支线。

这个草约公布以后，南方各省的官员，纷纷向朝廷发电报，阻止与俄国签约，而百姓们或集会或演说或联名抗争。英国、美国、日本等，在各自的媒体上发表反对意见。俄国公使迫于多方面的压力，主动做出让步。几个月后，经过修改的条约如下：

第一条　同。

第二条　同。

第三条　同。

第四条　中国可以在满洲驻兵，至于多少人，需要与俄国商议，俄国拍板决定，中国不得反对。尽管如此，中国不能把武器运送到满洲。

第五条　同。

第六条　删。

第七条　删。

第八条　在满洲开矿、修筑铁路以及获取其他利益，中国必须与俄国商议，否则不许将这些利益转让给其他国家的商人。

第九条　同。

第十条　同。并追加“这是驻扎在北京的各国公使的协议，各国以后都可以采用这种方法”字样。

第十一条　同。

第十二条　中国可以从满洲铁路的支线修一条通往直隶边界，到长城为终点的铁路。

此时，李鸿章已经患病，并且病得很厉害。将近八十高龄的李鸿章，一生经历种种磨难，现在又在垂暮之际，遭遇如此病痛，心情自然忧郁。他患如此重病，是长期积劳成疾而形成的，回头看看他的人生遭遇，远远超越常人所承受的极限。今年以来，他的肝病越来越严重，心情也越来越不好，生气时的状态像发狂一样，又加上俄国公使每次的恫吓、催促，就像帮着老天来折磨他一样，实在让他难以忍受。当听到徐寿朋死去的消息后，他手捂胸口，口吐鲜血，光绪二十七年（一九〇一年）九月二十七日，李鸿章病逝于北京贤良寺。听说他咽气的前一个小时，俄国使者还曾前来催促李鸿章画押。这个条约没有签订，现在把它交付给庆亲王王文韶了。李鸿章临死前说没有家事托付，只是咬牙切齿地说：“可恨啊，毓贤把国家耽误到这个地步。”然后又长叹道：“皇帝和太后不肯回京。”随即闭目死去，享年七十八岁。在西安避难的两宫，得到李鸿章病逝的电报后，既震惊又悲痛。第二天，上谕公布下来：

我（皇上）谨奉太后的懿旨。大学士、一等肃毅伯、直隶总督李鸿章，器识渊深，才能过人、谋略深远，以翰林身份创建淮军，剿灭太平军、捻军诸匪，居功甚伟，朝廷特别施恩，晋封他为伯爵。他辅佐、服务朝廷，又任命他为直隶总督兼北洋大臣，他能匡济国家于危难，与国外和睦相处，经验丰富，一心为国，忠心耿耿。去年京师发生动乱，特派大学士李鸿章为全权大臣，与各国使臣妥善签订和约，处理恰到好处。本准备待大局全定之后，对其进行奖赏，突然就听说他已溘然长逝，让人深感震惊和哀悼。对李鸿章的功绩进行加恩，照大学士的规格赐予抚恤，赏给陀罗经被下葬。派恭亲王溥伟带领侍卫十人，前往祭奠。授谥号“文忠”，追赠太傅，晋封一等侯爵，列入贤良祠让后人供奉，以表示深深思念忠臣的深远用意。其他在送终时的饰物和恩典，再另行降旨。钦此。

随后，朝廷又赏给白银五千两来办理李鸿章的丧事。赏给他的儿子李经述四品京官的职位，承袭李鸿章一等侯爵的爵位；赏给李经迈候补京官，其余的子孙，也都给予不同的优待。赐予在天坛、地坛祭祀的待遇。又下令在李鸿章的老家、曾经立下功勋的省份以及北京建立专门的祠堂，地方官每年过年时要去祭祀，把他列入国家的祠典。朝廷给予李鸿章的荣誉和待遇已经到了顶点。一代风云人物，竟然随同他亲手创建的北洋舰队、津防练勇，一起与世长辞，永远告别了这个世界。我听到李鸿章死去的消息后，写了一副挽联：

太息斯人去，萧条徐泗空，莽莽长淮，起际龙蛇安在也；
回首山河非，只有夕阳好，哀哀浩劫，归辽神鹤竟何之。

第十二章
结　　论

李鸿章与古今东西人物比较

李鸿章之轶事

李鸿章之人物

李鸿章必然是中国历史数千年中一个重要的人物，这是毋庸置疑的；李鸿章必然是十九世纪世界历史上的一个重要人物，这也是没有半点值得怀疑的。既然如此，李鸿章这个人物究竟在历史上处于什么位置？他与中外历史人物相比较，又究竟有什么样的价值呢？在这里，我试着进行一一论述。

第一，李鸿章与霍光。历史学家评论霍光时，通常说他不学无术，我评价李鸿章时，也说他不学无术。既然两人都不学无术，他们是同一类人吗？我的回答是：他们之间有很大的差别，李鸿章没有霍光的权力和地位，魄力比不上霍光。梳理李鸿章的一生，就可以发现他是一位谨慎本分的人，不会因形势的发展，根据自己的意愿，采取行动。他的一生都没能充分展示自己的理想和抱负，正因为如此，怎么能比得上霍光呢？尽管这样，他对基本学问的掌握，确实要比霍光强一些。

第二，李鸿章与诸葛亮。李鸿章是一位忠臣、儒臣、军事家、政治家、外交家。中国历史上自夏、商、周三代以来，同时具有这五大身份，又被后人所敬仰的，只有诸葛亮。李鸿章建立的政治资本，诸葛亮赶不上，但在君主的信任上李鸿章不如诸葛亮。李鸿章最初在上海时，真正属于他管辖的仅仅有三座城市，他却靠着这三座城市，在江南立下头等大功。二人的创业都很艰难，也有很多相似之处。李鸿章在用兵方面所取得的成就，又远远超过了诸葛亮。但是，诸葛亮在治理环境恶劣、道路崎岖的蜀国时，能够让各级官员团结一心、不怀奸险，共谋大业；百姓艰苦奋斗、自强自立。李鸿章在朝廷做了几十年的重臣，却不能笼络人心，为自己所用。诸葛亮死后，所有遗产仅是成都的八百棵桑树，李鸿章却以豪富而闻名天下，这是何等大的差距？二人都是为了国家，鞠躬尽瘁，死而后已，这种犬马恋主般的忠诚，倒是有几分相似。

第三，李鸿章与郭子仪。李鸿章中兴朝政，平定祸乱的功劳，和郭子仪非常相似，二人的福气和运气也基本上相同。有所不同的是，郭子仪平定安史之乱以后，就没有其他作为了，李鸿章的军事生涯，只不过是他终身事业的一部分而已。如果把两个人的位置调换一下，郭子仪的能力未必比李鸿章强。

第四，李鸿章与王安石。王安石因为推行新法遭到世人非议，李鸿章因为洋务运动同样遭到世人非议。无论是王安石的新法还是李鸿章的洋务，都是不完善的新政策，但他们的远见都不是那些责备他们的人所能比的。那些号称贤良的士大夫们，非但不帮助和支持他们，反而纷纷指责他们、刁难他们，拖他们的后腿、拆他们的后台，同为革新人物，王安石、李鸿章的处境大体相同。王安石变法得到皇帝的支持，他对规划民政方面，兢兢业业、格局宏大，李鸿章却不如他。

第五，李鸿章与秦桧。中国庸俗的读书人骂李鸿章是秦桧的最多。在中法战争、中日战争期间，这一论调十分盛行。如果这些话是从生活市井中、蛮荒之地的人的嘴里说出来，还可以理解，士大夫和君子之人也这么说，我实在无言以对了。

第六，李鸿章与曾国藩。李鸿章和曾国藩的关系，就像管仲和鲍叔牙、韩信和萧何的关系。不仅如此，他一生的学问、见识、事业，没有一样不是经过曾国藩的提携和帮助而取得成功的。实际上，李鸿章就是曾国藩的门人之一。李鸿章不如曾国藩，对此世人都是这样认为的。不过，曾国藩是位学者型的官员，如果把他放在外交岗位上，他在权术、智力、机警等方面，可能比不上李鸿章，当然没有通过证实，也不知道结果到底是个什么样子的。另外，曾国藩固守知足、知止的信条，常常怀着急流勇退的想法，李鸿章的血性相当强，无论面临多么大的困难，都毅然挺身而出，从来不会表现出退缩、畏惧的神色，这是他的特长所在。

第七，李鸿章与左宗棠。左宗棠与李鸿章曾一度齐名，然而左宗棠这个人喜欢张扬，李鸿章则以忍耐而著称。说到气量，左宗棠远远比不上李鸿章。湘军中，一些狂妄自大的人，曾经想推举左宗棠为守旧党的首领，与李鸿章抗衡。其实两个人对洋务的认识相差无几，左宗棠不是真正的守旧派，李鸿章也不是真正的维新派。左宗棠幸好比李鸿章早死十几年，所以还能保全他在世人心目中的好名声，把此后巨大的困难和骂名都留给李鸿章一个人了。左宗棠的福气和运气还算不错，李鸿章却比不上他。

第八，李鸿章与李秀成。这两个人是近代涌现的英雄豪杰。李秀成效忠太平天国，李鸿章效忠清朝。李秀成被封为“忠王”，李鸿章死后获得“文忠”的谥号，这对二人来说当之无愧。李秀成在军事、政治、外交方面的才能，都不比李鸿章逊色，但他们的结局却天壤之别，一个成功一个失败，这就是天意。所以我翻遍近代史，想找两个人合传而不会因为不匹配而留下遗憾，那只有李秀成和李鸿章最合适。李秀成不杀赵景贤，厚葬王有龄，李鸿章却用欺诈的手段杀了八个投降的王，这件事上李鸿章是有愧的。对于这件事他应该有所惭愧吧。

第九，李鸿章与张之洞。最近十年以来，中国能与李鸿章齐名的，唯有张之洞。虽然如此，张之洞凭什么能与李鸿章并驾齐驱呢？李鸿章是位做实事的人，张之洞这个人却华而不实。李鸿章不在乎名声，张之洞却很在乎名声。不在乎名声的人肯任劳任怨，在乎名声的人喜好趋利忘义、投机取巧。张之洞在处理外交事务上，常常给李鸿章制造麻烦，总结他给李鸿章出的主意，无一不是纸上谈兵，无法在现实局势下得以实施。李鸿章曾经对人说："张之洞在官场上摸爬滚打几十年，他的见解和想法与书生没有区别。"这句话就足以概括张之洞的一生。至于说到他的虚伪、骄横、狭隘、残忍、苛刻，与李鸿章的见识、气量相比较，二者真是相去甚远，有着天壤之别。

第十，李鸿章与袁世凯。今后能够承续李鸿章身后"遗产"的人，除了袁世凯没有其他人了。袁世凯是李鸿章一手提拔出来的，目前正值壮年，刚刚在朝廷担当重任，他的表现还不算特别明显，现在还很难对其妄下结论。但是这个人的功名心非常重，他有气魄，也敢于做出破格的举动，看起来比李鸿章似乎还要更强一些。至于他的心术怎么样、毅力怎么样，则都不是现在所能断言的。在目前的文武百官当中，论资历、声望和才识上能够继承李鸿章衣钵的，除了袁世凯外，真就找不到第二个合适的人选了。

第十一，李鸿章与梅特涅。奥地利的宰相梅特涅（Metternich），是十九世纪里的第一大奸雄。他执政的四十年里，专门使用狡猾的外交手段，对外指挥整个欧洲，对内压制民主党派活动。十九世纪的前半期，欧洲大陆的腐败形势，有很大一部分的罪责可以归到他身上。有的人说李鸿章和他很相像。虽然这样，李鸿章的心术不如梅特涅阴险，他的雄才也不如梅特涅。梅特涅懂得民权的力量并去压制它，李鸿章不懂得民权的力量不去利用；梅特涅的外交政策能够操纵群雄，李鸿章的外交政策连一个朝鲜都搞定不了，这就是比不上梅特涅的原因。

第十二，虽然有的人称李鸿章为"东方俾斯麦"，但实际上即使这不是阿谀奉承，那也是胡言乱语。李鸿章怎么可能比得上俾斯麦呢？从军事的角度来说，俾斯麦所战胜的都是敌国，李鸿章所杀戮的则都是同胞；从内政方面说，俾斯麦能将一些散漫的小邦国合成一个大联邦，李鸿章却把庞大的中国变成了二等国家；从外交方面说，俾斯麦联合奥地利、意大利，并为己所用，李鸿章联合俄国反被算计。这三个方面比较起来，李鸿章和俾斯麦有着天壤之别。这并不是用成败的标准来评论人，李鸿章的学问、智力、胆识，没有一项能与俾斯麦相提并论的，他的成就不如俾斯麦，这也是优胜劣败的公理所决定的。虽然李鸿章的遭遇或许比不过俾斯麦，他的资本却比俾斯麦多。人各有所难，若没有战胜困难，就不足以称为英雄。李鸿章向俾斯麦讲述了他自己的难处，却不知道俾斯麦也有俾斯麦自己的难处，这不是李鸿章所能明白的。就算将两人位置调换，李鸿章还会失败。因此，说李鸿章是东方俾斯麦的人，实际上是不了解这两个人。

第十三，李鸿章与格莱斯顿。有的人也将李鸿章、俾斯麦、格莱斯顿并称为“三雄”。这大概是从他们长久的主政时间、尊贵的地位和名望角度来说的，其实李鸿章与格莱斯顿没有一点相似的地方。格莱斯顿的专长，专门在于治理内政，专门在于管理人民、军事和外交，并不是他引以为豪的功业。格莱斯顿是有识之士，是民主国家的领袖人物，李鸿章是个博取功名的人，是东方人，是十八世纪以前的英雄了。这两个人相距甚远。

第十四，李鸿章与梯也尔。法国总统梯也尔，是当时法国被迫与普鲁士政府签订城下之盟时的全权议和大臣。他当时所处的地位，恰恰与李鸿章在一八九五年、一九〇〇年时相似，危急存亡之际，只好忍气吞声，这实为最让人难以忍受的事了。但梯也尔只不过偶尔做一次这种事情，李鸿章却再三遭遇这样的情况；梯也尔的敌对国只有一个，李鸿章却要面对几个国家，相比之下，李鸿章的遭遇更加悲惨。梯也尔在议和之后能用一场演说立刻募集五十多亿法郎，法国用了不到十年，依然恢复为欧洲一等强国；李鸿章却被赔偿款所困扰，无法补救，而中国沦落他国奴隶的危险却一日比一日严重。这到底是两国人民的爱国心有所不同呢，还是李鸿章不明白如何利用民心呢？

第十五，李鸿章与井伊直弼。日本幕府大将军执政时期，幕府重臣井伊直弼，肩负内政外交重任，通过对局势的认真分析，认为闭关锁国是不可行的，便与欧美各国结盟，并积极向西方学习，谋求自立。当时日本民间排外情绪高涨，井伊直弼用武力镇压以效忠幕府，全国上下对他充满怨恨，最后被刺客刺杀于樱田门外，于是开始了日本的维新时代。井伊直弼，是日本明治政府的大敌，但也是明治政府的功臣。其才能令人敬佩，其遭遇令人同情，日本人至今都在为他鸣冤。李鸿章的境遇，和井伊直弼十分相像，而且困难还要比井伊直弼多得多。井伊直弼最终死于非命，而李鸿章选择了屈辱地活着，他的福气、命运都比井伊直弼要好。然而日本兴起了，中国却还是依旧衰弱。

第十六，李鸿章与伊藤博文。李鸿章与日本首相伊藤博文是中日战争中的两大巨头。若以成败来论英雄的话，自当是崇尚伊藤博文而贬抑李鸿章，不过除此之外，伊藤博文却绝对比不上李鸿章。日本人常评论说伊藤博文是命运最好的人，这句话很恰当。他在日本维新之初，并没建立什么大功，比起李鸿章栉风沐雨的曲折经历，伊藤博文自然输了一着，所以伊藤博文对日本的重要性，不如李鸿章对中国的重要性，假使两人调换位置，恐怕伊藤博文比不上李鸿章。虽然如此，伊藤博文有一点上是胜于李鸿章的，那就是他曾留学于欧洲，更清楚政治的本原是什么。这也是伊藤博文之所以能够制定出宪法来作为日本长治久安之计的原因，李鸿章则只是对残败的现状修修补补，学点皮毛，照猫画虎，最终一事无成。在日本，有像伊藤博文这样才学的人，在他的同辈中不下百人，在中国具有像李鸿章这种才干的人，他的同辈当中却找不出一个人，因此不能把中日战争失败的责任全部都推到李鸿章身上。

李鸿章办理公事的时候，桌案上从来没有堆积的公文，客厅里从来没有滞留的客人，这些都是仿照曾国藩的办事形式。李鸿章的饮食起居，都有固定的时间，很有西方人的风格。他在重视纪律、严于律己方面，中国人中很少有能赶得上的。不论寒冬酷暑，五点钟就起床，他有家藏的一幅宋朝拓印的《兰亭序》，每天早晨必临摹一百字，临本从来不给人看。这也是一种养心自律的方法。曾国藩在军中每天必下一盘围棋，也是这个道理。每天吃过午饭以后，他一定要睡一个小时的午觉，从来不耽误。他在总理衙门任职时，每天午休将起床的时候，都要打个哈欠，然后伸出一只脚穿靴，伸出一只手穿袍，身边伺候他的人一刻也不许延误。

李鸿章养生一贯用西方的养生和保健方法，每顿饭都要吃两只鸡熬成的高汤，天天让医生检查身体，常用电气设备检测。

戈登曾经到天津造访李鸿章，逗留了几个月。当时，俄国因为伊犁方面的事件一直恫吓中国，双方关系紧张，有决裂的趋势。李鸿章就此事征询戈登的意见，戈登说："中国现在这个样子，日后是无法自立于世界之林的。除非您自己做皇帝，掌握大权，彻底整顿。您要是有这个愿望，我愿意全力帮助。"李鸿章的脸色为之一变，一时说不上话来。

李鸿章在接人待物的时候，常常带着傲慢轻侮的神色俯视一切，用揶揄的态度戏弄别人，只有在和曾国藩在一起的时候，如同面对严厉的父亲，用恭敬的礼节侍奉他，有种不知道为什么要这样却不得不这么做的感觉。

李鸿章与外国人交涉的时候，常表现出特别轻蔑的态度，他大概是在内心里将他们全都看作市侩小人，说他们都是奔着利益而来，我也就精打细算，把利益作为唯一的衡量标准。那种崇洋媚外的劣根性，在李鸿章身上是没有的。

在外国人中，李鸿章最敬重的只有两个人：一个是戈登，另一个就是美国将军格兰特——南北战争的大功臣。格兰特曾周游世界到过天津，李鸿章用隆重的礼仪接待了他。后来李鸿章接见美国公使的时候，总会问起格兰特的情况。等到李鸿章出访西方，到美国时听说美国人为格兰特树立纪念碑，当即赠送千两白银以示敬慕。

李鸿章的办事态度很认真，每遇到一个问题，一定要再三询问，毫无疏忽，从来不轻易许诺，一旦许诺就一定会履行诺言，是一个言行一致的人。

李鸿章在访问欧洲的时候，曾多次问及别人的年龄、有多少家产。随行的人员告诉他说：这些问题都是西方人最忌讳的，最好不要问。但李鸿章根本不理会，因为他根本没把欧洲人放在眼里，只想把他们玩于股掌之上而已。最可笑的是，李鸿章曾参观英国的一个大工厂，参观完毕后，他突然问了工头一个奇怪的问题：你统领这么大的一个工厂，一年收入多少啊？工头回答说：除了薪水没有别的收入了。李鸿章缓缓地指着他的钻石戒指说：这样的话你的钻石从何而来？这件事在欧洲被传为奇谈。

世人都传说李鸿章的财富甲天下，这个说法不值得相信，但他大约有几百万两白银的产业，这也是意料之中的。招商局、电报局、开平煤矿、中国通商银行里面，都有不少他的股份。有人说南京、上海等各地的当铺银号，也大多是他名下的产业。

李鸿章在北京时，经常住在贤良寺。原来曾国藩在平定江南后，第一次进京被召见，就住在这里，后来便形成习惯。将来这座寺庙要为《春明梦余录》添一段故事了。

李鸿章一生最遗憾的一件事情，就是没有当过科考的主考官。戊戌会试的时候他在北京，料想一定获得主考的位置，最终还是没有被选上。就是负责评卷的工作，他也一次都没有轮上，李鸿章相当耿耿于怀。以他盖世的功业名声，还在留恋不忘这种东西，可见科举考试对人毒害之深。

以上的几条，不过是我偶尔拾掇而来的，姑且记录进来，作为观察和了解李鸿章一个侧面的材料。我与李鸿章之间交往不深，不能够知晓更多他的逸闻轶事，也由于有很多无关大体的事件，记都记不完，所以其他更多的也就不多记述了。李鸿章究竟是一个什么样的人物呢？我想在此用两句话来对他做个评断，即：不学无术，不敢破格，是他的短处；不避劳苦，不畏谤言，是他的长处。唉！李鸿章已经去世，然而国家依旧多难，或许还会出现比李鸿章时代更加糟糕的局面，后世的仁人君子，又将如何面对呢？

我读日本报纸，有个叫德富苏峰的作者写了篇文章，他评价李鸿章有些独到之处，在此译录如下：

中国的著名人物李鸿章病逝，东亚地区的政局从此不免有些寂寞，不只是为清政府失去栋梁发出感慨而已。

概括地说，说李鸿章这个人有多伟大，功业就有多伟大，倒不如说他是个有福有运的人。他早年科举及第，进入翰林院，拥有了高雅、尊贵的地位，等到太平天国起义发生，他是曾国藩的幕僚，淮军的统帅，依靠戈登的力量平定了江苏，等到他平叛了太平天国起义军，实际上也是依靠曾国藩遗留下来的政策，才得以成功，等到李鸿章担任直隶总督时，遇到天津教案发生，正是中国被列强要挟、狼狈不堪的时候，忽然爆发了普法战争，法英俄美等国都在为欧洲之事奔忙，这桩教案就在不知不觉中销声匿迹了。在二十五年的时间里，他统治北洋海军，在天津建立衙门，总揽中国的大权，立足于世界的政治舞台，这时应该是李鸿章的全盛时代了。

尽管如此，他的地位和权势也并非全是侥幸得来的。他在中国的文武官僚中，确实显得有超人的眼光、敏捷的手段，别人是远远不及的。他知道西方文明东侵的大趋势，了解外国文明，想加以利用达到自强的目的。这样的眼光，就是他的前辈曾国藩恐怕都比不上，左宗棠、曾国荃等就更不用说了。李鸿章在天津训练淮军，用的是西洋规范；兴建北洋水师，在旅顺、威海、大沽设防；开招商局，用来方便沿海与内陆的水运交通；开办机器局，制造兵器；开办开平煤矿；倡议修建铁路。在军事、商务、工业等方面，无不留意。虽然这些想法是否出于他本人先不说，权力是否全在他手上也先不说，办理这些是否有成效也先不说，要说是谁引导大清国前行并达到今天这个地步的呢？那排在第一位的不得不说是李鸿章。

世界上的人大概都知道李鸿章，却未必知道北京的清政府。尽管李鸿章对于北京的清政府来说，并不是值得深信的人。清政府常用猜疑、嫉恨的眼光来看待他，只不过由于受到来自外界的压迫，而解决此困难和纠纷，除了他无人能办好，所以不得已而才用他。各省的督抚、满朝的文武官员，对李鸿章心存不满的人，也比比皆是。即使是在他事业的全盛时期，李鸿章在朝廷内部的势力都是非常薄弱的，并不像他在对外时所拥有的那般无限的权力和光荣。

中日一战是李鸿章人生的转折点。他从一开始在蓄意发动战争的吗？这一点没法确切了解。当后来事态即将失控，战争一触即发之际，他突然与俄国公使喀西尼商议，请求俄国出兵干涉以平息战争，那么他在一开始时派兵去朝鲜可能是想通过威胁的手段使日本不战而屈服。这也是很难说得清楚的事情。大概是因为他自视过高，把中国看得过于强大，对敌情的预判不够准确。这是他缺乏对东亚局势的了解，决策的失误，导致出现严重的后果。这一事实，是无法回避的事实。用一句话归纳，中日战争是李鸿章一生中的孤注一掷。这一掷的失手，让他多年积攒的功劳、声誉都损失殆尽。

普通人如果遭遇到这种失意的事情，不为此忧愤而死就算是奇迹了。当时，李鸿章已经是七十三岁高龄的老人，在内遭遇朝廷的严酷批评，对外仍全力支持着残局。他在朝廷用人之际，挺身而出负责议和谈判的事情，不幸被刺客刺伤，不计较个人的身体状况，仍然从容应对、不辱使命。后来又亲自到俄国，祝贺俄国皇上加冕，游历欧美各国，就像以前没发生过什么不快的事情一样。这种毫不介怀的品格，一般人根本做不到，这就是李鸿章与常人的区别。

李鸿章的晚年，一直生活在人生的低谷之中。他的前半生，和英国走得很近；他的后半生，和俄国走得很近，英国认为李鸿章投靠俄国政府了。他亲近俄国，难道是俄国可怕，还是俄国值得信赖？我并不知道。总之，通过他与俄国的交往，我有这样的判断，他认为俄国是东方最有势力，能与西方列强抗衡的国家，因此宁可用关外的土地贿赂俄国，在俄国势力的保护之下，以求得短暂的安宁。这是他亲近俄国的最大原因。他一手操办的《中俄密约》、《满洲条约》等事情，有人认为他的行为和当年秦桧贿赂金国一样，同样是一个卖国求荣的罪人。这个说法实在太苛刻、太偏激。李鸿章是朝廷的官员，代表朝廷办事，他的这些行为，是利害与得失的问题，不是个人正邪与善恶的人性问题。

李鸿章离开总理衙门以后，曾经在山东治理过黄河，也曾在两广地区担任过总督，直到发生义和团起义，朝廷才调回来任直隶总督，和庆亲王一起担任全权议和大臣，事情刚刚平息就离开人世，这的确可以称得上是悲惨的晚年，不能说是耻辱的晚年。为什么这样说呢？他的雄心壮志，到死也没有被消磨殆尽。

中日战争之前李鸿章要是死了，他就是十九世纪的一个伟人，写世界史的人会对他进行大书特书。他容貌堂堂、擅长辞令、敏锐机警、收放自如，让人一看就知道是伟人的做派。就算结果是这样的，他的血管中流淌的是不是英雄的血液呢？这一点我存在疑虑。他缺少像格莱斯顿那样高尚的道义情怀，没有像俾斯麦那样强硬的男性气概，不具备像康必达那样的爱国热忱，也不像西乡隆盛那样推心置腹的坦诚，甚至他的见识和经历等方面，也都没有令我发自内心赞叹的地方。概括地说，他并不是那种能让人心生无比崇敬之情的英雄偶像。

虽然如此，李鸿章的大手笔，会让人惊叹不已。他是中国人！一位伟大的中国人！无论面临任何事情或任何困难，都可以做到处变不惊、不恼不怒，他的忍耐力常人根本无法做到，无论多么失望的事，他都能将其看成空中的浮云，即便他内心有懊恼或悔恨，表面上一点也看不出来。德国铁血宰相俾斯麦曾经盛极一时，当他在政坛上失意并退隐后，胸中的愤恨和怒气，就像爆发的火山一样喷射出来。李鸿章不是这样的人，对于发生在他身上的大事，却表现得好像一点都不值得牵挂和忧虑一样，他的忍耐力非常强，实在令我们敬佩和膜拜，他的处世境界，我们无法达到。

如果让他像诸葛亮一样去为人处世，他可能早就离开了人世，为什么这样说呢？他一生的历史，其实就是中国衰亡的历史，这就好像剥竹笋的皮，剥一圈少一圈，距离死亡就近一步。这不是危言耸听，和他同时代的人，已经基本都离世了，唯独他还活着。李鸿章的一生，前半段顺风顺水，一派大好形势；后半生江河日下，各种不利因素缠绕着他，直到离开人世也没有摆脱。面对不利的处境，他的心没有乱。有的人说，他是一位没脑子的人！就算这句话是对的，天底下有几个像他一样没脑子的人呢？没有脑子还能表现出如此高超的处世能力，难道不更加令人惊叹和赞赏吗？

陆奥宗光在评价李鸿章时说："说他胆量过人，才能卓绝，决断力强，倒不如说他聪明机警，有超高的智慧，擅长谋划，能预知事情的利害得失。"这话算得上是极其中肯的评价。李鸿章为官的过程中，从来不逃避责任，这又是他超越常人的优点，也是他为什么能一直为官几十年，并且在清政府中扮演重要角色的关键之所在，直至临死他还肩负重任，他的一举一动备受中外瞩目与厚望。有人说，他把朝廷赋予他的重任看成自己的责任，所以不管面临多么重大的责任，他不推卸，有担当的勇气。这一点，也是他超越一般人，成为重要人物的地方。

可以说，李鸿章是中国人的典型代表。他就像一只纯粹的冷血动物，这是中国人的特性；他那种唯强者是从的心态，也是中国人的特性；他身上具有超强的忍耐力，这是中国人的特性；他思想僵化又冷酷无情，这是中国人的特性；他善于周旋、辞令巧妙，这是中国人的特性；他既狡猾又城府，这是中国人的特性；他自信的同时又自大，这是中国人的特性。他不具备管仲那样经世济民的器量与见识，也不具备诸葛孔明那样为了国家呕心沥血的精神，不过，他也不像王安石那样古板和执拗。他可以以逸待劳、机智周旋、平心静气，面对百般刁难和重重困难及纠纷，仍然能够从容不迫地进行排解。放眼海内外，恐怕很难找到和他一样的人。

以上评论，确实能够全面地评价李鸿章这个人，基本上没有遗漏的地方，褒扬他时不过分，贬低他时不夸张，我都没有什么可以再多说的话了。至于作者把李鸿章看成中国人的现实写照，代表着中国人的精神状态和处世方式，我四亿同胞应该加以反省。以前，我曾写过《冰室自由书》，其中有一篇叫《二十世纪之新鬼》的文章，现将论述李鸿章的部分文章挑选出来，附录于下：

唉！像星亨、格里士比这样的人物，难道不是当世没人比得上的豪杰吗？这五个人（维多利亚、星亨、格里士比、麦坚尼、李鸿章），都是他们所在国家中的重要人物。维多利亚是立宪国家的君主，君主不需要承担责任，就没有必要进行评论了，格里士比、麦坚尼通过努力使自己的国家焕然一新，星亨也想改革自己的国家但最终没能实现。从这个角度而言，李鸿章同这三个人相比，应该感到惭愧。每每把李鸿章与国外的豪杰进行比较时，他总为自己辩解，说："我被全国上下所牵制和束缚，在这种现状下，我的志向就不能实现。"这样的辩解的确有道理，事实也是如此。即便这样，与星亨、格里士比历经千险，排除万难，忍辱负重，最终达到目的相比较起来，还有什么理由值得去辩解呢？真正的英雄不会一直去借助他人的力量，而是在现实中培养和发展自己的实力。星亨、格里士比的势力，都是靠自己一点一点创造出来的。李鸿章只会顺从于政府的统治，安于富裕、尊贵的生活。如果他把强国富民作为自己的志向，凭着他在朝廷中掌权四十年，是位既有功勋又有名望的老臣，怎么就不能赢得民心，战胜旧党呢？实在是可惜啊！李鸿章在学识方面不如星亨，在热诚方面不如格里士比，他所拥有的资本是他们的十倍，但他所取得的成就远远低于他们。究其根源，都是因为李鸿章不学无术造成的。不过，偌大的中国，既具备学识又拥有热诚，能超过李鸿章的人，又有几个呢？整个十九世纪，世界上其他国家都出现了英雄，唯独我国连一个都没有，我们又怎能不指鹿为马、聊以自慰或自我解嘲呢？在这种情况下，把李鸿章推到世界上给各国人看，并说："他就是我们国家的英雄。"唉！他勉强可以称得上是我们国家的英雄，只适合称为十九世纪以前我国的英雄罢了。

总而言之，李鸿章是位有才能而缺乏学识的人，有阅历而缺乏血性的人。他并不是没有鞠躬尽瘁、死而后已的决心，但他在仕途做的是弥补缺漏、苟且偷安的事情，这种行为一直延续到他死去。在他没告别这个世界之前，面对责任，从来没有推脱和退却，但从来也没有做出造福后人的百年大计。谚语说："当一天和尚撞一天钟。"中国上至朝廷，下到平民百姓，大家都是这样的心理，李鸿章仅仅是其中的一个代表人物。虽然如此，当今朝廷中二品以上、五十岁以上的高官中，没有一个人的能力能匹配或超过李鸿章的，这一点我敢肯定。唉！李鸿章时代出现的种种败绩，已经是屡见不鲜的事儿了。今后，中国内忧外患的趋势，将会超过李鸿章时代好多倍。如今要想找一个像李鸿章一样的人物，实在是太渺茫，根本不会有的。一想到中国未来的命运，着实让人毛骨悚然，不知道出路在哪里，最终又走向何方。

九州生气恃风雷，万马齐喑究可哀。
我劝天公重抖擞，不拘一格降人才。

李鸿章（一名中国四十年来大事记）

序　例

一 此书全仿西人传记之体，载述李鸿章一生行事，而加以论断，使后之读者，知其为人。

一 中国旧文体，凡记载一人事迹者，或以传，或以年谱，或以行状，类皆记事，不下论赞，其有之则附于篇末耳。然夹叙夹议，其例实创自太史公，《史记》“伯夷列传”“屈原列传”“货殖列传”等篇皆是也。后人短于史识，不敢学之耳。著者不敏，窃附斯义。

一 四十年来，中国大事，几无一不与李鸿章有关系。故为李鸿章作传，不可不以作近世史之笔力行之。著者于时局稍有所见，不敢隐讳，意不在古人，在来者也。恨时日太促，行箧中无一书可供考证，其中记述谬误之处，知所不免。补而正之，愿以异日。

一 平吴之役，载湘军事迹颇多，似涉枝蔓；但淮军与湘军，其关系极繁杂，不如此不足以见当时之形势，读者谅之。

一《中东和约》《中俄密约》《义和团和约》，皆载其全文。因李鸿章事迹之原因结果，与此等公文关系者甚多，故不辞拖沓，尽录入之。

一 合肥之负谤于中国甚矣。著者与彼，于政治上为公敌，其私交亦泛泛不深，必非有心为之作冤词也。顾书中多为解免之言，颇有与俗论异同者，盖作史必当以公平之心行之。不然，何取乎祸梨枣也！英名相格林威尔尝呵某画工曰 Paint me as I am，言勿失吾真相也。吾著此书，自信不至为格林威尔所呵。合肥有知，必当微笑于地下曰，孺子知我。

光绪二十七年十一月既望　著者自记

第一章
绪　论

天下惟庸人无咎无誉。举天下人而恶之，斯可谓非常之奸雄矣乎？举天下人而誉之，斯可谓非常之豪杰矣乎？虽然，天下人云者，常人居其千百，而非常人不得其一，以常人而论非常人，乌见其可？故誉满天下，未必不为乡愿；谤满天下，未必不为伟人。语曰："盖棺论定。"吾见有盖棺后数十年、数百年而论犹未定者矣。各是其所是，非其所非，论人者将乌从而鉴之？曰：有人于此，誉之者千万，而毁之者亦千万；誉之者达其极点，毁之者亦达其极点。今之所毁，适足与前之所誉相消，他之所誉，亦足与此之所毁相偿，若此者何如人乎？曰是可谓非常人矣。其为非常之奸雄与为非常之豪杰，姑勿论，而要之其位置行事必非可以寻常庸人之眼之舌所得烛照而雌黄之者也，知此义者，可以读我之《李鸿章》。

吾敬李鸿章之才，吾惜李鸿章之识，吾悲李鸿章之遇。李之历聘欧洲也，至德见前宰相比斯麦，叩之曰："为大臣者，欲为国家有所尽力，而满廷意见，与己不合，群掣其肘，于此而欲行厥志，其道何由？"比斯麦应之曰："首在得君。得君既专，何事不可为？"李鸿章曰："譬有人于此，其君无论何人之言皆听之，居枢要侍近习者，常假威福，挟持大局。若处此者当如之何？”比斯麦良久曰：“苟为大臣，以至诚忧国，度未有不能格君心者，惟与妇人女子共事，则无如何矣。”[①] 李默然云。呜呼！吾观于此，而知李鸿章胸中块垒、牢骚郁抑，有非旁观人所能喻者。吾之所以责李者在此，吾之所以恕李者亦在此。

自李鸿章之名出现于世界以来，五洲万国人士，几于见有李鸿章，不见有中国。一言蔽之，则以李鸿章为中国独一无二之代表人也。夫以甲国人而论乙国事，其必不能得其真相，固无待言。然要之李鸿章为中国近四十年第一流紧要人物，读中国近世史者势不得不口李鸿章，而读李鸿章传者，亦势不得不手中国近世史，此有识者所同认也。故吾今此书，虽名之为《同光以来大事记》可也。

不宁惟是。凡一国今日之现象，必与其国前此之历史相应，故前史者现象之原因，而现象者前史之结果也。夫以李鸿章与今日之中国，其关系既如此其深厚，则欲论李鸿章之人物，势不可不以如炬之目，观察夫中国数千年来政权变迁之大势，民族消长之暗潮，与夫现时中外交涉之隐情，而求得李鸿章一身在中国之位置。孟子曰：“知人论世。”世固不易论，人亦岂易知耶？

今中国俗论家往往以平发平捻为李鸿章功，以数次和议为李鸿章罪，吾以为此功罪两失其当者也。昔比斯麦又尝语李曰：“我欧人以能敌异种者为功，自残同种以保一姓，欧人所不贵也。”夫平发平捻者，是兄与弟阋墙而盬弟之脑也，此而可功，则为兄弟者其惧矣。若夫吾人积愤于国耻，痛恨于和议，而以怨毒集于李之一身，其事固非无因，然苟易地以思，当夫乙未二三月、庚子八九月之交，使以论者处李鸿章之地位，则其所措置果能有以优胜于李乎？以此为罪，毋亦旁观笑骂派之徒快其舌而已，故吾所论李鸿章为功罪于中国者，正别

① 此语据西报译出，寻常华文所登于《星轺日记》者，因有所忌讳，不敢译录也。

有在。

李鸿章今死矣。外国论者，皆以李为中国第一人。又曰，李之死也，于中国今后之全局，必有所大变动。夫李鸿章果足称为中国第一人与否吾不敢知，而要之现今五十岁以上之人，三四品以上之官，无一可以望李之肩背者，则吾所能断言也。李之死，于中国全局有关系与否吾不敢知，而要之现在政府失一李鸿章，如虎之丧其伥，瞽之失其相，前途岌岌，愈益多事，此又吾之所敢断言也。抑吾冀夫外国人之所论非其真也，使其真也，则以吾中国之大，而惟一李鸿章是赖，中国其尚有瘳耶？

西哲有恒言曰："时势造英雄，英雄亦造时势。"若李鸿章者，吾不能谓其非英雄也。虽然，是为时势所造之英雄，非造时势之英雄也。时势所造之英雄，寻常英雄也。天下之大，古今之久，何在而无时势？故读一部二十四史，如李鸿章其人之英雄者，车载斗量焉。若夫造时势之英雄，则阅千载而未一遇也。此吾中国历史，所以陈陈相因，而终不能放一异彩以震耀世界也。吾著此书，而感不绝于余心矣。

史家之论霍光，惜其不学无术。吾以为李鸿章所以不能为非常之英雄者，亦坐此四字而已。李鸿章不识国民之原理，不通世界之大势，不知政治之本原。当此十九世纪竞争进化之世而惟弥缝补苴，偷一时之安，不务扩养国民实力，置其国于威德完盛之域，而仅摭拾泰西皮毛，汲流忘源，遂乃自足，更挟小智小术，欲与地球著名之大政治家相角，让其大者，而争其小者，非不尽瘁，庸有济乎？孟子曰："放饭流歠，而问无齿决，此之谓不知务。"殆谓是矣。李鸿章晚年之著著失败，皆由于是。虽然，此亦何足深责？彼李鸿章固非能造时势者也。凡人生于一社会之中，每为其社会数千年之思想习俗义理所困，而不能自拔。李鸿章不生于欧洲而生于中国，不生于今日而生于数十年以前，先彼而生并彼而生者，曾无一能造时势之英雄以导之翼之，然则其时其地所孕育之人物，止于如是，固不能为李鸿章一人咎也，而况乎其所遭遇，又并其所志而不能尽行哉？吾故曰：“敬李之才，惜李之识，而悲李之遇也。”但此后有袭李而起者乎？其时势既已一变，则其所以为英雄者亦自一变，其勿复以吾之所以恕李者而自恕也。

第二章
李鸿章之位置

中国历史与李鸿章之关系
本朝历史与李鸿章之关系

欲评骘李鸿章之人物，则于李鸿章所居之国，与其所生之时代，有不可不熟察者两事。

一曰：李鸿章所居者，乃数千年君权专制之国，而又当专制政体进化完满达于极点之时代也。

二曰：李鸿章所居者，乃满洲人入主中夏之国，而又当混一已久，汉人权利渐初恢复之时代也。

论者动曰："李鸿章，近世中国之权臣也。"吾未知论者所谓权臣，其界说若何。虽然，若以李鸿章比诸汉之霍光、曹操，明之张居正，与夫近世欧美日本所谓立宪君主国之大臣，则其权固有迥不相侔者。使鸿章而果为权臣也，以视古代中国权臣，专擅威福，挟持人主，天下侧目，危及社稷，而鸿章乃匪躬蹇蹇、无所觊觎，斯亦可谓纯臣也矣。使鸿章而果为权臣也，以视近代各国权臣，风行雷厉，改革庶政，操纵如意，不避怨嫌，而鸿章乃委靡因循，畏首畏尾，无所成就，斯亦可谓庸臣也矣。虽然，李鸿章之所处，固有与彼等绝异者，试与读者然犀列炬，上下古今，而一论之。

中国为专制政体之国，天下所闻知也。虽然，其专制政体，亦循进化之公理，以渐发达，至今代而始完满，故权臣之权迄今而剥蚀几尽。溯夫春秋战国之间，鲁之三桓，晋之六卿，齐之陈田，为千古权臣之巨魁。其时纯然贵族政体，大臣之于国也，万取千焉，千取百焉，枝强伤干，势所必然矣。洎夫两汉，天下为一，中央集权之政体，既渐发生，而其基未固，故外戚之祸特甚。霍、邓、窦、梁之属，接踵而起，炙手可热，王氏因之以移汉祚，是犹带贵族政治之余波焉。苟非有阀阅者，则不敢觊觎大权。范晔《后汉书》论张奂、皇甫规之徒，功定天下之半，声驰四海之表，俯仰顾盼，则天命可移，而犹鞠躬狼狈，无有悔心，以是归功儒术之效，斯固然矣，然亦贵族柄权之风未衰，故非贵族者不敢有异志也。斯为权臣之第一种类。及董卓以后，豪杰蜂起，曹操乘之以窃大位，以武功而为权臣者自操始。此后司马懿、桓温、刘裕、萧衍、陈霸先、高欢、宇文泰之徒，皆循斯轨。斯为权臣之第二种类。又如秦之商鞅，汉之霍光、诸葛亮，宋之王安石，明之张居正等，皆起于布衣，无所凭借，而以才学结主知，委政受成，得行其志，举国听命，权倾一时，庶几有近世立宪国大臣之位置焉。此为权臣之第三种类。其下者则巧言令色，献媚人主，窃弄国柄，荼毒生民，如秦之赵高，汉之十常侍，唐之卢杞、李林甫，宋之蔡京、秦桧、韩侂胄，明之刘瑾、魏忠贤，穿窬斗筲，无足比数。此为权臣之第四种类。以上四者，中国数千年所称权臣，略尽于是矣。

要而论之，愈古代则权臣愈多，愈近代则权臣愈少，此其故何也？盖权臣之消长，与专制政体之进化成比例。而中国专制政治之发达，其大原力有二端：一由于教义之浸淫，二由于雄主之布画。孔子鉴周末贵族之极敝，思定一尊以安天下，故于权门疾之滋甚，立言垂教，三致意焉。汉兴，叔孙通、公孙弘之徒，缘饰儒术，以立主威。汉武帝表六艺黜百家，专弘此术以化天下，天泽之辨益严，而世始知以权臣为诟病。

尔后二千年来，以此义为国民教育之中心点，宋贤大扬其波，基础益定，凡缙绅上流，束身自好者，莫不兢兢焉。义理既入于人心，自能消其枭雄跋扈之气，束缚于名教以就围范。若汉之诸葛，唐之汾阳，及近世之曾、左以至李鸿章，皆受其赐者也。又历代君主，鉴兴亡之由，讲补救之术，其法日密一日，故贵族柄权之迹，至汉末而殆绝。汉光武、宋艺祖之待功臣，优之厚秩，解其兵柄；汉高祖、明太祖之待功臣，摭其疑似，夷其家族，虽用法宽忍不同，而削权自固之道则一也。洎乎近世，天下一于郡县，采地断于世袭，内外彼此，互相牵制，而天子执长鞭以笞畜之。虽复侍中十年，开府千里，而一诏朝下，印绶夕解，束手受吏，无异匹夫，故居要津者无所几幸，惟以持盈保泰守身全名相劝勉，岂必其性善于古人哉？亦势使然也。以此两因，故桀黠者有所顾忌，不敢肆其志，天下借以少安焉。而束身自爱之徒，常有深渊薄冰之戒，不欲居嫌疑之地，虽有国家大事，明知其利当以身任者，亦不敢排群议逆上旨以当其冲。谚所谓“做一日和尚撞一日钟”者，满廷人士，皆守此主义焉。非一朝一夕之故，所由来渐矣。

逮于本朝，又有特别之大原因一焉。本朝以东北一部落，崛起龙飞，入主中夏，以数十万之客族，而驭数万万之主民，其不能无彼我之见，势使然也。自滇、闽、粤三藩，以降将开府，成尾大不掉之形，竭全力以克之，而后威权始统于一，故二百年来，惟满员有权臣，而汉员无权臣。若鳌拜，若和珅，若肃顺、端华之徒，差足与前代权门比迹者，皆满人也。计历次军兴，除定鼎之始不俟论外，若平三藩，平准噶尔，平青海，平回部，平哈萨克布鲁特敖罕巴达克爱乌罕，平西藏廓尔喀，平大小金川，平苗，平白莲教天理教，平喀什噶尔，出师十数，皆用旗营，以亲王贝勒或满大臣督军。若夫平时，内而枢府，外而封疆，汉人备员而已，于政事无有所问。如顺治、康熙间之洪承畴，雍正、乾隆间之张廷玉，虽位尊望重，然实一弄臣耳。自余百僚，更不足道。故自咸丰以前，将相要职，汉人从无居之者[1]。及洪杨之发难也，赛尚阿、琦善皆以大学士为钦差大臣，率八旗精兵以远征，迁延失机，令敌坐大，至是始知旗兵之不可用，而委任汉人之机，乃发于是矣。故金田一役，实满汉权力消长之最初关头也。及曾、胡诸公起于湘鄂，为平江南之中坚，然犹命官文以大学士领钦差大臣。当时朝廷虽不得不倚重汉人，然岂能遽推心于汉人哉？曾、胡以全力交欢官文，每有军议奏事，必推为首署，遇事归功，报捷之疏，待官乃发，其㧑谦固可敬，其苦心亦可怜矣。试一读《曾文正集》，自金陵克捷以后，战战兢兢，若芒在背。以曾之学养深到，犹且如是，况李鸿章之自信力犹不及曾者乎？吾故曰："李鸿章之地位，比诸汉之霍光、曹操，明之张居正，与夫近世欧洲日本所谓立宪君主国之大臣，有迥不相侔者，势使然也。"

且论李鸿章之地位，更不可不明中国之官制。李鸿章历任之官，则大学士也，北洋大臣也，总理衙门大臣也，商务大臣也，江苏巡抚、湖广两江两广直隶总督也，自表面上观之，亦可谓位极人臣矣。虽然，本朝自雍正以来，政府之实权，在军机大臣[2]，故一国政治上之功罪，军机大臣当负其责任之大半。虽李鸿章之为督抚，与寻常之督抚不同，至若举近四十年来之失政皆归于李之一人，则李固有不任受者矣。试举同治中兴以来军机大臣之有实力者如下。

第一	文祥、沈桂芬时代	同治初年
第二	李鸿藻、翁同和时代	同治末年及光绪初年
第三	孙毓汶、徐用仪时代	光绪十年至光绪廿一年
第四	李鸿藻、翁同和时代	光绪廿一年至光绪廿四年
第五	刚毅、荣禄时代	光绪廿四年至今

① 将帅间有一二，则汉军旗人也。

② 自同治以后，督抚之权虽日盛，然亦存乎其人，不可一例。

案　观此表，亦可观满汉权力消长之一斑。自发、捻以前，汉人无真执政者，文文忠汲引沈文定，实为汉人掌政权之嚆矢，其后，李文正、翁师傅、孙徐两尚书继之。虽其人之贤否不必论，要之，同治以后，不特封疆大吏汉人居其强半，即枢府之地，实力亦骤增焉。自戊戌八月以后，形势又一变矣。此中消息，言之甚长，以不关此书本旨，不具论。

由此观之，则李鸿章数十年来共事之人可知矣。虽其人贤否才不才，未便细论，然要之皆非与李鸿章同心同力同见识同主义者也。李鸿章所诉于比斯麦之言，其谓是耶，其谓是耶。而况乎军机大臣之所仰承风旨者，又别有在也，此吾之所以为李鸿章悲也。抑吾之此论，非有意袒李鸿章而为之解脱也。即使李鸿章果有实权，尽行其志，吾知其所成就亦决无以远过于今日。何也？以鸿章固无学识之人也。且使李鸿章而真为豪杰，则凭借彼所固有之地位，亦安在不能继长增高，广植势力，以期实行其政策于天下？彼格兰斯顿、比斯麦，亦岂无阻力之当其前者哉？是固不得为李鸿章作辩护人也。虽然，若以中国之失政而尽归于李鸿章一人，李鸿章一人不足惜，而彼执政误国之枢臣，反得有所诿以辞斧钺，而我四万万人放弃国民之责任者，亦且不复自知其罪也。此吾于李鸿章之地位，所以不得断断置辩也。若其功罪及其人物如何，请于末简纵论之。

第三章
李鸿章未达以前及其时中国之形势

李鸿章之家世

欧力东渐之势

中国内乱之发生

李鸿章与曾国藩之关系

李鸿章，字渐甫，号少荃，安徽庐州府合肥县人。父名进文，母沈氏，有子四人，瀚章官至两广总督，鹤章、昭庆，皆从军有功。鸿章其仲也，生于道光三年癸未（西历一千八百二十三年）正月五日。幼受学于寻常塾师，治帖括业。年二十五，成进士，入翰林，实道光二十七年，丁未也。

李鸿章之初生也，值法国大革命之风潮已息，绝世英雄拿破仑，窜死于绝域之孤岛。西欧大陆之波澜，既已平复，列国不复自相侵掠，而惟务养精蓄锐，以肆志于东方。于是数千年一统垂裳之中国，遂日以多事：伊犁界约，与俄人违言于北；鸦片战役，与英人肇衅于南。当世界多事之秋，正举国需才之日。加以瓦特氏新发明汽机之理，艨艟轮舰，冲涛跋浪，万里缩地，天涯比邻。苏彝士河，开凿功成，东西相距骤近。西力东渐，奔腾澎湃，如狂飚，如怒潮，啮岸砰崖，黯日蚀月，遏之无可遏，抗之无可抗。盖自李鸿章有生以来，实为中国与世界始有关系之时代，亦为中国与世界交涉最艰之时代。

翻观国内之情实，则自乾隆以后，盛极而衰，民力凋敝，官吏骄横，海内日以多事。乾隆六十年，遂有湖南、贵州红苗之变。嘉庆元年，白莲教起，蔓延及于五省。前后九年（嘉庆九年），耗军费二万万两，乃仅平之。同时海寇蔡牵等，窟穴安南，侵扰两广、闽、浙诸地，大遭蹂躏，至嘉庆十五年，仅获戡定。而天理教李文成、林清等旋起，震扰山东、直隶，陕西亦有箱贼之警。道光间又有回部张格尔之乱，边境骚动，官军大举征伐，亘七年仅乃底定。盖当嘉、道之间，国力之疲敝，民心之蠢动已甚，而举朝醉生梦死之徒，犹复文恬武熙，太平歌舞，水深火热，无所告诉，有识者固稍忧之矣。

抑中国数千年历史，流血之历史也；其人才，杀人之人才也。历观古今已往之迹，惟乱世乃有英雄，而平世则无英雄。事势如是，至道、咸末叶，而所谓英雄者，乃始磨刀霍霍，以待日月之至矣。盖中国自开辟以来，无人民参与国政之例，民之为官吏所凌逼，憔悴虐政，无可告诉者。其所以抵抗之术，只有两途，小则罢市，大则作乱，此亦情实之无可如何者也。而又易姓受命，视为故常，败则为寇，成则为王。汉高明太，皆起无赖，今日盗贼，明日神圣，惟强是崇，他靡所云。以此习俗，以此人心，故历代揭竿草泽之事，不绝于史简。其间有承平百数十年者，不过经前次祸乱屠戮以后，人心厌乱，又户口顿少，谋生较易，或君相御下有术，以小恩小惠徼结民望，弥缝补苴，聊安一时而已。实则全国扰乱之种子，无时间绝，稍有罅隙，即复承起。故数千年之史传，实以脓血充塞，以肝脑涂附，此无可为讳者也。本朝既龙兴关外，入主中华，以我国民自尊自大蔑视他族之心，自不能无所芥蒂。故自明亡之后，其遗民即有结为秘密党会，以图恢复者，二百余年不绝，蔓延于十八行省，所在皆是。前此虽屡有所煽动，而英主继踵，无所得逞，郁积既久，必有所发。及道、咸以后，官吏之庸劣不足惮，既已显著，而秕政稠叠，国耻纷来，热诚者欲扫雰雾以立新猷，桀黠者欲乘利便以觊非分，此殆所谓势有必至，理有固然者耶。于是一世之雄洪秀全、杨秀清、李秀成等，因之而起。于是一世之雄曾国藩、左宗棠、李鸿章等，因之而起。

鸿章初以优贡客京师，以文学受知于曾国藩，因师事焉。日夕过从，讲求义理、经世之学，毕生所养，实基于是。及入翰林，未三年，而金田之乱起。洪秀全以一匹夫揭竿西粤，仅二年余，遂乃蹂躏全国之半，东南名城，相继陷落，土崩瓦解，有岌岌不可终日之势。时鸿章适在安徽原籍赞巡抚福济及吕贤基军事。时庐州已陷，敌兵分据近地，为犄角之势，福济欲复庐州，不能得志。鸿章乃建议先取含山、巢县以绝敌援，福济即授以兵，遂克二县。于是鸿章知兵之名始著，时咸丰四年十二月也。

当洪秀全之陷武昌也，曾国藩以礼部侍郎丁忧在籍，奉旨帮办团练，慨然以练劲旅靖大难为己任，于是湘军起。湘军者淮军之母也。是时八旗绿营旧兵，皆窳惰废弛，怯懦阘冗，无所可用；其将校皆庸劣无能，暗弱失职。国藩深察大局，知非扫除而更张之，必不奏效。故延揽人才，统筹全局，坚忍刻苦，百折不挠，恢复之机，实始于是。

秀全既据金陵，骄汰渐生，内相残杀，腐败已甚。使当时官军得人，以实力捣之，大难之平，指顾间事耳。无如官军之骄汰腐败，更甚于敌。咸丰六年，向荣之金陵大营一溃；十年，和春、张国梁之金陵大营再溃，驯至江浙相继沦陷，敌氛更甚于初年。加以七年丁未以来，与英国开衅，当张国梁、和春阵亡之时，即英法联军入北京烧圆明园之日。天时人事，交侵洊逼，盖至是而祖宗十传之祚，不绝者如线矣。

曾国藩虽治兵十年，然所任者仅上游之事，固由国藩深算慎重，不求急效，取踏实地步节节进取之策，亦由朝廷委任不专，事权不一，未能尽行其志也。故以客军转战两湖、江、皖等省，其间为地方大吏掣肘失机者，不一而足，是以功久无成。及金陵大营之再溃，朝廷知舍湘军外，无可倚重。十年四月，乃以国藩署两江总督，旋实授，并授钦差大臣，督办江南军务，于是兵饷之权，始归于一，乃得与左、李诸贤，合力以图苏皖江浙，大局始有转机。

李鸿章之在福济幕也，福尝疏荐道员，郑魁士沮之，遂不得授。当时谣诼纷坛，谤讟屡起，鸿章几不能自立于乡里。后虽授福建延邵建遗缺道，而拥虚名，无官守。及咸丰八年，曾国藩移师建昌，鸿章来谒，遂留幕中。九年五月，国藩派调湘军之在抚州者，旧部四营，新募五营，使弟国荃统领之，赴景德镇助剿，而以鸿章同往参赞。江西肃清后，复随曾国藩大营两年有奇。十年，国藩督两江，议兴淮扬水师，请补鸿章江北司道，未行；复荐两淮运使，疏至，文宗北行，不之省。是时鸿章年三十八，怀才郁抑，抚髀蹉跎者，既已半生，自以为数奇，不复言禄矣。呜呼，此天之所以厄李鸿章欤，抑天之所以厚李鸿章欤？彼其偃蹇颠沛十余年，所以练其气老其才，以为他日担当大事之用。而随赞曾军数年中，又鸿章最得力之实验学校，而终身受其用者也。

第四章
兵家之李鸿章（上）

李鸿章之崛起与淮军之成立
当时官军之弱及饷源之竭
江浙两省得失之关系
常胜军之起
李鸿章与李秀成之劲敌
淮军平吴之功
江苏军与金陵军、浙江军之关系
金陵之克复

秦末之乱，天下纷扰，豪杰云起，及项羽定霸后，而韩信始出现。汉末之乱，天下纷扰，豪杰云起，及曹操定霸后，而诸葛亮始出现。自古大伟人，其进退出处之间，天亦若有以靳之，必待机会已熟，持满而发，莫或使之，若或使之。谢康乐有言："诸公生天虽在灵运先，成佛必居灵运后。"吾观中兴诸大臣，其声望之特达，以李鸿章为最迟；而其成名之高，当国之久，亦以李鸿章为最盛。事机满天下，时势造英雄，李鸿章固时代之骄儿哉！

当咸丰六、七年之交，敌氛之盛，达于极点，而官军凌夷益甚。庙算动摇无定，各方面大帅，互相猜忌，加以军需缺乏，司农仰屋，惟恃各省自筹饷项，支支节节，弥东补西，以救一日之急。当此之时，虽有大忠雄才，其不能急奏肤功，事理之易明也。于是乎出万不得已之策，而采用欧美军人助剿之议起。

先是洪、杨既据南京，蹂躏四方，十八行省无一寸干净土，经历十年，不克戡定。北京政府之无能力，既已暴著于天下。故英国领事及富商之在上海者，不特不目洪秀全为乱贼而已，且视之于欧洲列国之民权革命党同一例，以文明友交待之，间或供给其军器、弹药、粮食。其后洪秀全骄侈满盈，互相残杀，内治废弛，日甚一日。欧美识者，审其举动，乃知其所谓太平天国，所谓四海兄弟，所谓平和博爱，所谓平等自由，皆不过外面之假名，至其真相，实于中国古来历代之流寇，毫无所异，因确断其不可以定大业。于是英、法、美各国，皆一变其方针，咸欲为北京朝廷假借兵力，以助戡乱。具述此意以请于政府，实咸丰十年事也。而俄罗斯亦欲遣海军小舰队，运载兵丁若干，溯长江以助剿，俄公使伊格那面谒恭亲王以述其意。

按　欧美诸邦，是时新通商于中国，其必不欲中国之扰乱固也。故当两军相持，历年不决之际，彼等必欲有所助以冀速定。而北京政府之腐败，久已为西人所厌惮，其属望于革命军者必加厚，亦情势之常矣。彼时欧美诸国，右投则官军胜，左投则敌军胜，胜败之机，间不容发。使洪秀全而果有大略，具卓识，内修厥政，外谙交涉，速与列国通商定约，因假其力以定中原，天下事未可知也。竖子不悟，内先腐败，失交树敌，终为夷僇，不亦宜乎。而李文忠等之功名亦于此成矣。

时英法联军新破北京，文宗远在热河，虽和议已定，而猜忌之心犹盛。故恭亲王关于借兵助剿之议，不敢专断，一面请之于行在所，一面询诸江南江北钦差大臣曾国藩、袁甲三及江苏巡抚薛焕、浙江巡抚王有龄等，使具陈其意见。当时极力反对之，谓有百害而无一利者，惟江北钦差大臣袁甲三[1]。薛焕虽不以为可，而建议雇印度兵，使防卫上海，及其附近，并请以美国将官华尔、白齐文为队长。曾国藩覆奏，其意亦略相同，谓当中国疲弊之极，外人以美意周旋，不宜拂之，故当以温言答其助剿之盛心，而缓其出师来会之期日，一面利用外国将官，以收剿贼之实效。于是朝廷依议，谢绝助剿，而命国藩任聘请洋弁训练新兵之事，此实常胜军之起点，而李鸿章勋名发轫之始，大有关系者也。

华尔者，美国纽约人也，在本国陆军学校卒业，为将官，以小罪去国，潜匿上海。当咸丰十年，洪军蹂躏江苏，苏、常俱陷。上海候补道杨坊，知华尔沈毅有才，荐之于布政使吴煦。煦乃请于美领事，赦其旧罪，使募欧美人愿为兵者数十人，益以中国应募者数百，使训练之以防卫苏沪。其后屡与敌战，常能以少击众，所向披靡，故官军敌军，皆号之曰“常胜军”。常胜军之立，实在李鸿章未到上海以前也。

今欲叙李鸿章之战绩，请先言李鸿章立功之地、之形势。

江浙两省，中国财赋之中坚也，无江浙则是无天下。故争兵要则莫如武汉，争饷源则莫如苏杭，稍明兵略者所能知也。洪秀全因近来各地官军，声势颇振，非复如前日之所可蔑视，且安庆新克复（咸丰十一年辛酉八月曾国荃克复），金陵之势益孤，乃遣其将李秀成、李世贤等分路扰江浙，以牵制官军之兵力。秀成军锋极锐，萧山、绍兴、宁波、诸暨、杭州皆连陷，浙抚王有龄死之，江苏城邑，扰陷殆遍，避乱者群集于上海。

安庆克复之后，湘军声望愈高。曩者廷臣及封疆大吏，有不慊于曾国藩者，皆或死或罢，以故征剿之重任，全集于国藩之一身。屡诏敦促国藩，移师东指，规复苏、常、杭失陷郡县，五日之中，严谕四下。国藩既奏荐左宗棠专办浙江军务，而江苏绅士钱鼎铭等，复于十月以轮船

① 袁世凯之父也。

溯江赴安庆，面谒国藩，哀乞遣援，谓吴中有可乘之机而不能持久者三端：曰乡团，曰枪船，曰内应，是也；有仅完之土而不能持久者三城：曰镇江，曰湖州，曰上海，是也。国藩见而悲之。时饷乏兵单，楚军无可分拨，乃与李鸿章议，期以来年二月济师。

咸丰十一年十一月，有旨询苏帅于国藩，国藩以李鸿章对，且请酌拨数千军，使驰赴下游，以资援剿。于是鸿章归庐州募淮勇，既到安庆，国藩为定营伍之法，器械之用，薪粮之数，悉仿湘勇章程，亦用楚军营规以训练之。

先是淮南迭为发、捻所蹂躏，居民大困，惟合肥县志士张树声、树珊兄弟，周盛波、盛传兄弟，及潘鼎新、刘铭传等，自咸丰初年，即练民团以卫乡里，筑堡垒以防寇警，故安徽全省糜烂，而合肥独完。李鸿章之始募淮军也，因旧团而加以精练，二张、二周、潘、刘咸从焉。淮人程学启者，向在曾国荃部下，官至参将，智勇绝伦，国藩特选之使从鸿章，其后以勇敢善战，名冠一时。又淮军之初成也，国藩以湘军若干营为之附援，而特于湘将中选一健者统之，受指挥于鸿章麾下，即郭松林是也。以故淮军名将，数程、郭、刘、潘、二张、二周。

同治元年二月，淮军成，凡八千人，拟溯江而下，傍贼垒冲过以援镇江，计未决。二十八日，上海官绅筹银十八万两，雇轮船七艘，驶赴安庆奉迎，乃定以三次载赴上海。三月三十日，鸿章全军抵沪，得旨署理江苏巡抚，以薛焕为通商大臣，专办交涉事件①。

此时常胜军之制，尚未整备。华尔以一客将，督五百人，守松江。是年正月，敌众万余人来犯松江，围华尔数十匝，华尔力战破之。及鸿章之抵上海也，华尔所部属焉，更募华人壮勇附益之，使加训练，其各兵勇俸给，比诸湘淮各军加厚。自是常胜军之用，始得力矣。

松江府者，在苏浙境上，提督驻扎之地，而江苏之要冲也。敌军围

① 薛焕，原江苏巡抚也。

攻之甚急，李鸿章乃使常胜军与英法防兵合[1]，攻松江南之金山卫及奉贤县；淮军程学启、刘铭传、郭松林、潘鼎新诸将，攻松江东南之南汇县。敌兵力斗，英法军不支退却，嘉定县又陷。敌乘胜欲进迫上海，程学启邀击大破之，南汇之敌将吴建瀛、刘玉林等，开城降。川沙厅[2]敌军万余又来犯，刘铭传固守南汇，大破之，遂复川沙厅。然敌势犹雄劲不屈，以一队围松江青浦，以一队屯广福塘桥，集于泗滨以窥新桥。五月，程学启以孤军屯新桥，当巨敌之冲，连日被围甚急。鸿章闻之，自提兵赴援，与敌军遇于徐家汇，奋斗破之。学启自营中望见鸿章帅旗，遽出营夹击，大捷，斩首三千级，俘馘四百人，降者千余。敌军之屯松江府外者，闻报震骇，急引北走，围遂解，沪防解严。

淮军之初至上海也，西人见其衣帽之粗陋，窃笑嗤之。鸿章徐语左右曰："军之良窳，岂在服制耶？须彼见吾大将旗鼓，自有定论耳。"至是欧美人见淮军将校之勇毅、纪律之整严，莫不改容起敬，而常胜军之在部下者亦始帖然服李之节制矣。

当时曾国藩既以独力拜讨贼之大命，任重责专，无所旁贷，无所掣肘。于是以李鸿章图苏，左宗棠图浙，曾国荃图金陵。金陵敌之根据地也，而金陵与江浙两省，实相须以成其雄，故非扫荡江苏之敌军，则金陵不能坐困，而非攻围金陵之敌巢，则江苏亦不能得志。当淮军之下沪也，曾国荃与杨载福[3]、彭玉麟等，谋以水陆协进，破长江南北两岸之敌垒。四月，国荃自太平府沿流下长江，拔金柱关，夺东梁山营寨，更进克秣陵关、三汊河、江心洲、蒲包洲。五月，遂进屯金陵城外雨花台，实李鸿章解松江围之力也。故论此役之战绩，当知湘军之能克金陵、歼巨敌，非曾国荃一人之功，实由李鸿章等断其枝叶，使其饷源兵力，成孤立之势，而根干不得不坐凋。淮军之能平全吴奏肤功，亦非李

① 当时英法有防兵若干，专屯上海自保租界。

② 在吴淞口南岸。

③ 后改名岳斌。

鸿章一人之功，实由曾国荃等捣其巢穴，使其雄帅骁卒，有狼顾之忧，而军锋不得不坐顿。东坡句云："江山如画，一时多少豪杰。"同治元、二年间，亦中国有史以来之一大观矣。

李秀成者，李鸿章之劲敌，而敌将中后起第一人也。洪秀全之初起也，其党中杰出之首领曰东王杨秀清、南王冯云山、西王萧朝贵、北王韦昌辉、翼王石达开，当时号为五王。既而冯、萧战死于湖南；杨、韦金陵争权，互相屠杀；石达开独有大志，不安其位，别树一帜，横行湖南、江西、广西、贵州、四川诸省，于是五王俱尽。咸丰四、五年之间，官军最不振，而江南之敌势亦浸衰矣。李秀成起于小卒，位次微末，当金陵割据以后，尚不过杨秀清帐下一服役童子，然最聪慧明敏，富于谋略，胆气绝伦。故洪氏末叶，得以扬余烬簸浩劫，使官军疲于奔命，越六七载而后定者，皆秀成与陈玉成二人之力也。玉成纵横长江上游，起台飓于豫、皖、湘、鄂；秀成出没长江下口，激涛浪于苏、杭、常、扬。及玉成既死，而洪秀全所倚为柱石者，秀成一人而已。秀成既智勇绝人，且有大度，仁爱驭下，能得士心，故安庆虽克复，而下游糜烂滋甚。自曾军合围雨花台之后，而于江苏地方及金陵方面之各战，使李鸿章、曾国荃费尽心力，以非常之巨价，仅购得战胜之荣誉者，惟李秀成之故，故语李鸿章者，不可不知李秀成。

李鸿章自南汇一役以后，根基渐定，欲与金陵官军策应，牵制敌势，遂定进攻之策。是岁七月，使程学启、郭松林等急攻青浦县城，拔之；并发别军驾汽船渡海攻浙江绍兴府之余姚县，拔之。八月，李秀成使谭绍光拥众十余万犯北新泾①。刘铭传邀击大破之，敌遂退保苏州。

其月，淮军与常胜军共入浙江，攻慈溪县，克之。是役也，常胜军统领华尔奋战先登，中弹贯胸卒，遗命以中国衣冠殓。美国人白齐文代领常胜军。

---

① 江苏地，去上海仅数里。

是岁夏秋之变，江南疠疫流行，官军死者枕藉。李秀成乘之，欲解金陵之围，乃以闰八月选苏州、常州精兵十余万赴金陵，围曾国荃大营，以西洋开花大炮数十门，并力轰击，十五昼夜，官军殊死战，气不稍挫。九月，秀成复使李世贤自浙江率众十余万合围金陵，攻击益剧。曾国藩闻报，大忧之，急征援于他地。然当时江浙及江北各方面之官军，皆各有直接之责任，莫能赴援。此役也，实军兴以来，两军未曾有之剧战也。当时敌之大军二十余万，而官军陷于重围之中者不过三万余，且将卒病死、战死及负伤者殆过半焉。而国荃与将士同甘苦，共患难，相爱如家人父子，故三军乐为效死，所以能抗十倍之大敌以成其功也。秀成既不能拔，又以江苏地面官军之势渐振，恐江苏失而金陵亦不能独全，十月，遂引兵退，雨花台之围乃解。

案　自此役以后，洪秀全之大事去矣。夫屯兵于坚城之下，兵家所大忌也。向荣、和春，既两度以此致败，故曾文正甚鉴之，甚慎之。曾忠襄之始屯雨花台，文正屡戒焉。及至此役，外有十倍强悍之众，内有穷困决死之寇，官军之危，莫此为甚。乃敌军明知官军之寡单如此，其疮痍又如彼，而卒不敢肉薄突入，决一死命，以徼非常之功于俄顷，而顾亏此一篑，忽焉引去，遂致进退失据，随以灭亡，何也？盖当时敌军将帅，富贵已极，骄侈淫佚，爱惜生命，是以及此。此亦官军所始念不及也。曾文正曰：凡军最忌暮气。当道、咸之交，官军皆暮气，而贼军皆朝气；及同治初元，贼军皆暮气，而官军皆朝气。得失之林，皆在于是，谅哉言乎。以李秀成之贤，犹且不免，若洪秀全者，冢中枯骨，更何足道。所谓灭六国者六国也，非秦也；族秦者秦也，非天下也。殷鉴不远，有志于天下者，其可以戒矣。洪秀全以市井无赖，一朝崛起，不数岁而蹂躏天下之半，不能以彼时风驰云卷，争大业于汗马之上，遂乃苟安金陵，视为安乐窝，潭潭府第，真陈涉之流亚哉！株守一城，坐待围击。故向荣、和春之溃，非洪秀全自有可以不亡之道，特其所遇之敌，亦如唯与阿，相去无几，故得以延其残喘云尔。呜呼！洪秀兴废之间，天耶人耶？君子曰："人也。"

又案　此役为湘淮诸将立功之最大关键。非围金陵，则不能牵江浙之敌军，而李文忠新造之军，难遽制胜；非攻江浙，则不能解金陵之重围，而曾忠襄久顿之军，无从保全。读史者不可不于此著眼焉。

李秀成之围金陵也，使其别将谭绍光、陈炳文留守苏州。九月，绍光等率众十余万，分道自金山、大仓而东，淮军诸将防之，战于三江口、四江口，互有胜败。敌复沿运河设屯营，亘数十里，驾浮桥于运河，及其支流，以互相往来。进攻黄渡，围四江口之官军甚急。九月廿二日，鸿章部署诸将，攻其本营。敌强悍善战，淮军几不支。刘铭传、郭松林、程学启等身先士卒，挥剑奋斗，士气一振，大破之，擒斩万余人，四江口之围解。

常胜军统领华尔之死也，白齐文以资格继其任。白氏之为人，与华氏异，盖权谋黠猾之流也。时见官军之窘蹙，乃窃通款于李秀成。十月，谋据松江城为内应。至上海胁迫道台杨坊，要索军资巨万，不能得，遂殴打杨道，掠银四万两而去。事闻，李鸿章大怒，立与英领事交涉。黜白齐文，使偿所攫金，而以英国将官戈登代之，常胜军始复为用，时同治二年二月也。此实为李鸿章与外国办交涉第一事，其决断强硬之慨，论者韪之。

白齐文黜后，欲杀之，而为美领事所沮，遂放之。复降于李秀成，为其参谋，多所策画，然规模狭隘。盖劝秀成弃江浙，斩其桑茶，毁其庐舍，而后集兵力北向，据秦晋齐豫中原之形势，以控制东南，其地为官军水师之力所不及，可成大业云云。秀成不听。白齐文又为敌军购买军械，窃掠汽船，得新式炮数门，献之秀成。以故苏州之役，官军死于宝带桥者数百人。其后不得志于秀成，复往漳州投贼中，卒为郭松林所擒死。

先是曾国藩获敌军谍者，得洪秀全与李秀成手谕，谓湖南北及江北，今正空虚，使李秀成提兵二十万，先陷常熟，一面攻扬州，一面窥皖楚。国藩乃驰使李鸿章使先发制之，谓当急取太仓州以扰常熟，牵制秀成，使不得赴江北。鸿章所见适同。同治二年二月，乃下令常熟守将，使死守待援，而遣刘铭传、潘佩新、张树珊率所部驾轮船赴福山，与敌数十战，皆捷。别遣程学启、李鹤章攻太仓昆山县以分敌势，而使戈登率常胜军与淮军共攻福山，拔之，常熟围解。三月，克复太仓昆山，擒敌七千余，程学启之功最伟，戈登自此愈敬服学启焉。

五月，李秀成出无锡，与五部将拥水陆兵数十万图援江阴，据常熟。李鸿章遣其弟鹤章及刘铭传、郭松林等分道御之。铭传、松林与敌之先锋相遇，击之，获利。然敌势太盛，每战死伤相当。时敌筑连营于运河之涯，北自北涸，南至张泾桥，东自陈市，西至长寿，纵横六七十里，垒堡百数，皆扼运河之险。尽毁桥梁，备炮船于河上，水陆策应，形势大炽。

鹤章与铭传谋，潜集材木造浮桥，夜半急渡河袭敌，破敌营之在北涸者三十二。郭松林亦进击力战，破敌营之在南涸者三十五。周盛波之部队，破敌营之在麦市桥者二十三。敌遂大溃，死伤数万，河为不流，擒其酋将百余人、马五百匹、船二十艘，兵器、弹药、粮食称是。自是顾山以西无敌踪，淮军大振。六月，吴江敌将望风降。

程学启率水陆万余人，与铭传谋复苏州。进破花径港，降其守将，屯潍亭。七月，李鸿章自将，克复太湖厅，向苏州进发，先使铭传攻江阴。敌之骁将陈坤书，与湖南、湖北、山东四大股十余万众，并力来援。鸿章、铭传亲觇敌势，见其营垒大小棋列，西自江滨，东至山口，乃定部署猛进攻之。敌抵抗甚力，相持未下。既而城中有内变者，开门纳降，江阴复。

时程学启别屯苏州附近，连日力战，前后凡数十捷，敌垒之在宝带桥、五龙桥、蠡口、黄埭、浒关、王瓜泾、十里亭、虎丘、观音庙者十余处，皆陷。而郭松林之军亦大捷于新塘桥，斩伪王二名，杀伤万余人，夺船数百艘，敌水军为之大衰。李秀成痛愤流涕，不能自胜，自是淮军威名震天下。

敌军大挫后，李秀成大举图恢复，使其部将纠合无锡、溧阳、宜兴等处众八万余，船千余只，出运河口，而自率精锐数千据金匮援苏州，互相策应，与官军连战，互有胜败。十月十九日（二年），李鸿章亲督军，程学启、戈登为先锋，进迫苏州城，苦战剧烈，遂破其外郭。秀成及谭绍光等引入内城，死守不屈。既而官军水陆并进，合围三面，城中粮尽，众心疑惧。其裨将部云官等，猜疑携贰，遂通款于程学启，乞降。于是学启与戈登亲乘轻舸造城北之阳澄湖，与云官等面订降约，使杀秀成、绍光以献，许以二品之赏。戈登为之保人，故云官等不疑。然卒不忍害秀成，乃许斩绍光而别。

李秀成微觉其谋，然事已至此，无可奈何，乃乘夜出城去（十月廿三夜）。廿四日，谭绍光以事召云官于帐中，云官乃与骁将汪有为俱，见绍光，即刺杀之，并掩击其亲军千余人，遂开门降。廿五日，云官等献绍光首，请程学启入城验视。其降酋之列衔如下：

一、纳王部云官	二、比王伍贵文
三、康王汪安均	四、宁王周文佳
五、天将军范起发	六、天将军张大洲
七、天将军汪环武	八、天将军汪有为

当时此八将所部兵在城中者尚十余万人，声势汹汹。程学启既许以总兵、副将等职，至是求如约。学启细察此八人，谓狼子野心，恐后不可制。乃与李鸿章密谋，设宴大飨彼等于坐舰，号炮一响，伏兵起而骈

戮之，并杀余党之强御者千余，余众俱降。苏州定，鸿章以功加太子少保。

先是八酋之降也，戈登实为保人。至是闻鸿章之食言也，大怒，欲杀鸿章以偿其罪，自携短铳以觅之。鸿章避之，不敢归营。数日后，怒渐解，乃止。

案　李文忠于是有惭德矣。夫杀降已为君子所不取，况降而先有约，且有保人耶？故此举有三罪焉：杀降背公理一也，负约食言二也，欺戈登负友人三也。戈登之切齿痛恨，至欲剚刃其腹以泄大愤，不亦宜乎？虽彼鉴于苗沛霖、李世忠故事，其个或有所大不得已者存，而文忠生平好用小智小术，亦可以见其概矣。

苏州之克复，实江南戡定第一关键也。先是曾国荃、左宗棠、李鸿章，各以孤军东下，深入重地，彼此不能联络策应，故力甚单而势甚危。苏州之捷，李鸿章建议统筹全局，欲乘胜进入浙地，与曾左两军互相接应，合力大举，是为官军最后结果第一得力之著。十一月，刘铭传、郭松林、李鸿章进攻无锡，拔之。擒斩其将黄子潍父子。于是鸿章分其军为三大部队：其（甲）队，自率之。（乙）队，程学启率之，入浙，拔平湖、乍浦、澉浦、海盐、嘉善，迫嘉兴府。左宗棠之军（浙军）亦进而与之策应，入杭州界，攻余杭县，屡破敌军。（丙）队，刘铭传、郭松林等率之，与常胜军共略常州，大捷，克复宜兴、荆溪，擒敌将黄靖忠。鸿章更使郭松林进攻溧阳，降之。

时敌将陈坤书，有众十余万，据常州府，张其翼以捣官军之后背。李鸿章与刘铭传当之，敌军大盛，官军颇失利。坤书又潜兵迂入江苏腹地，出没江阴、常熟、福山等县，江阴、无锡戒严，江苏以西大震。李鸿章乃使刘铭传独当常州方面，而急召郭松林弃金坛，昼夜疾赴，归援苏州。又使李鹤章急归守无锡，杨鼎勋、张树声率别军扼江阴之青阳、焦阴，断敌归路。时敌军围常熟益急，苦战连日，仅支。又并围无锡，李鸿章婴壁固守几殆。数日，郭松林援军至，大战破敌，围始解。松林以功授福山镇总兵。

先是程学启围嘉兴（此年正月起）极急，城中守兵，锋锐相当，两军死伤枕藉。二月十九日，学启激励将士，欲速拔之，躬先陷阵，越浮桥，肉薄梯城。城上敌兵死守，弹丸如雨，忽流弹中学启左脑仆。部将刘士奇见之，立代主将督军，先登入城。士卒怒愤，勇气百倍。而潘鼎新、刘秉璋等亦水陆交进，遂拔嘉兴。

程学启被伤后，卧疗数旬。遂不起，以三月十日卒，予谥忠烈，李鸿章痛悼流涕。

嘉兴府之克复也，杭州敌焰大衰，遂以二月二十三日[1]，敌大队乘夜自北门脱出。左军以三月二日入杭州城，至是苏军（李军）与浙军（左军）之连络全通，势始集矣。

程学启之卒也，鸿章使其部将王永胜、刘士奇分领其众，与郭松林会，自福山镇进击沙山，连战破之。至三河口，斩获二万人。鸿章乃督诸军合围常州使刘铭传击其西北，破之；郭松林攻陈桥渡大营，破之；张树声、周盛波、郑国槐等袭河边敌营廿余，皆破之。败军溃走，欲还入城，陈坤书拒之，故死城下者不可胜数。三月廿二日，李军进迫常州城，以大炮及炸药轰城，城崩数十丈，选死士数百人，梯以登。陈坤书骁悍善战，躬率悍卒出战拒之，修补缺口，官军死者数百人。鸿章愤怒，督众益治攻具，筑长围，连日猛攻，两军创钜相当。经十余日，李鸿章自督阵，刘铭传、郭松林、刘士奇、王永胜等，身先士卒，奋战登城，敌始乱。陈坤书犹不屈，与其将费天将共率悍党，叱咤巷战，松林遂力战擒坤书，天将亦为盛波所擒。铭传大呼传令，投兵器降者赦之，立降万余，官军死者亦千数。常州遂复，时四月六日也。至是江苏军

① 十九日嘉兴克复。

（李军）与金陵军（曾军）之联络全通，江苏全省中，除金陵府城内，无一敌踪矣。

自同治元年壬戌春二月，李鸿章率八千人下上海，统领淮军、常胜军，转斗各地，大小数十战，始于松江，终于嘉兴、常州，凡两周岁，至同治三年甲子夏四月，平吴功成。

案　李鸿章平吴大业，固由淮军部将骁勇坚忍，而其得力于华尔、戈登者实多，不徒常胜军之战胜攻取而已。当时李秀成智勇绝伦，军中多用西式枪炮，程、刘、郭、周、张、潘诸将，虽善战，不过徒恃天禀之勇谋，而未晓新法之作用。故淮军初期，与敌相遇，屡为所苦。李鸿章有鉴于是，故诸将之取法常胜军利用其器械者亦不少焉。而左宗棠平浙之功，亦得力于法国将官托格比、吉格尔之徒甚多。本朝之绝而复续，盖英法人大有功焉。彼等之意，欲借以永保东亚和平之局，而为商务之一乐园也。而岂料其至于今日，犹不先自振，而将来尚恐不免有 Great revolution 在其后乎。

先是曾国荃军水陆策应，围金陵既已二稔，至甲子正月，拔钟山之石垒，敌失其险，外围始合，内外不通，粮道已绝，城中食尽。洪秀全知事不可为，于四月二十七日饮药死，诸将拥立其子洪福，当时官军尚未之觉。朝旨屡命李鸿章移江苏得胜之师助剿金陵，曾国荃以为城贼既疲，粮弹俱尽，歼灭在即，耻借鸿章之力，而李鸿章亦不愿分曾之功，深自抑退，乃托言盛暑不利用火器，固辞不肯进军。朝廷不喻鸿章之旨，再三敦促，国荃闻之，忧愤不自胜，乃自五月十八日起，日夜督将士猛攻地保城[①]，遂拔之。更深穿地道，自五月三十至六月十五，隧道十余处皆成。乃严戒城外各营，各整战备，别悬重赏募死士，约乘缺以

① 即龙膊子，山阴之坚垒，险要第一之地也。

先登。

时李秀成在金陵，秀全死后，号令一出其手。秀成知人善任，恩威并行，人心服之，若子于父。五月十五日秀成自率死士数百人，自太平门缺口突出，又别遣死士数百冒官兵服式，自朝阳门突出，冲入曾营，纵火哗噪。时官军积劳疲惫，战力殆尽，骤遇此警，几于瓦解兽散，幸彭毓橘诸将率新兵驰来救之，仅乃获免。

六月十六日，正午，隧道内所装火药爆裂，万雷轰击，天地为动，城壁崩坏廿余丈。曾军将叱咤奋登，敌兵死抗，弹丸如雨，外兵立死者四百余人。众益奋发，践尸而过，遂入城。李秀成至是早决死志，以所爱骏马赠幼主洪福，使出城遁，而秀成自督兵巷战，连战三日夜，力尽被擒，敌大小将弁战死焚死者三千余人。城郭宫室连烧三日不绝，城中兵民久随洪氏者男女十余万人，无一降者。自咸丰三年癸丑，秀全初据金陵，至是凡十二年始平。

案　李秀成真豪杰哉！当存亡危急之顷，满城上下，命在旦夕，犹能驱役健儿千数百，突围决战，几歼敌师。五月十五日之役，曾军之不亡，天也。及城已破，复能以爱马救幼主，而慷慨决死，有国亡与亡之志。虽古之大臣儒将，何以过之。项羽之乌骓不逝，文山之漆室无灵，天耶人耶？吾闻李秀成之去苏州也，苏州之民，男女老幼，莫不流涕。至其礼葬王有龄，优恤败将降卒，俨然有文明国战时公法之意焉。金陵城中十余万人，无一降者，以视田横之客五百人，其志同，其事同，而魄力之大，又百倍之矣，此有史以来战争之结局所未曾有也。使以秀成而处洪秀全之地位，则今日之域中，安知为谁家之天下耶！秀成之被擒也，自六月十七日至十九日凡三日间，在站笼中慷慨吮笔，记述数万言。虽经官军删节，不能备传，而至今读之，犹凛凛有生气焉。呜呼！刘兴骂项，成败论人，今日复谁肯为李秀成扬伟业发幽光者？百年而后，自有定评，后之良史，岂有所私。虽然，物竞天择，适者生存，曾、左、李亦人豪矣。

金陵克复，论功行赏。两江总督曾国藩，加太子太保衔，封世袭一等侯，浙江巡抚曾国荃、江苏巡抚李鸿章，皆封世袭一等伯，其余将帅恩赏有差。国荃之克金陵也，各方面诸将，咸嫉其功，诽谤谗言，蜂起交发，虽以左宗棠之贤，亦且不免，惟李鸿章无间言，且调护之功甚多云。

案　此亦李文忠之所以为文也，诏会剿而不欲分人功于垂成，及事定而不怀嫉妒于荐主，其德量有过人者焉。名下无虚，非苟焉已耳。

第五章
兵家之李鸿章（下）

金陵克复，兵气半消。虽然，捻乱犹在，忧未歇也。捻之起也，始于山东游民。及咸丰三年，洪秀全陷安庆、金陵，安徽全省大震，捻党乘势，起于宿州、亳州、寿州、蒙县诸地，横行皖、齐、豫一带，所到掠夺，官军不能制。其有奉命督师者，辄被逆击，屡败衄，以故其势益猖。及咸丰七年冬，其游骑遂扰及直隶之大名府等地，北京戒严。

今将捻乱初起以迄李鸿章督师以前，迭次所派平捻统帅列表如下。

人	官	任官年份	屯驻地
善禄	河南提督	咸丰三年	永城县
周天爵	钦差大臣	咸丰三年	宿州
吕贤基	工部左侍郎	咸丰三年	安徽

人	官	任官年份	屯驻地
陆应谷	河南巡抚	咸丰三年	开封府
舒兴阿	陕甘总督	咸丰三年	陈州
袁甲三	钦差大臣	咸丰三年	宿州①
英桂	河南巡抚	咸丰四年	开封府
武隆额	安徽提督	咸丰五年	亳州
胜保	钦差大臣	咸丰七年	督江北军
史荣春	提督	咸丰八年	曹州、兖州
田在田	总兵	咸丰八年	曹州、兖州
邱联恩	总兵	咸丰八年	鹿邑
朱连泰	总兵	咸丰八年	亳州
傅振邦	总兵	咸丰九年	宿州
伊兴额	都统	咸丰九年	宿州
关保	协领	咸丰九年	督河南军
德楞额	协领	咸丰九年	曹州
胜保	都统、钦差大臣	咸丰十年	督河南军，关保副之
穆腾阿	副都统	咸丰十年	安徽②
毛昶照	团练大臣	咸丰十年	河南
僧格林沁	蒙古亲王	咸丰十年	
曾国藩	钦差大臣	同治三年	

庚申之役，文宗北狩热河，捻党乘之，侵入山东，大掠济宁。德楞额与战，大败。始以蒙古科尔沁亲王僧格林沁督师追蹑诸捻，号称骁勇。同治二年，发党诸酋陈得才、蓝成昌、赖文光等合于捻。捻酋张总愚、任柱、牛落江、陈大喜等各拥众数万，出没于山东、河南、安徽、湖北各州县，来往倏忽，如暴风疾雨，不可捉摸，官军疲于奔命。同治

① 周天爵卒，代之。
② 副袁甲三。

三年九月，捻党一股入湖北，大掠襄阳、随州、京山、德安、应山、黄州、蕲州等处。舒保战死，僧王之师屡溃。僧王之为人，勇悍有余而不学无术，军令太不整肃，所至淫掠残暴，与发、捻无异，以故湖北人民大失望。

其时金陵新克复，余党合于捻者数万人，又转入河南、山东，掠城市。四年春，僧王锐意率轻骑，追逐其酋，一日夜驰三百里，至曹州，部下多怨叛。四月廿五日，遂中捻首之计，大败，力战堕马死，朝廷震悼。忽以曾国藩为钦差大臣，督办直隶、山东、河南军务，而命李鸿章署理两江总督，为国藩粮运后援。

先是官军之剿捻也，惟事追蹑，劳而无功，间讲防堵，则弥缝一时耳。要之，无论为攻为守，非苟且姑息以养敌锋，则躁进无谋以钝兵力，未尝全盘打算，立一定之方略，以故劳师十五年，而无所成。自曾国藩受事以后，始画长围圈制之策，谓必蹙敌一隅，然后可以聚歼。李鸿章秉承之，遂定中原。

曾国藩，君子人也，常兢兢以持盈保泰急流勇退自策厉。金陵已复，素志已偿，便汲汲欲自引退。及僧王之亡，捻氛迫近京畿，情形危急，国藩受命于败军之际，义不容辞，遂强起就任。然以为湘军暮气渐深，恐不可用，故渐次遣撤，而惟用淮军以赴前敌。盖国藩初拜大命之始，其意欲虚此席以待李鸿章之成功，盖已久矣。及同治五年十二月，遂以疾辞，而李鸿章代为钦差大臣。国藩回江督本任，筹后路粮饷。

鸿章剿捻方略，以为捻贼已成流寇，逼之不流，然后会师合剿，乃为上策。明孙传庭谓剿流寇当驱之于必困之途，取之于垂死之日，如但一彼一此，争胜负于矢石之间，即胜亦无关于荡平。鸿章即师此意。故四年十一月，曾奏称须蹙之于山深水复之处，弃地以诱其入，然后合各省之兵力，三四面围困之。后此大功之成，实由于是。

其年五月，任柱、赖文光等大股深入山东。鸿章命潘鼎新、刘铭传尽力追蹑，欲蹙之于登莱海隅，然后在胶莱咽喉，设法扼逼，使北不得窜入畿疆，南不得蔓延淮南。六月，亲督师至济宁，相度形势，以为任、赖各股，皆百战之余，兼游兵散勇裹胁之众，狡猾剽悍，未可易视，若兵力未足兜围，而迫之过紧，画地过狭，使其窥破机关，势必急图出窜，稍纵即逝，全局又非。于是定策先防运河以杜出路，次扼胶莱以断咽喉。乃东抚丁宝桢，一意欲驱贼出境，于鸿章方面，颇多龃龉。

七月，敌军突扑潍河，东省守将王心安方防驻戴庙，任敌偷渡，而胶莱之防遂溃。是时蜚谤屡起，朝廷责备綦严，有罢运防之议。鸿章覆奏，以为运河东南北三面，贼氛来往窜扰，官军分路兜逐，地方虽受蹂躏，然受害者不过数府县之地，驱过运西，则数省流毒无穷。同是疆土，同是赤子，而未便歧视也。乃坚持前议，不少变。十月十三日，刘铭传在安丘、潍县之交，大战获胜。二十四日，追至赣榆，铭传与马步统将善庆力战，阵毙任柱，于是东捻之势大衰。

二十八日，潘鼎新海州上庄一战，毙悍贼甚伙。十一月十一二日，刘铭传、唐仁廉等在潍县寿光抄击一昼夜，敌众心携，投降遂多。郭松林、杨鼎勋、潘鼎新继之，无战不捷。至二十九日，铭传、松林、鼎勋等，蹑追七十里，至寿光弥河间，始得接仗。战至十数回合，又追杀四十余里，斩获几三万人，敌之精锐器械、骡马辎重抛尽。鸿章奏报中，谓军士回老营者，臣亲加拊慰，皆饥惫劳苦，面无人色。赖文光在弥河败后，落水未死，复纠合千余骑，冲出六塘河防。黄翼升、刘秉璋、李昭庆等，水陆马步，衔尾而下，节节追剿，只剩数百骑，逼入高室水乡。鸿章先派有统带华字营淮勇之吴毓兰，在扬州运河扼守。诸军戮力，前截后追，十二月十一日，毓兰生擒文光。东捻悉平，东、苏、皖、豫、鄂五省，一律肃清。

鸿章奏捷后，附陈所属诸军剿捻以来，驰逐数省，转战终年，日行百里，忍饥耐寒，忧谗畏讥，多人生未历之苦境。刘铭传、刘秉璋、周盛波、潘鼎新、郭松林、杨鼎勋，皆迭乞开缺，请稍为休养，勿调远役，并以刘铭传积劳致病，代为请假三月。乃七年正月，西捻张总愚大股，忽由山右渡河北窜，直逼畿辅。京师大震。初七、初八日，叠奉寄谕饬催刘铭传、善庆等马步各营，迅赴河北进剿。鸿章以铭传疾病，正在假期，不忍遽调，乃率周盛波、盛传马步十一营，潘鼎新鼎字全军，及善庆、温德克勒西马队，陆续进发，由东阿渡河。饬郭松林、杨鼎勋整饬大队，随后继进。

西捻之役，有较东捻更难图功者，一则黄河以北，平坦千里，无高山大河以限之。张总愚狡猾知兵，窜扰北地平原，掳马最多，飙忽往来，瞬息百里，欲设长围以困之，然地势不合，罗网难施。且彼鉴于任、赖覆辙，一闻围扎，立即死力冲出，不容官军闲暇，次第施工，此一难也，二则淮军全部，皆属南人，渡河以北，风气悬殊，南勇性情、口音，与北人均不相习，且谷食、面食，习惯不同，而马队既单，麸料又缺，此二难也。鸿章乃首请饬行坚壁清野之法，以为“前者任、赖捻股，流窜中原数省，畏墟寨甚于畏兵。豫东淮北，民气强悍，被害已久，逐渐添筑墟寨，到处与城池相等，故捻逆一过即走，不能久停。近年惟湖北、陕西，被扰最甚，以素无墟寨，等办不及，赋得盘旋饱掠，其势愈张。直、晋向无捻患，民气朴懦，未能筑寨自守。张总愚本极狡猾，又系穷寇，南有黄河之阻，必致纵横驰突，无处不流，百姓惊徒蹂躏，讵有已时，可为浩叹。（中略）自古用兵，必以彼此强弱饥饱为定衡。贼未必强于官军，但彼马多而我马少，自有不相及之势；彼可随地掳粮，我须随地购粮，贼常饱而兵常饥，又有不能及之理。今欲绝贼粮，断贼马，惟有苦劝严谕河北绅民，赶紧坚筑墟寨，一有警信，收粮草牲畜于内，既自固其身家，兼以制贼死命”云云。西捻之平，实赖于是。

四月，奏请以刘铭传总统前敌各军，温旨敦促起行。使淮军与直、东民团，沿黄河运河，筑长墙浚壕以蹙敌。拣派各军，轮替出击，更番休息，其久追疲乏须暂休息之军，即在运河东岸择要屯驻，俟敌窜近，立起迎击，以剿为防。又派张曜、宋庆分扎夏津、高唐一带，程文炳扎陵县、吴桥一带，为运防遮护。左宗棠亦派刘松山、郭宝昌等军，自连镇北至沧州一带减河东岸分扎，与杨鼎勋等军就近策应。布置略定，然后进剿。

五月，捻股窜向西北，各军分投拦击，迭次获胜。鸿章乃趁黄河伏泛盛涨时，缩地围扎，以运河为外围，而就恩县、夏津、高唐之马颊河，截长补短，划为里圈，逼贼西南，层层布置。五六月间，各军迭次大捷，敌势蹙衰，降散渐多。六月十九至二十二等日，乘胜尾追，每战皆捷。二十三日，张总愚涉水，向西南逃窜。二十四日，由平原向高唐。二十五日，潘鼎新追百二十里，冒雨至高唐，敌已向博平、清平一带，图扑运河。而官军早于马颊河西北岸筑长墙数百里，足限戎马。敌方调知已入彀中，窜地愈狭，死期近矣。是时各军已久追疲乏，鸿章乃派刘铭传生力马军助战，军势大振。二十八日，将敌圈在徒骇黄运之间，铭传调集马步迎击，追剿数里，值郭松林东来马步全军，拦住去路，又兼河道分歧，水溜泥陷，刘、郭两军马队，五六千人，纵横合击，擒斩无算。张总愚仅带数十骑北逃，旋自沉于河以死。西捻肃清，中原平。八月，李鸿章入觐京师。

鸿章之用兵也，谋定后动，料敌如神，故在军中十五年，未尝有所挫衄。虽曰幸运，亦岂不以人事耶？其剿发也，以区区三城之立足地，仅一岁而荡平全吴。其剿捻也，以十五年剽悍之劲敌，群帅所束手无策者，亦一岁而歼之，盖若有天授焉。其待属将也，皆以道义相交，亲爱如骨肉，故咸乐为用命，真将将之才哉。虽然，李鸿章兵事之生涯，实与曾国藩相终始，不徒荐主之感而已，其平吴也，由国藩统筹大局，肃清上流，曾军合围金陵，牵制敌势，故能使李秀成疲于奔命，有隙可乘。其平捻也，一承国藩所定方略，而所以千里馈粮士有宿饱者，又由有良江督在其后，无狼顾之忧也。不宁惟是，鸿章随曾军数年，砥砺道义，练习兵机，盖其一生立身行己耐劳任怨坚忍不拔之精神，与其治军驭将推诚布公团结士气之方略，无一不自国藩得之，故有曾国藩然后有李鸿章。其事之父母，敬之如神明，不亦宜乎！

第六章
洋务时代之李鸿章

洋务之治绩

北洋海陆兵力

李鸿章办理洋务失败之由

“洋务”二字，不成其为名词也。虽然，名从主人，为李鸿章传，则不得不以“洋务”二字总括其中世二十余年之事业。

李鸿章所以为一世俗儒所唾骂者以洋务，其所以为一世鄙夫所趋重者亦以洋务，吾之所以重李责李而为李惜者亦以洋务。谓李鸿章不知洋务乎？中国洋务人士，吾未见有其比也。谓李鸿章真知洋务乎？何以他国以洋务兴，而吾国以洋务衰也？吾一言以断之，则李鸿章坐知有洋务，而不知有国务，以为洋人之所务者，仅于如彼云云也。今试取其平定发、捻以后，日本战事以前，所办洋务各事，列表如下：

设外国语言文字学馆于上海	同治二年正月
设江南机器制造局于上海	同治四年八月
设机器局于天津	同治九年十月
筹通商日本并派员往驻	同治九年闰十二月

拟在大沽设洋式炮台	同治十年四月
挑选学生赴美国肄业	同治十一年正月
请开煤、铁矿	同治十一年五月
设轮船招商局	同治十一年十一月
筹办铁甲兵船	光绪元年十一月
请遣使日本	光绪元年十一月
请设洋学局于各省,分格致测算、舆图、火轮机器、兵法、炮法、化学、电学诸门,择通晓时务大员主之;并于考试功令稍加变通,另开洋务进取一格	光绪元年十二月
派武弁往德国学水陆军械技艺	光绪二年三月
派福建船政生出洋学习	光绪二年十一月
始购铁甲船	光绪六年二月
设水师学堂于天津	光绪六年七月
设南北洋电报	光绪六年八月
请开铁路	光绪六年十二月
设开平矿务商局	光绪七年四月
创设公司船赴英贸易	光绪七年六月
招商接办各省电报	光绪七年十一月
筑旅顺船坞	光绪八年二月
设商办织布局于上海	光绪八年四月
设武备学堂于天津	光绪十一年五月
开办漠河金矿	光绪十三年十二月
北洋海军成军	光绪十四年
设医学堂于天津	光绪二十年五月

以上所列李鸿章所办洋务，略具于是矣。综其大纲，不出二端：一曰军事，如购船、购械、造船、造械、筑炮台、缮船坞等是也；二曰商务，如铁路、招商局、织布局、电报局、开平煤矿、漠河金矿等是也。其间有兴学堂、派学生游学外国之事，大率皆为兵事起见，否则以供交涉翻译之用者也。李鸿章所见西人之长技，如是而已。

海陆军事，是其生平全力所注也。盖彼以善战立功名，而其所以成功，实由与西军杂处，亲睹其器械之利，取而用之。故事定之后，深有见。夫中国兵力，平内乱有余，御外侮不足，故兢兢焉以此为重，其眼光不可谓不加寻常人一等，而其心力之瘁于此者亦至矣。计中日战事以前，李鸿章手下之兵力，大略如下：

北洋海军兵力表 表一

分职 队别	船名	船式	吨数	马力	速力	炮数	船员	进水年份
主战舰队	定远	铁甲	七三三五	六〇〇〇	十四点五	二二	三三〇	光绪八年（一八八二年）
	镇远	铁甲	七三五五	六〇〇〇	十四点五	二二	三三〇	光绪八年（一八八二年）
	经远	铁甲	二九〇〇	三〇〇〇	十五点五	十四	二〇二	光绪十三年（一八八七年）
	来远	铁甲	二九〇〇	五〇〇〇	十五点五	十四	二〇二	光绪十三年（一八八七年）
防守舰队	致远	巡洋	二三〇〇	五五〇〇	十八	二三	二〇二	光绪十二年（一八八六年）
	靖远	巡洋	二三〇〇	五五〇〇	十八	二三	二〇二	光绪十二年（一八八六年）
	济远	巡洋	二三〇〇	五五〇〇	十八	二三	二〇三	光绪九年（一八八三年）

分职 队别	船名	船式	吨数	马力	速力	炮数	船员	进水年份
防守舰队	平远	巡洋	二二〇〇	一五〇〇	十四点五	十一		
	超勇	巡洋	一三五〇	二四〇〇	十五	十八	一三〇	光绪七年 （一八八一年）
	扬威	巡洋	一三五〇	二四〇〇	十五点五	十八	一三〇	光绪七年 （一八八一年）
	镇东	炮船	四四〇	三五〇	八	五	五五	光绪五年 （一八七九年）
	镇西	炮船	四四〇	三五〇	八	五	五五	光绪五年 （一八七九年）
	镇南	炮船	四四〇	四四〇	八	五	五五	光绪五年 （一八七九年）
	镇北	炮船	四四〇	四四〇	八	五	五五	光绪五年 （一八七九年）
	镇中	炮船	四四〇	七五〇	八	五	五五	光绪七年 （一八八一年）
	镇边	炮船	四四〇	八四〇	八	五	五五	光绪七年 （一八八一年）
练习舰	康济	炮船	一三〇〇	七五〇	九点五	十一	一二四	光绪七年 （一八八一年）
	威远	炮船	一三〇〇	八四〇	十二	十一	一二四	光绪三年 （一八七七年）
补助舰	泰安	炮船	一二五八	六〇〇	十	五	一八〇	光绪二年 （一八七六年）
	镇海	炮船	九五〇	四八〇	九	五	一〇〇	同治十年 （一八七一年）
	操江	炮船	九五〇	四〇〇	九	五	九一	同治五年 （一八六五年）
	湄云	炮船	五八七	四〇〇	九	四	七〇	同治八年 （一八六九年）

附水雷船 表二

船名	船式	吨数	速力
左队一号	一等水雷	一〇八	二四
左队二号	一等水雷	一〇八	一九
左队三号	一等水雷	一〇八	一九
右队一号	一等水雷	一〇八	一八
右队二号	一等水雷	一〇八	一八
右队三号	一等水雷	一〇八	一八

直隶淮军练勇表

当中日战事时代，直隶淮军练勇二万余人，其略如下：

表三

军队	营数	人数	将领	驻地
盛　军	十八	九〇〇〇	卫汝贵	小站
铭　军	十二	四〇〇〇	刘盛休	大连湾
毅　军	十	四〇〇〇	宋　庆	旅顺口
芦防淮勇	四	二〇〇〇	叶志超　聂士成	芦台北塘、山海关
仁字虎勇	五	二五〇〇	聂士成	营口

合计四十九营二万五千人之间

李鸿章注全副精神以经营此海陆二军，自谓确有把握。光绪八年，法越肇衅之时，朝议饬筹畿防，鸿章覆奏，有“臣练军简器，十余年于兹，徒以经费太绌，不能尽行其志，然临敌因应，尚不至以孤注贻君父忧”等语。其所以自信者，亦可概见矣。何图一旦，中日战开，艨艟楼舰，或创或夷，或以资敌，淮军练勇，屡战屡败，声名一旦扫地以尽。所余败鳞残甲，再经联军津沽一役，随罗荣光、聂士成同成灰烬。于是直隶总督北洋大臣三十年所蓄所养所布画，烟消云散殆如昨梦。及于李之死，而其所摩抚卵翼之天津，尚未收复。呜呼！合肥合肥，吾知公之不瞑于九原也。

至其所以失败之故，由于群议之掣肘者半，由于鸿章之自取者亦半。其自取也，由于用人失当者半，由于见识不明者亦半。彼其当大功既立、功名鼎盛之时，自视甚高，觉天下事易易耳。又其裨将故吏，昔共患难，今共功名，徇其私情，转相汲引，布满要津，委以重任，不暇问其才之可用与否。以故临机偾事，贻误大局，此其一因也。又惟知练兵，而不知有兵之本原；惟知筹饷，而不知有饷之本原，故支支节节，终无所成，此又其一因也。下节更详论之。

李鸿章所办商务亦无一成效可睹者，无他，官督商办一语，累之而已。中国人最长于商，若天授焉。但使国家为之制定商法，广通道路，保护利权，自能使地无弃财，人无弃力，国之富可立而待也。今每举一商务，辄为之奏请焉，为之派大臣督办焉，即使所用得人，而代大匠斫者，固未有不伤其手矣。况乃奸吏舞文，视为利薮，凭挟狐威，把持局务，其已入股者安得不寒心，其未来者安得不裹足耶？故中国商务之不兴，虽谓李鸿章官督商办主义为之厉阶可也。

吾敢以一言武断之曰，李鸿章实不知国务之人也。不知国家之为何物，不知国家与政府有若何之关系、不知政府与人民有若何之权限，不知大臣当尽之责任。其于西国所以富强之原，茫乎未有闻焉，以为吾中国之政教文物风俗，无一不优于他国，所不及者，惟枪耳、炮耳、船耳、铁路耳、机器耳，吾但学此，而洋务之能事毕矣。此近日举国谈时务者所异口同声，而李鸿章实此一派中三十年前之先辈也。是所谓无颜效西子之颦，邯郸学武陵之步，其适形其丑，终无所得也，固宜。

虽然，李鸿章之识，固有远过于寻常人者矣。尝观其同治十一年五月覆议制造轮船未可裁撤折云：

臣窃惟欧洲诸国，百十年来，由印度而南洋，由南洋而中国，闯入边界腹地，凡前史所未载，亘古所未通，无不款关而求互市。我皇上如天之度，概与立约通商，以牢笼之，合地球东西南朔九万里之遥，胥聚于中国，此三千余年一大变局也。西人专恃其枪炮、轮船之精利，故能横行于中土，中国向用之器械，不敌彼等，是以受制于西人。居今日而曰攘夷，日驱逐出境，固虚妄之论，即欲保和局守疆土，亦非无具而能保守之也。（中略）士大夫囿于章句之学，而昧于数千年来一大变局，狃于目前苟安，而遂忘前二三十年之何以创巨而痛深，后千百年之何以安内而制外，此停止轮船之议所由起也。臣愚以为国家诸费皆可省，惟养兵设防、练习枪炮、制造兵轮之费万不可省。求省费则必屏除一切，国无与立，终不得强矣。

光绪元年，因台湾事变筹画海防折云：

兹总理衙门陈请六条。目前当务之急，与日后久远之图，业经综括无遗，洵为救时要策。所未易猝办者，人才之难得，经费之难筹，畛域之难化，故习之难除。循是不改，虽日事设防，犹画饼也。然则今日所急，惟在力破成见，以求实际而已。何以言之？历代备边，多在西北，其强弱之势，主客之形，皆适相埒，且犹有中外界限。今则东南海疆万余里，各国通商传教，往来自如，麇集京师，及各省腹地，阳托和好之名，阴怀吞噬之计，一国生事，诸国构煽，实惟数千年来未有之变局。轮船、电报之速，瞬息千里，军器、机事之精，工力百倍，又为数千年来未有之强敌。外患之乘，变幻如此，而我犹欲以成法制之，譬如医者疗疾，不问何症，概投之以古方，诚未见其效也。庚申以后，夷势骎骎内向，薄海冠带之伦，莫不发愤慷慨，争言驱逐。局外之訾议，既不悉局中之艰难，及询以自强何术，御侮何能，则茫然靡所依据。臣于洋务，涉历颇久，闻见较广，于彼己长短相形之处，知之较深。而环顾当世饷、力、人才实有未逮，又多拘于成法，牵于众议，虽欲振奋而末由。《易》曰：“穷则变，变则通。”盖不变通则战守皆不足恃，而和亦不可久也。

又云：

近时拘谨之儒，多以交涉洋务为浼人之具；取巧之士，又以引避洋务为自便之图。若非朝廷力开风气，破拘挛之故习，求制胜之实际，天下危局，终不可支，日后乏才，且有甚于今日者。以中国之大，而无自强自立之时，非惟可忧，抑亦可耻。

由此观之，则李鸿章固知今日为三千年来一大变局，固知狃于目前之不可以苟安；固尝有意于求后千百年安内制外之方，固知古方不以医新症；固知非变法维新，则战守皆不足恃；固知畛域不化，故习不除，则事无一可成；甚乃知日后乏才，且有甚于今日，以中国之大，而永无自强自立之时。其言沉痛，吾至今读之，则泪涔涔其承睫焉。夫以李鸿章之忠纯也若彼，其明察也若此，而又久居要津，柄持大权，而其成就乃有今日者何也？则以知有兵事而不知有民政，知有外交而不知有内治，知有朝廷而不知有国民。日责人昧于大局，而己于大局。先自不明；日责人畛域难化、故习难除，而己之畛域故习，以视彼等，犹不过五十步与百步也。殊不知今日世界之竞争，不在国家而在国民。殊不知泰西诸国所以能化畛域除故习布新宪致富强者，其机恒发自下而非发自上。而求其此机之何以能发，则必有一二先觉有大力者，从而导其辕而鼓其锋，风气既成，然后因而用之，未有不能济者也。李鸿章而不知此不忧此则亦已耳，亦既知之，亦既忧之，以彼之地位，彼之声望，上之可以格君心以臂使百僚，下之可以造舆论以呼起全国，而惜乎李之不能也。吾故曰：“李之受病，在不学无术。”故曰：“为时势所造之英雄，非造时势之英雄也。”

虽然，事易地而殊，人易时而异。吾辈生于今日，而以此大业责李，吾知李必不任受。彼其所谓局外之訾议不知局中之艰难，言下盖有余病。援《春秋》责备贤者之义，李固咎无可辞，然试问今日四万万人中，有可以 Cast the first stone 之资格者，几何人哉？吾虽责李，而必不能为所谓拘谨之儒取巧之士囿于章句狃于目前者，稍宽其罪，而又决不许彼辈之随我而容喙也。要而论之，李鸿章不失为一有名之英雄，所最不幸者，以举国之大，而无所谓无名之英雄，以立乎其后，故一跃而不能起也。吾于李侯之遇，有余悲焉耳。

自此章以后，李鸿章得意之历史终，而失意之历史方始矣。

第七章
中日战争时代之李鸿章

中日战事祸胎

李鸿章先事之失机

大东沟之战

平壤之战

甲午九十月以后大概情形

致败之由

李鸿章之地位及责任

中国维新之萌蘖，自中日之战生；李鸿章盖代之勋名，自中日之战没。惜哉！李鸿章以光绪十九年，七十赐寿，既寿而病，病而不死，卒遇此变，祸机重叠，展转相缠，更阅八年之至艰极险殊窘奇辱，以死于今日。彼苍者天，前之所以宠此人者何以如是其优，后之所以厄此人者何以如是其酷耶？吾泚笔至此，不禁废书而叹也。

中日之战，起于朝鲜，推原祸始，不得不谓李鸿章外交遗恨也。朝鲜本中国藩属也。初同治十一年，日本与朝鲜有违言，日人遣使问于中国，盖半主之邦，其外交当由上国主之，公法然也。中国当局以畏事之故，遽答之曰："朝鲜国政，我朝素不与闻，听贵国自与理论可也。"日本遂又遣使至朝鲜，光绪元年正月，与朝鲜订立和约，其第一条云，日本以朝鲜为自主之国，与日本之本系自主者相平等云云，是为日本与朝鲜交涉之嚆矢。光绪五年，英、美、德、法诸国，相继求互市于朝，朝人惊皇，踌躇不决。李鸿章乃以函密劝其太师李裕元，令与各国立约，其奏折谓借此以备御俄人牵制日本云云。光绪六年，驻日使臣何如璋，致书总理衙门，倡主持朝鲜外交之议，谓中国当于朝鲜设驻扎办事大臣。李鸿章谓若密为维持保护，尚觉进退绰如，倘显然代谋，在朝鲜未必尽听吾言，而各国或将惟我是问，他日势成骑虎，深恐弹丸未易脱手云云。光绪八年十月，侍读张佩纶复奏请派大员为朝鲜通商大臣，理其外交之政。鸿章覆奏，亦如前议。是则鸿章于属邦无外交之公法，知之未悉，徒贪一时之省事，假名器以畀人，是实千古之遗恨也。自兹以往，各国皆不以中国藩属待朝鲜也久矣。光绪十一年，李鸿章与伊藤博文在天津订约，载明异日朝鲜有事，中日两国欲派兵往，必先互行知照。于是朝鲜又似为中日两邦公同保护之国，名实离奇，不可思议。后此两国各执一理，轇轕清，酿成大衅，实基于是，而其祸本不得不谓外交遗策胎之，此为李鸿章失机第一事。

光绪二十年三月，朝鲜有东学党之乱，势颇猖獗。时袁世凯驻朝鲜，为办理商务委员。世凯者，李鸿章之私人也，屡致电李，请派兵助剿，复怂恿朝王来乞师。鸿章遂于五月初一日派海军“济远”“扬威”二舰赴仁川、汉城护商，并调直隶提督叶志超带淮勇千五百人向牙山，一面遵依《天津条约》，先照会日本，日本随即派兵前往。至五月十五日，日兵到仁川者已五千。韩廷大震，请中国先行撤兵以谢日本。中国不允，乃与日本往复会商一齐撤兵之事，盖是时乱党已解散矣。日本既发重兵，有进无退，乃议与中国同干预朝鲜内政，助其变法，文牍往来，词意激昂，战机伏于眉睫间矣。

是役也，在中国之意，以为藩属有乱，卑词乞援，上国有应代靖乱之责任，故中国之派兵是也；在日本之意，则以既认朝鲜为自主，与万国平等，今中国急派兵而代平等之国靖乱，其意不可测，故日本之派兵以相抵制，亦是也。此二国者，各执一说，咸曲彼而直我，皆能持之有故，言之成理焉。但其中有可疑者，当未发兵之先也，袁世凯屡电称乱党猖獗，韩廷绝不能自平，其后韩王乞救之咨文，亦袁所指使，乃何以五月初一日始发兵，而初十日已有乱党悉平之报？其时我军尚在途中，与乱党风马牛不相及，然则朝乱之无待于代剿明矣。无待代剿，而我无端发兵，安得不动日本之疑耶？故我谓曲在日本，日本不任受也。论者谓袁世凯欲借端以邀战功，故张大其词，生此波澜，而不料日本之蹑其后也。果尔，则是以一念之私，遂至毒十余万之生灵，隳数千年之国体。袁固不能辞其责，而用袁听袁者，不谓失知人之明哉？此为李鸿章失机第二事。

日本屡议协助干预而华不从，中国屡请同时撤兵而日不允。李鸿章与总理衙门，方日冀俄、英出为调处。北京、伦敦、圣彼得堡，函电纷驰，俄、英亦托必为出力，冀获渔人之利。迁延经日，战备未具。及五月下旬，而日本之兵调到韩境者已万余人矣。平时兵力，既已不能如人，而临时战备，又复著著落后，使敌尽扼要冲，主客易位，盖未交绥而胜负之数已见矣。此为李鸿章失机第三事。

三机既失，战事遂开。六月十二日，李鸿章奉廷寄筹战备。乃派总兵卫汝贵统盛军马步六营进平壤，提督马玉昆统毅军二千进义州，分起由海道至大东沟登岸，而饬叶志超军移扎平壤，皆淮军也。所派往各兵，雇英商三轮船分运，而以“济远”“广丙”二兵轮卫之。廿五晨为日兵轮袭击，“济远”管带方伯谦，见敌近，惶恐匿铁甲最厚处，继遭日炮毁其柁，即高悬白旗，下悬日旗，逃回旅顺。“高升”击沉，我军死者七百余。二十七日，布告各国，饬驻日公使汪凤藻撤旗归国。二十九日，牙山失守，叶志超退回平壤，捏报胜仗，称于二十五六七等日，迭次歼毙倭兵五千余人，得旨赏给军士银二万两，将弁保奖者数十人焉。自兹以往，海军、淮军之威望，始渐失坠矣。

方五六月间，日本兵船麇集朝鲜，殆如梭织。而各华舰避匿于威海卫，逍遥河上，迨京外交章参劾，始佯遣偏师，开出口外，或三十里而止，或五十里而止，大抵启碇出口，约历五六点钟，便遽回轮，即飞电北洋大臣，称某船巡逻至某处，并无倭兵踪迹云云。种种情形，可笑可叹。八月初旬，北洋叠接军电，请济师以壮声威。遂以招商局船五艘，载运兵丁、银、米，以海军兵舰护送，凡铁甲船、巡洋船各六艘，水雷船四艘，合队同行。中秋日，安抵鸭绿江口。五运船鼓轮直入，浅水兵船及水雷船与之偕，余舰小住于离江十里或十六里之地，炉中之煤未熄也。十六日晨，瞭见南方黑烟缕缕，知日舰将至。海军提督丁汝昌，传令列阵作“人”字形，“镇远”“定远”两铁舰为“人”字之首，“靖远”“来远”“怀远”“经远”“致远”“济远”“超勇”“扬威”“广甲”“广丙”及水雷船，张“人”字之两翼，兼以号旗招鸭绿江中诸战船悉出助战。俄而敌舰渐近，列阵作“一”字营，向华军猛扑，共十一艘，其巡洋船之速率，过于华军。转瞬间又易而为太极阵，裹“人”字于其中。华舰先开巨炮以示威，然距日船者九里，不中宜也。炮声未绝，敌船麇至，与“定远”“镇远”相去恒六里许，盖畏重甲而避重炮，且华炮之力不能及，日兵之弹已可至也；与“人”字阵末二舰相逼较近，欺炮略小而甲略薄也。有顷，日舰圈入“人”字阵脚，“致远”“经远”“济远”三艘，皆被挖出圈外。“致远”失群后，船身叠受重伤，势将及溺，其管带邓世昌，开足汽机，向日舰飞驰，欲撞与同沉，未至而已覆溺，舟中二百五十人，同时殉难。盖中日全役，死事者以邓君为最烈云。其同时被圈出之“经远”，船群甫离，火势陡发，管带林永升，发炮以攻敌，激水以救火，依然井井有条。遥见一日舰，似已受伤，即鼓轮追之，乃被放水雷相拒，闪避不及，遂被轰裂，死难者亦二百七十人，呜呼惨矣！至管带“济远”之方伯谦，即七月间护送“高升”至牙山，途遇日舰逃回旅顺者也。是日两阵甫交，方伯谦先挂本船已受重伤之旗，以告主将，旋因图遁之故，亦被日船划出圈外。致经两船，与日苦战，方伯谦置而不顾，如丧家狗，遂误至水浅处，时“扬威”铁甲先已搁浅，不能转动，“济远”撞之，裂一大穴，遂之沉没。“扬威”遭此横逆，死者百五十余人。方伯谦惊骇欲绝，飞遁入旅顺口。越日李鸿章电令缚伯谦军前正法云。同时效方伯谦者有“广甲”一舰，逃出阵外，未知其受伤与否，然以只防后追，不顾前路，遂误撞于岛石，为日军发水雷轰碎之。阵中自“经远”“致远”“扬威”“超勇”沉，“济远”“广甲”逃，与日舰支持者仅七艘耳。是役也，日舰虽或受重伤，或遭小损，然未丧一艘，而华军之所丧盖五船矣。

海军既在大东沟被夷，陆军亦在平壤同时失事。平壤为朝鲜要镇，西、南、东三面，均有大江围绕，北面则枕崇山，城倚山崖，城东江水，绕山南迤西而去，西北隅则无山无水，为直达义州之孔道。我军叶志超、聂桂林、丰升阿、左宝贵、卫汝贵、马玉昆六将，共统勇丁三十四营，自七月中会齐此地，皆李鸿章部下也。当中国之初发兵于牙山也，副将聂士成曾建议以为当趁日兵未入韩地之先，先以大兵渡鸭绿江，速据平壤，而以海军舰队扼仁川港口，使日本军舰不得逞，牙山成欢之兵，与北洋海军，既牵制日军，然后以平壤大军南袭韩城云云，李鸿章不能用。及七月廿九日，牙山败绩，此策遂废。

虽然，日兵之入韩也，正当溽暑铄金之时，道路险恶狭隘，行军非常艰险，又沿途村里贫瘠，无从因粮。韩人素慑我威，所至供给，呼应云动，其待日兵则反是。故敌军进攻平壤之际，除干粮之外，无所得食，以一匙之盐供数日云。当此之时，我军若晓兵机，乘其劳惫，出奇兵以迎袭之，必可获胜。乃计不出此，惟取以主待客、以逸待劳之策，恃平壤堡垒之坚，谓可捍敌，此失机之大者也。李鸿章于八月十四日所下令，精神全在守局而不在战局，盖中日全役，皆为此精神所误也。

时依李鸿章之部署，马玉昆率所部毅军四营绕出江东，为犄角势。卫、丰二军十八营驻城南江岸，左军六营守北山城上，叶聂两帅居城中。十二三四等日，日兵已陆续齐集平壤附近。互相挑战，彼此损伤不多。至十五日晚，敌部署已定，以右翼队陷大同江左岸桥里之炮台，更渡江以冲平壤之正面，而师团长本队为其后援；以左翼队自羊角岛下渡大同江，冲我军之右。十六日，在大同江岸与马军相遇剧战，敌军死伤颇多，炮台卒被陷。时左宝贵退守牡丹台，有七响之毛瑟枪及快炮等，鏖战颇力，敌军连发开花炮，宝贵负伤卒，兵遂大乱。午后四点半钟，叶志超急悬白旗，乞止战。是夜全师纷纷宵遁，从义州、甑山两路，为敌兵截杀，死者二千余人，平壤遂陷。

是役也，李鸿章二十余年所练之兵，以劲旅自夸者，略尽矣。中国军备之弛，固久为外国所熟知，独淮军、奉军、正定练军等，素用洋操，鸿章所苦心经营者，故日本慑其威名，颇惮之。既战胜后，其将领犹言非始愿所及也。其所以致败之由，一由将帅阘冗非人，其甚者如卫汝贵克扣军饷，临阵先逃，如叶志超饰败为胜，欺君邀赏，以此等将才临前敌，安得不败！一由统帅六人，官职权限皆相等，无所统摄，故军势散涣，呼应不灵。盖此役为李鸿章用兵败绩之始，而淮军声名，亦从此扫地以尽矣。

久练之军，尚复尔尔，其他仓卒新募，纪律不谙，器械不备者，更何足道。自平壤败绩以后，庙算益飘摇无定，军事责任，不专在李鸿章一人，兹故不详叙之，仅列其将帅之重要者如下：

一	依克唐阿	奉天将军	满洲马队	以光绪二十年八月派为钦差大臣
二	宋庆	提督	新募军	以光绪二十年□□月派总统前敌各军
三	吴大澂	湖南巡抚	湘军	以光绪二十年十二月派为帮办军务大臣
四	刘坤一	两江总督	湘军	以光绪二十年十二月派为钦差大臣

其余先后从军者，则有承恩公桂祥（慈禧太后之胞弟）、副都统秀吉之神机营马步兵；按察使陈湜、布政使魏光焘、道员李光久、总兵刘树元、编修曾广钧、总兵余虎恩、提督熊铁生等之湘军；按察使周馥、提督宗德胜等之淮军；副将吴元恺之鄂军；提督冯子材之粤勇；提督苏

元春之桂勇；郡王哈咪之回兵；提督闪殿魁新募之京兵；提督丁槐之苗兵；侍郎王文锦，提督曹克忠，奉旨团练之津胜军；某蒙员所带之蒙古兵。其间或归李鸿章节制，或归依克唐阿节制，或归宋庆节制，或归吴大澂节制，或归刘坤一节制，毫无定算，毫无统一，识者早知其无能为役矣。

九连城失，凤凰城失，金州失，大连湾失，岫岩失，海城失，旅顺口失，盖平失，营口失，登州失，荣城失，威海卫失，刘公岛失。海军提督丁汝昌以北洋败残兵舰，降于日本，于是中国海陆兵力遂尽。兹请更将李鸿章生平最注意经营之海军，重列一表，以志末路之感。

船名	船式	结局	地点
经远	铁甲船	沉	黄海
致远	钢甲船	沉	黄海
超勇	钢甲船	沉	黄海
扬威	钢甲船	火	黄海
捷顺	水雷船	夺	大连湾
失名	水雷船	沉	旅顺口外
操江	木质炮船	夺	丰岛中
来远	铁甲船	沉	威海卫
威远	练习船	沉	威海卫
龙福	水雷船	夺	刘公岛外
靖远	钢甲船	沉	刘公岛外
定远	铁甲船	降	刘公岛中
镇远	铁甲船	降	刘公岛中
平远	铁甲船	降	刘公岛中
济远	钢甲船	降	刘公岛中
威远	木质船	降	刘公岛中

其余尚有“康济”“湄云”之木质小兵船，“镇北”“镇边”“镇西”

"镇中"之四蚊子船，又水雷船五，炮船三，凡刘公岛湾内或伤或完之船，大小二十三艘，悉为日有。其中复有广东水师之"广甲""广丙""广乙"三船，或沉或降，自兹以往，而北洋海面数千里，几不复有中国之帆影轮声矣。

当中日战事之际，李鸿章以一身为万矢之的，几于身无完肤，人皆欲杀。平心论之，李鸿章诚有不能辞其咎者。其始误劝朝鲜与外国立约，昧于公法，咎一。既许立约，默认其自主，而复以兵干涉其内乱，授人口实，咎二。日本既调兵，势固有进无退，而不察先机，辄欲倚赖他国调停，致误时日，咎三。聂士成请乘日军未集之时，以兵直捣韩城以制敌，而不能用，咎四。"高升"事未起之前，丁汝昌请以北洋海军先鏖敌舰，而不能用，遂令反客为主，敌坐大而我愈危。综其原因，皆由不欲衅自我开，以为外交之道应尔，而不知当甲午五六月间，中日早成敌国，而非友邦矣，误以交邻之道施诸兵机，咎五。鸿章将自解曰："量我兵力不足以敌日本，故惮于发难也。"虽然，身任北洋，整军经武二十年，何以不能一战？咎六。彼又将自解曰："政府掣肘，经费不足也。"虽然，此不过不能扩充已耳，何以其所现有者，如叶志超、卫汝贵诸军，素以久练著名，亦脆弱乃尔，且克减口粮盗掠民妇之事，时有所闻，乃并纪律而无之也？咎七。枪或苦窳，弹或赝物，弹不对枪，药不随械，谓从前管军械局之人皆廉明，谁能信之？咎八。平壤之役，军无统帅，此兵家所忌，李乃蹈之，咎九。始终坐待敌攻，致于人而不能致人，畏敌如虎，咎十。海军不知用快船快炮，咎十一。旅顺天险，西人谓以数百兵守之，粮食苟足，三年不能破，乃委之于所亲昵阘冗恇怯之人，闻风先遁，咎十二。此皆可以为李鸿章罪者。若夫甲午九十月以后，则群盲狂吠，筑室道谋，号令不出自一人，则责备自不得归于一点，若尽以为李鸿章咎，李固不任受也。

又岂惟不任受而已，吾见彼责李罪李者，其可责可罪，更倍蓰于李而未有已也。是役将帅无一人不辱国，不待言矣。然比较于百步、五十步之间，则海军优于陆军，李鸿章部下之陆军，又较优于他军也。海军大东沟一役，彼此鏖战五点余钟，西人观战者咸啧啧称赞焉。虽其中有如方伯谦之败类[①]，然余船之力斗者，固可以相偿，即敌军亦起敬也。故日本是役，惟海军有敌手，而陆军无敌手。及刘公岛一役，食尽援绝，降敌以全生灵，殉身以全大节，盖前后死难者，邓世昌、林泰增、丁汝昌、刘步蟾、张文宣，虽其死所不同，而咸有男儿之概，君子愍之。诸人者皆北洋海军最要之人物也，以视陆军之全无心肝者何如也？陆军不忍道矣。然平壤之役，犹有左宝贵、马玉昆等一二日之剧战，是李鸿章部下之人也，敌军死伤相当云。其后欲恢复金州、海域、凤凰城等处，及防御盖平，前后几度，皆曾有与日本苦战之事，虽不能就，然固已尽力矣，主之者实宋庆，亦李鸿章旧部也。是固不足以偿叶志超、卫汝贵、黄仕林、赵怀业、龚照玙等之罪乎，虽然，以比诸吴大澂之出劝降告示，未交锋而全军崩溃者何如？以视刘坤一之奉命专征，逗留数月不发者何如？是故，谓中国全国军旅皆腐败可也，徒归罪于李鸿章之淮军不可也。而当时盈廷虚憍之气，若以为一杀李鸿章，则万事皆了，而彼峨冠博带、指天画地者，遂可以气吞东海，舌撼三山，盖湘人之气焰尤咻咻焉。此用湘军之议所由起也。乃观其结局，岂惟无以过淮军而已，又更甚焉。嘻，可以愧矣。吾之为此言，非欲为淮军与李鸿章作冤词也。吾于中日之役，固一毫不能为李淮恕也，然特患夫虚憍嚣张之徒，毫无责任，而立于他人之背后，摭其短长以为快谈，而迄未尝思所以易彼之道，盖此辈实亡国之利器也。李固可责，而彼辈又岂能责李之人哉？

是役也，李鸿章之失机者固多，即不失机，而亦必无可以幸胜之理。盖十九世纪下半世纪以来，各国之战争，其胜负皆可于未战前决之。何也？世运愈进于文明，则优胜劣败之公例愈确定。实力之所在，

---

① 或谓伯谦实为救火保船，海军兵机当尔云。

即胜利之所在，有丝毫不能假借者焉。无论政治、学术、商务，莫不皆然，而兵事其一端也。日本三十年来，刻意经营，上下一心，以成此节制敢死之劲旅，孤注一掷以向于我，岂无所自信而敢乃尔耶？故及其败然后知其所以败之由，是愚人也，乃或及其败而犹不知其致败之由，是死人也。然则徒罪李鸿章一人，乌乎可哉？

西报有论者曰："日本非与中国战，实与李鸿章一人战耳。"其言虽稍过，然亦近之。不见乎各省大吏，徒知画疆自守，视此事若专为直隶、满洲之私事者然，其有筹一饷出一旅以相急难者乎？即有之，亦空言而已。乃至最可笑者，刘公岛降舰之役，当事者致书日军，求放还广丙一舰，书中谓此舰系属广东，此次战役，与广东无涉云云。各国闻者，莫不笑之，而不知此语实代表各省疆臣之思想者也。若是乎，日本果真与李鸿章一人战也。以一人而战一国，合肥合肥，虽败亦豪哉！

自是而李鸿章兵事上之声誉终，而外交上之困难起。

第八章 外交家之李鸿章（上）

李鸿章之负重望于外国也以外交，李鸿章之负重谤于中国也亦以外交。要之李鸿章之生涯，半属外交之生涯也，欲断定其功罪，不可不以外交为最大之公案，故于此事特留意焉。

李鸿章办外交，以天津教案为首。时值发、捻初平，内忧甫弭，无端而有津民戕教焚法国领事馆之事起（同治九年）。法人借端要挟，联英、美以迫政府，其欲甚奢。曾国藩方任直隶总督，深察此事之曲在我，而列国蹊田夺牛手段，又非可以颟顸对付也。乃曲意弥缝，镇压津民，正法八人，议罪二十余人。而法人之心犹未餍，必欲重索赔款，且将天津知府、知县置诸重典。国藩外之应付西人，已极竭蹶，而内之又为京师顽固党所掊击，呼为卖国贼[1]，白简纷纭，举国欲杀。于是通商大臣崇厚，恐事决裂，请免国藩而以鸿章代之。明诏敦促赴任，是为李鸿章当外交衡要之滥觞，实同治九年八月也。

彼时之李鸿章，殆天之骄子乎，顺风张帆，一日千里，天若别设一位置以为其功名之地。当其甫受任督直隶也，普法之战顿起，法人仓皇自救，不复他及，而欧美各国亦复奔走相顾，且汗且喘，以研究西方之大问题，而此东方小问题，几莫或措意。于是天津教案，遂消沉于若有若无之间。中国当时之人，无一知有世界大局者，以普法一役如此惊天动地之大事，固咸熟视无睹，以为是李鸿章之声望韬略，过于曾国藩万万也，于是鸿章之声价顿增。

天津教案以后，日本战事以前，李鸿章所办交涉事件以十数，而其关系最重者，为法国安南之役，日本朝鲜之役。光绪八年，法国有事于安南，眈眈逐逐，思大有所逞。与中国既定约，而复借端毁弃之，于是中法战事开。法水师提督格鲁比，预定战略，其海军先夺海南，次踞台湾，直捣福州，歼我舰队；其陆军则自越之东京，出略云南、贵州。如是，则水陆两者必大有所获，将来东方权力，可以与英国争衡。于是格鲁比一面电达本国，请给军需并增派军队，一面乘福州之无备，轰我船厂，坏我兵船，一面以陆军迫东京。当时南方之天地，大有风云惨淡之观。李鸿章乃行伐谋伐交之策，思嗾英、德以牵制法人。时曾纪泽方充英使，受命办此事，虽未能成，而法政府因之有所顾忌，增兵筹饷之案，在议院否决。格鲁比时方攻台湾之淡水不能下，安南之陆兵，又为黑旗军所持，不得行其志，忽接此案否决之报，大愤几死，法人乃先请和于我。李鸿章此役以后，其外交手段，始为欧人所注视矣。

当法事之方殷也，朝鲜京城又有袭击日本使馆之事，盖华兵、韩兵皆预有谋焉。朝鲜之为藩属为自主，久已抗议于中日两国间。轇轕未

① 京师湖广会馆将国藩匾落拔除摧烧，即此时也。

定，日本乘我多事之际，派伊藤博文来津交涉。及方到而法人和局已就，李鸿章本有一种自大之气，今见虎狼之法，尚且帖耳就范，蕞尔日本，其何能为？故于伊藤之来也，傲然以临之。彼伊藤于张、邵议和之时，私语伍廷芳，谓前在天津见李中堂之尊严，至今思之犹悸，盖得意时泄宿憾之言也。伊藤此行，亦不能得志，仅约他日朝鲜有事，甲国派兵往，须先照会乙国而已，所谓《天津条约》者是也。虽然，此约竟为后此中日开衅之引线矣。

李鸿章对朝鲜之外交，种种失策，前章已言之矣。然因此之故，《天津条约》遂至变为《马关条约》。呜呼！庄生有言："其作始也简，其将毕也巨。"善弈者每于至闲之著，断断不肯放过。后有当此局者，可无慎欤。战事至甲午之冬，中国舍求和外，更无长策。正月，乃派张荫桓、邵友濂讲于日本。日本以其人微言轻也，拒不纳，乃更派李鸿章。二月遂行，随带参赞李经方等，以二十四日抵马关，与日本全权大臣伊藤博文、陆奥宗光开议。翌日首议停战条件，日本首提议以大沽、天津、山海关三处为质，辩论移时，不肯少让，乃更议暂搁停战之议，即便议和。伊藤言："既若尔则须将停战之节略撤回，以后不许再提及。"彼此磋磨未决。及二十八日，第三次会议，归途中，突遇刺客，以枪击鸿章，中左颧，枪子深入左目下，一晕几绝。日官闻警来问状者络绎不绝，伊藤、陆奥亦躬诣慰问，谢罪甚恭，忧形于色。日皇及举国臣民，同深震悼，遂允将中国前提出之停战节略画押。口舌所不能争者，借一枪子之伤而得之。于是议和前一节，略有端绪。当遇刺之初，日皇遣御医、军医来视疾，众医皆谓取出枪子，创乃可瘳，但须静养多日，不劳心力云。鸿章慨然曰："国步艰难，和局之成，刻不容缓，予焉能延宕以误国乎？"宁死无割。刺之明日，或见血满袍服，言曰："此血所以报国也。"鸿章潸然曰："舍予命而有益于国，亦所不辞。"其慷慨忠愤之气，君子敬之。

遇刺后得旨慰劳，并派李经方为全权大臣，而李鸿章实一切自行裁断，虽创剧偃卧，犹口授事机，群医苦之。三月初七日，伊藤等将所拟和约底稿交来。十一日，李备覆文，将原约综其大纲，分四款：一朝鲜自主，二让地，三兵费，四通商权利。除第一朝鲜自主外，余皆极力驳议。十五日，复另拟一约底送去，即拟请赔兵费一万万两，割奉天南四厅县地方等，日本亦条条驳斥。十六日，伊藤等又备一改定约稿寄来，较前稍轻减，即《马关条约》之大概也。是日鸿章创已愈，复至春帆楼与日本全权大臣面议。刻意磋磨，毫无让步。惟有声明若能于三年内还清偿款，则一律免息，及威海卫驻兵费，减一半耳。今将其条约全文列下：

大日本帝国大皇帝陛下，及大清帝国大皇帝陛下，为订定和约，俾两国及其臣民，重修平和，共享幸福，且杜绝将来纷纭之端，大日本帝国大皇帝陛下，特简大日本帝国全权办理大臣内阁总理大臣从二位勋一等伯爵伊藤博文、大日本帝国全权办理大臣外务大臣从二位勋一等子爵陆奥宗光，大清帝国大皇帝陛下，特简大清帝国钦差头等全权大臣太子太傅文华殿大学士北洋通商大臣直隶总督一等肃毅伯爵李鸿章，大清帝国钦差全权大臣二品顶戴前出使大臣李经方，为全权大臣，彼此较阅所奉谕旨，认明均属妥实无阙，会同议定各条款，开列于左：

第一款　中国认明朝鲜国确为完全无缺之独立自主，故凡有亏损独立自主体制，即如该国向中国所修贡献典礼等，嗣后全行废绝。

第二款　中国将管理下开地方之权，并将该地方所有堡垒、军器工厂及一切属公物件，永远让与日本。

一、下开划界以内之奉天省南边地方，从鸭绿江口，溯该江以抵安平河口，又从该河口，划至凤凰城、海城及营口而止。画成折线以南地方，所有前开各城市邑，皆包括在划界线内。该线抵营口之辽河后，即顺流至海口止。彼此以河中心为分界。辽东湾东岸，及黄海北岸，在奉天所属诸岛屿，亦一并在所让界内。

二、台湾全岛，及所有附属各岛屿。

三、澎湖列岛，即英国格林尼次东经百十九度起，至百二十度止，及北纬二十三度起，至二十四度之间诸岛屿。

第三款　前款所载，及黏附本约之地图。所划疆界，俟本约批准互换之后，两国应各选派官员二名以上，为公同划定疆界委员，就地踏勘，确定划界。若遇本约所订疆界，于地形或治理所关，有碍难不便等情，各该委员等当妥为参酌更定。各该委员等，当从速办理界务，以期奉委之后，限一年竣事。但遇各该委员等，有所更定画界，两国政府，未经认准以前，应据本约所定画界为正。

第四款　中国约将库平银二万万两，交与日本，作为赔偿军费。该款分作八次交完，第一次五千万两，应在本约批准互换后六个月内交清；第二次五千万两，应在本约批准互换后十二个月内交清；余款平分六次，递年交纳，其法列下：第一次平分递年之款，于两年内交清，第二次于三年内交清，第三次于四年内交清，第四次于五年内交清，第五次于六年内交清，第六次于七年内交清，其年分均以本约批准互换之后起算。又第一次赔款交清后，未经交完之款，应按年加每百抽五之息。但无论何时，将应赔之款，或全数，或几分，先期交清，均听中国之便。如从条约批准互换之日起，三年之内，能全数清还，除将已付利息，或两年半，或不及两年半，于应付本银扣还外，余仍全数免息。

第五款　本约批准互换之后，限二年之内，日本准中国让与地方人民，愿迁居让与地方之外者，任便变卖所有产业，退去界外。但限满之后，尚未迁徙者，均宜视为日本臣民。又台湾一省，应于本约批准互换后，两国立即各派大员至台湾，限于本约批准互换后两个月内交接清楚。

第六款　日中两国，所有约章，因此次失和，自属废绝。中国约俟本约批准互换之后，速派全权大臣，与日本所派全权大臣，会同订立通商行船条约，及陆路通商章程。其两国新订约章，应以中国与泰西各国现行约章为本。又本约批准互换之日起，新订约章未经实行之前，所有日本政府官吏臣民，及商业工艺行船船只陆路通商等，与中国最为优待之国，礼遇护视，一律无异。中国约将下开让与各款，从两国全权大臣画押盖印日起，六个月后，方可照办。

第一，现今中国已开通商口岸之外，应准添设下开各处，立为通商口岸，以便日本臣民，往来侨寓，从事商业、工艺制作。所有添设口岸，均照向开通商海口，或向开内地镇市章程，一体办理。应得优例及利益等，亦当一律享受。一、湖北省荆州府沙市；二、四川省重庆府；三、江苏省苏州府；四、浙江省杭州府。日本政府，得派遣领事官于前开各口驻扎。

第二，日本轮船，得驶入下开各口，附搭行客，装运货物。一、从湖北省宜昌溯长江以至四川省重庆府；二、从上海驶进吴淞江及运河，以至苏州府、杭州府。日中两国，未经商定行船章程以前，上开各口行船，务依外国船只，驶入中国内地水路，现行章程照行。

第三，日本臣民，在中国内地，购买经工货件，若自生之物，或将进口商货，运往内地之时，欲暂行存栈，除勿庸输纳税钞、派征一切诸费外，得暂租栈房存货。

第四，日本臣民，得在中国通商口岸城邑，任便从事各项工艺制造，又得将各项机器，任便装运进口，只交所订进口税。日本臣民，在中国制造一切货物，其于内地运送税、内地税、钞课杂派，以及在中国内地，沾及寄存栈房之益，即照日本臣民，运入中国之货物，一体办理。至应享优例豁除，亦莫不相同。嗣后如有因以上加让之事，应增章程规条，即载入本款所称之行船通商条约内。

第七款　日本军队，现驻中国境内者，应于本约批准互换之后三个月内撤回，但须照次款所定办理。

第八款　中国为保明认真实行约内所订条款，听允日本军队，暂行占守山东省威海卫。又于中国将本约所订第一、第二两次赔款交清，通商行船约章，亦经批准互换之后，中国政府，与日本政府，确定周全妥善办法，将通商口岸关税，作为剩款并息之抵押，日本可允撤回军队。倘中国政府，不即确定抵押办法，则未经交清末次赔款之前，日本应不允撤回军队；但通商行船约章，未经批准互换以前，虽交清赔款，日本仍不撤回军队。

第九款　本约批准互换之后，两国应将是时所有俘虏，尽数交还。中国约将由日本所还俘虏，并不加以虐待，若或置于罪戾。中国约将认为军事间谍，或被嫌逮系之日本臣民，即行释放。并约此次交仗之间，所有关涉日本军队之中国臣民，概予宽贷，并饬有司不得擅为逮系。

第十款　本约批准互换日起，应按兵息战。

第十一款　本约奉大日本帝国大皇帝陛下，及大清帝国大皇帝陛下，批准之后，定于明治二十八年五月初八日，即光绪二十一年四月十四日，在烟台互换。

观李鸿章此次议和情状，殆如春秋齐国佐之使于晋，一八七〇年法爹亚士之使于普。当戎马压境之际，为忍气吞声之言，旁观尤为酸心，况鸿章身历其境者。回视十年前天津定约时之意气，殆如昨梦。嗟乎！应龙入井，蝼蚁困人，老骥在枥，驽骀目笑，天下气短之事，孰有过此者耶？当此之际，虽有苏张之辩，无所用其谋，虽有贲育之力，无所用其勇，舍卑词乞怜之外，更有何术？或者以和议之速成为李鸿章功，固非也，虽无鸿章，日本亦未有不和者也。而或者因是而丛诟于李之一身，以为是秦桧也，张邦昌也，则盍思使彼辈处李之地位，其结局又将何如矣？要之，李之此役，无功焉，亦无罪焉。其外交手段，亦复英雄无用武之地。平心论之，则李之误国，在前章所列失机之十二事，而此和议，不过其十二事之结果，无庸置论者也。

第九章
外交家之李鸿章（下）

三国代索辽东

中俄密约

李鸿章历聘欧洲

任外交官时代

胶州之役

旅顺大连威海广州湾九龙之役

李鸿章出总署

十九世纪之末，有中东一役，犹十八世纪之末，有法国革命也。法国革命，开出十九世纪之欧罗巴，中东一役，开出二十世纪之亚细亚。譬犹红日将出，鸡乃先鸣，风雨欲来，月乃先晕，有识者所能预知也。当中日未战以前，欧人与华人之关系，不过传教通商二事。及战后数年间，而其关系之紧密，视前者骤增数倍。至今日，则中国之一举一动，皆如与欧人同体相属，欲分而不能分矣。此其故由于内治之失政者半，由于外交之无谋者亦半。君子读十年来中外交涉史，不禁反面掩袖涕涔涔下也。

战事之前，中国先求调停于英俄，此实导人以干涉之渐也。其时日人屡言东方之事，愿我东方两国自了之，无为使他国参与其间。顾我政府蓄愤已甚，不能受也，惟欲嗾欧人以力胁日本。俄使回言：“俄必出力，然今尚非其时。”盖其处心积虑，相机以逞，固早有成算矣。乙未三月，李鸿章将使日本，先有所商于各国公使。俄使喀希尼曰：吾俄能以大力拒日本，保全中国疆土，惟中国必须以军防上及铁路交通上之利便以为报酬。李乃与喀希尼私相约束，盖在俄使馆密议者数日夜云。欧力东渐之机，盖伏于是。

当时中国人欲借欧力以拒日者，不独李鸿章而已，他人殆有甚焉。张之洞时署江督，电奏争和议曰：若以赂倭者转而赂俄，所失不及其半，即可转败为胜。恳请饬总署及出使大臣，与俄国商订密约，如肯助我攻倭，胁倭尽废全约，即酌量画分新疆之地以酬之，许以推广商务。如英肯助我，报酬亦同约，云云。当时所谓外交家者，其眼光手段，大率类是，可叹。

马关定约，未及一月，而俄国遂有与德、法合议逼日本还我辽东之事。俄人代我取辽，非为我计，自为计也。彼其视此地为己之势力范围，匪伊朝夕，故决不欲令日本得鼾睡于其卧榻之侧也。故使我以三十兆两代彼购还辽东于日本之手，先市大恩于我，然后徐收其成。俄人外交手段之巧，真不可思议。而李鸿章一生误国之咎，盖未有大于是者。李鸿章外交之历史，实失败之历史也。

还辽事毕，喀希尼即欲将前此与李私约者，提出作为公文，以要求于总署。值物议沸腾，皇上大怒，鸿章罢职，入阁闲居，于是暂缓其请，以待时机。丙申春间，有俄皇加冕之事，各国皆派头等公使往贺。中国亦循例派遣，以王之春尝充唁使，故贺使即便派之。喀希尼乃抗言曰：皇帝加冕，俄国最重之礼也，故从事斯役者，必国中最著名之人，有声誉于列国者方可。王之春人微言轻，不足当此责。可胜任者，独李中堂耳。于是乃改派李为头等公使。喀希尼复一面贿通太后，甘诱威迫，谓还辽之义举，必须报酬，请假李鸿章以全权议论此事。而李鸿章请训时，太后召见至半日之久，一切联俄密谋，遂以大定。

李鸿章抵俄京圣彼得堡，遂与俄政府开议喀希尼所拟草约底稿。及加冕之期已近，往俄旧都墨斯科，遂将议定书画押。当其开议也，俄人避外国之注目，不与外务大臣开议，而使户部大臣当其冲。遂于煌煌巨典万宾齐集之时，行明修栈道暗度陈仓之计。而此关系地球全局之事，遂不数日而取决于樽俎之间矣。俄人外交手段之剽悍迅疾，真可羡可畏哉。时丙申四月也。

密约之事，其办订极为秘密，自中俄两国当事之数人外，几于无一知者。乃上海《字林西报》，竟于李鸿章历聘未归之时，得其密约原文，译录以登报上，盖闻以重金购之于内监云。其全文如下：

大清国大皇帝前于中日肇衅之后，因奉大俄罗斯国大皇帝仗义各节，并愿将两国边疆及通商等事，于两国互有益者，商定妥协，以固格外和好，是以特派大清国钦命督办军务处王大臣为全权大臣，会同大俄罗斯国钦差出使中国全权大臣一等伯爵喀，在北京商定将中国之东三省火车道接连俄国西卑里亚省之火车道，以冀两国通商往来迅速，沿海边防坚固，并议专条以答代索辽东等处之义。

第一条　近因俄国之西卑里亚火车道竣工在即，中国允准俄国将该火车道一由俄国海参崴埠续造至中国吉林珲春城，又向西北续至吉林省城止；一由俄国境某城之火车站续造至中国黑龙江之爱珲城，又向西北续至齐齐哈尔省城，又至吉林伯都讷地方，又向东南续造至吉林省城止。

第二条　凡续造进中国境内黑龙江及吉林各火车道，均由俄国自行筹备资本，其车道一切章程，亦均依俄国火车章程，中国不得与闻。至其管理之权，亦暂行均归俄国，以三十年为期。过期后，准由中国筹备资本估价将该火车道并一切火车机器厂房屋等赎回，惟如何赎法，容后再行妥酌。

第三条　中国现有火车路拟自山海关续造至奉天盛京城，由盛京接续至吉林。倘中国日后不便即时造此铁路者，准由俄国备资由吉林城代造，以十年为期赎回。至铁路应由何路起造，均照中国已勘定之道接续至盛京并牛庄等处地方止。

第四条　中国所拟续造之火车道，自奉天至山海关、至牛庄、至盖平、至金州、至旅顺口以及至大连湾等处地方，均应仿照俄国火车道，以期中俄彼此来往通商之便。

第五条　以上俄国自造之火车道所经各地方，应得中国文武官员照常保护，并应优待火车道各站之俄国文武各官，以及一切工匠人等。惟由该火车道所经之地，大半荒僻，犹恐中国官员不能随时保护周详，应准俄国专派马步各兵数队驻扎各要站，以期妥护商务。

第六条　自造成各火车道后，两国彼此运进之货，其纳税章程，均准同治元年二月初四日中俄陆路通商条约完纳。

第七条　黑龙江及吉林长白山等处地方所产五金之矿，向有禁例，不准开挖。自此约定后，准俄国以及本国商民随时开采，惟须应先行禀报中国地方官具领护照，并按中国内地矿务条程，方准开挖。

第八条　东三省虽有练军，惟大半军营仍系照古制办理。倘日后中国欲将各省全行改仿西法，准向俄国借请熟悉营务之武员来中国整顿一切，其章程则与两江所请德国武员条程办理无异。

第九条　俄国向来在亚细亚洲无周年不冻之海口，一时该洲若有军务，俄国东海以及太平洋水师，诸多不便，不得随时驶行。今中国因鉴于此，是以情愿将山东省之胶州地方暂行租与俄国，以十五年为限。其俄国所造之营房、栈房、机器厂、船坞等类，准中国于期满后估价备资买入。但如无军务之急，俄国不得即时屯兵据要，以免他国嫌疑。其赁租之款，应得如何办理，日后另有附条酌议。

第十条　辽东之旅顺口以及大连湾等处地方，原系险要之处，中国极应速为整顿各事，以及修理各炮台等诸要务，以备不虞。既立此约，则俄国允准将此二处相为保护，不准他国侵犯，中国则允准将来永不能让与他国占踞。惟日后如俄国忽有军务，中国准将旅顺口及大连湾等处地方，暂行让与俄国水陆军营泊屯于此，以期俄军攻守之便。

第十一条　旅顺口、大连湾等处地方，若俄国无军务之危，则中国自行管理，与俄国无涉。惟东三省火车道，以及开挖五金矿诸务，准于换约后即时便宜施行。俄国文武官员以及商民人等所到之处，中国官员理应格外优待保护，不得阻滞其游历各处地方。

第十二条　此约奉两国御笔批准后，各将条约照行。除旅顺口、大连湾及胶州诸款外，全行晓谕各地方官遵照。将来换约，应在何处，再行酌议。自画押之日起以六个月为期。

《中俄密约》以前为一局面，《中俄密约》以后为一局面。盖近年以来，列国之所以取中国者，全属新法：一曰借租地方也，二曰某地不许让与他国也，三曰代造铁路也，而其端皆自此密约启之。其第九条借租胶州湾，即后此胶威广旅大之嚆矢也。其第十条旅顺大连不许让与他人，即各国势力范围之滥觞也。而铁路一端，断送祖宗发祥之地，速西伯利亚大路之成，开各国觊觎纷争之渐者，固无论矣。呜呼！牵一发，动全身，合九州，铸大错，吾于此举，不能为李鸿章恕焉矣。

或曰，此约由太后主之，督办军务处王大臣赞之，非鸿章本意云。虽然，墨斯科草约，定于谁氏之手乎？此固万无能为讳者也！自此约原文既登报章后，各国报馆，电书纷驰，疑信参半，无论政府、民间，莫不惊心动色。鸿章游历欧洲时，各国交相诘问，惟一味支吾搪塞而已。其年七月，墨斯科画押之草约，达北京，喀希尼直持之以与总署交涉。皇上与总署，皆不知有此事，愕怒异常，坚不肯允。喀希尼复贿通太后，甘言法语，诱胁万端。太后乃严责皇上，直命交督办军务处速办，不经由总理衙门。西历九月三十日，皇上挥泪批准密约。

李鸿章之贺俄加冕也，兼历聘欧洲，皆不过交际之常仪，若其有关于交涉者，则定密约与议增税两事而已。中国旧税则，凡进口货物，值百抽五。此次以赔款之故，欲增至值百抽七五。首商诸俄国，俄允之。次商诸德、法，德、法云待英国取进止。既至英，与宰相沙士勃雷提议。其时英与中国之感情甚冷落，且以《中俄密约》之故，深有疑于李鸿章，沙氏乃托言待商诸上海各处商人，辞焉，此事遂无所成。

李之历聘也，各国待之有加礼，德人尤甚，盖以为此行必将大购船炮枪弹，与夫种种通商之大利，皆于是乎在。及李之去，一无所购，欧人盖大失望云。李之至德也，访俾斯麦，其至英也，访格兰斯顿，咸相见甚欢，皆十九世纪世界之巨人也。八月鸿章自美洲归国。九月十八日，奉旨在总理各国事务衙门行走。自兹以讫光绪廿四年戊戌七月，实为李鸿章专任外交时代。而此时代中，则德据胶州，俄据旅顺口、大连湾，英据威海卫、九龙，法据广州湾，实中国外交最多事、最危险之时代也。

还辽之役，倡之者俄，而赞之者德法也。俄人既结密约，得绝大无限之权利于北方，踌躇满志。法人亦于光绪廿二年春夏间，得滇缅越间之瓯脱地，又得广西镇南关至龙州之铁路，惟德国则寂寂未有所闻。廿三年春，德使向总理衙门索福建之金门岛，峻拒不许，至十月而胶州之事起。

是役也，德国之横逆无道，人人共见。虽然，中国外交官，固有不得辞其咎者。夫始而无所倚赖于人，则亦已耳，既有倚赖，则固不得不酬之。能一切不酬则亦已矣，既酬甲酬乙，则丙亦宜有以酬之。三国还辽，而惟德向隅，安有不激其愤而速其变者？不特此也，《中俄密约》中声明将胶州湾借与俄人，是俄人所得权利，不徒在东三省而直侵入山东也。方今列国竞争优胜劣败之时，他国能无妒之？是德国所以出此横逆无道之举者，亦中国有以逼之使然也。岁十月，曹州教案起，德教士被害者二人。德人闻报，即日以兵船闯进胶州湾，拔华帜，树德帜，总兵章高元掳焉。警报达总署，与德使开议。德使海靖惟威吓恐喝，所有哀乞婉商者，一切拒绝。欲乞援于他国，无一仗义责言，为我讼直者。迁延至两月有余，乃将所要挟六事，忍气吞声，一一允许，即将胶澳附近方百里之地，租与德国九十九年、山东全省铁路矿务，归德国承办等事，是也。

胶事方了，旋有一重大之波澜起焉。初李鸿章之定《马关条约》也，约以三年内若能清还，则一概免息，而前者所纳之息，亦以还我，又可省威海卫戍兵四年之费，共节省得银二千三百二十五万两。至是三年之期限将满，政府欲了此公案，议续借款于外国。廿三年十一月，俄人议承借此项，而求在北方诸省设铁路，及罢斥总税务司赫德二事。英人闻之，立与对抗，亦欲承借此项，利息较轻，而所要求者，一、监督中国财政；二、自缅甸通铁路于扬子江畔；三、扬子江一带不许让与他国；四、开大连湾为通商口岸；五、推广内地商务；六、各通商口岸皆免厘金。时总理衙门欲诺之，俄法两国忽大反对，谓若借英国款，是破列国均势之局也，日以强暴之言胁总署，总署之人，不胜其苦。正月，乃回绝各国，一概不借，而与日本商议，欲延期二十年摊还，冀稍纾此急难，不意日本竟不允许。当此之时，山穷水尽，进退无路，乃以赫德之周旋，借汇丰银行、德华银行款一千六百万镑，吃亏甚重，仅了此局。

胶州湾本为《中俄密约》圈内之地，今德国忽攫诸其怀而夺之，俄人之愤愤，既已甚矣，又遇有英德阻俄借款一事，俄人暴怒愈烈。于是光绪二十四年正二月间，俄国索旅顺、大连湾之事起。李鸿章为亲订密约之人，欲办无可办，欲诿无可诿，卒乃与俄使巴布罗福新结一约：将旅顺口、大连湾两处及邻近相连之海面，租与俄国，以二十五年为期；并准俄人筑铁路从营口、鸭绿江中间，接至滨海方便之处。

俄人既据旅顺、大连，英国借口于均势之局，遂索威海卫。时日本之赔款方清，戍兵方退，英人援俄例借租此港，二十五年为期，其条约一依旅顺、大连故事。时李鸿章与英使反复辩难，英使斥之曰：“君但诉诸俄使，勿诉诸我。俄使干休，我立干休。”李无词以对焉，狼狈之情可悯可叹。所承其半点哀怜者，惟约他日中国若重兴海军，可借威海卫泊船之一事而已。

至是而中国割地之举，殆如司空见惯浑闲事矣。当俄法与英为借款事冲突也，法人借俄之力，要求广州湾，将以在南方为海军根据地。其时英国方迫我政府开西江一带通商口岸，将以垄断利权，法人见事急，乃效德国故智，竟闯入广州湾，而后议借租之，以九十九年为期。中国无拒之之力，遂允所请。

英国又援均势之说，请租借九龙以相抵制，其期亦九十九年。定议画押之前一日，李鸿章与英使窦纳乐抗论激烈，李曰：“虽租九龙，不得筑炮台于其山上。”英使愤然拍案曰：“无多言！我国之请此地，为贵国让广州湾于法以危我香港也！若公能废广州湾之约，则我之议亦立刻撤回。”鸿章吞声饮泪而已，时光绪二十四年四月十七日也。

至五月间，尚有英俄激争之一事起，即芦汉铁路与牛庄铁路事件是也。初盛宣怀承办芦汉铁路，于廿三年三月，与比利时某公司订定借款，约以本年西正月交第一次。及德占胶州后，该公司忽渝前盟，谓非改约，则款无所出。盛宣怀与李鸿章、张之洞等商，另与结约。而新结之约不过以比利时公司为傀儡，而实权全在华俄银行之手——华俄银行者，实不啻俄国政府银行也。以此约之故，而黄河以北之地，将尽入俄国主权之内，而俄人西伯利亚之铁路，将以彼得堡为起点，以汉口为终点矣。英人大妒之，乃提议山海关至牛庄之铁路归英国承办，将以横断俄国之线路。俄公使到总署，大争拒之，英俄两国，几于开战，间不容发，而皆以中国政府为擿心。万种难题，集于外交官数人之身。其时皇上方亲裁大政，百废俱举，深恨李鸿章以联俄误国，乃以七月廿四日，诏鸿章毋庸在总理各国事务衙门行走，于时外交之风浪暂息，而李鸿章任外交官之生涯亦终矣。

案　议和团时代李鸿章之外交，于第十一章论之。

西人之论曰："李鸿章大手段之外交家也。"或曰："李鸿章小狡狯之外交家也。"夫手段狡狯，非外交家之恶德。各国并立，生存竞争，惟利是视。故西哲常言个人有道德，而国际无道德。试观列国之所称大外交家者，孰不以手段狡狯得名哉。虽然，李鸿章之外交术，在中国诚为第一流矣，而置之世界，则瞠乎其后也。李鸿章之手段，专以联某国制某国为主，而所谓联者，又非平时而结之，不过临时而嗾之，盖有一种战国策之思想，横于胸中焉。观其于法越之役，则欲嗾英德以制法，于中日之役，则欲嗾俄英以制日，于胶州之役，则又欲嗾俄英法以制德，卒之未尝一收其效，而往往因此之故，所失滋多。胶州、旅顺、大连、威海、广州湾、九龙之事，不得不谓此政策为之厉阶也。夫天下未有徒恃人而可以自存者，泰西外交家亦尝汲汲焉与他国联盟，然必我有可以自立之道，然后可以致人而不致于人。若今日之中国，而言联某国联某国，无论人未必联我，即使联我，亦不啻为其国之奴隶而已矣，鱼肉而已矣。李鸿章岂其未知此耶？吾意其亦知之而无他道以易之也。要之，内治不修，则外交实无可办之理。以中国今日之国势，虽才十倍于李鸿章者，其对外之策，固不得不隐忍迁就于一时也，此吾所以深为李鸿章怜也。虽然，李鸿章于他役，吾未见其能用手段焉，独《中俄密约》，则其对日本用手段之结果也。以此手段，而造出后此种种之困难，自作之而自受之，吾又何怜哉？

案　胶州以后诸役，其责任不专在李鸿章，盖恭亲王、张荫桓，皆总理衙门重要之人，与李分任其咎者也，读者不可不知。

第十章
投闲时代之李鸿章

日本议和后入阁办事

巡察河工

两广总督

自同治元年以迄光绪二十七年，凡四十年间，李鸿章无一日不在要津。其可称为闲散时代者，则乙未三月至丙申三月间凡一年，戊戌八月至庚子八月间凡两年而已。戊己庚之间，鸿章奉命治河，旋授商务大臣总督两广，在他人则为最优之差，而按之李鸿章一生历史，不得不谓为投闲也。其闲之又闲者，为乙丙之间入阁办事，及戊戌八月至十一月退出总理衙门，无可论述。至其治河治粤，固亦有异于常人者焉。附论及之，亦作史者之责任也。

中国黄河，号称难治。数千年政论家，皆以之为一大问题，使非以西人治密士失必河之法治之，则决不可以断其害而收其利。当戊戌八月以后，李鸿章方无可位置，于是政府以此役任之，此亦可为河防史上添一段小小公案也。今录其奏议所用比国工程师卢法尔勘河情形原稿如下：

一、洛口至盐窝沿河情形

河身 黄河自河南龙门口改道以来，水性趋下，由北而东，奔流山东，入大清河，遂取道入海。其始东奔西突，人力难施，至两年以后，河流已定，方筑堤岸。河流曲折，其堤岸亦因之而曲折。迨河流变迁，堤岸不能俱随之变迁，临水远近不等，然堤岸全无保护，任水漂刷。现在小水河面，约宽九十丈至一百五十丈，河底则深浅不一，有河面宽处，水深仅四五尺，不便行船者，有河面忽窄，水深至三丈者。河流朝夕改道，旋左旋右，临流之岸，即为冲刷，带至流缓之处，又淤为滩。官民则任水所为，向无善策，惟于险处救急，决处补苴。而沿河常见岸土于四五尺高处，塌陷入水，际此隆冬，水小流缓，尚且如此，化冻之后，大泛之时，水大流急，更当如何？下游低岸如此，上游土山一带，不问可知。无怪黄河泥沙之多，为五大洲群流之最也。大泛时堤内沙滩全为漫淹，因河底浅深不一，河身亦俯仰不一，故流水速率，处处不同。且下游之地极平，每里高低，不逾五寸，河流甚缓。容水之地，日益以隘，淤垫日高，年复一年，险上加险。职此之故，堤外之地，较堤内之滩，有低一尺者，有低至七八尺者。监工路过杨史道口时，曾将河面测量，计水面宽百三十八丈，河底最深二丈三尺，流水速率一秒钟约四尺。按此推算，每秒钟过水之数，约五万七千四百五十六立方尺，容水面积约一万三千六百八十方尺。又在盐窝上游测量，计此处水面仅宽一百零二丈，河底最深一丈二尺，容水面积约九千一百八十方尺。斯时杨史道口尚未合龙，大溜半归决口，不走盐窝，理合声明。至盛涨时，过水数目，言人人殊。按照两处地方文武官员所指示水志，计杨史道口容水面积应系三万六千一百八十方尺，盐窝容水面积应在二万四千四百八十方尺。因大水速率，无从探询，致过水之数，不能核计。然不知过水之数，断难定河面宽窄堤岸远近之数也。计自洛口至盐窝约三百七十里。

民埝 滨河之堤，谓之民埝，系民所修，官所守，为现时束水最要之堤也。民埝距水，远近不等，有即在水滨者，有离水至三四里者，当时修造，任意为之，并无定理，甚至其弯曲有令人不可解者。其高低厚薄，亦各处互异，有高于现时水面九尺者，有高至一丈五尺者，高逾沙滩五尺至八尺不等，高逾堤外之地亦九尺至一丈五尺不等。其堤顶有宽二丈四尺者，有宽三丈六尺者，新筑之埝则较厚。忽高忽低，忽厚忽薄，其收坡亦斜直不同，良可异也。看守民埝，未甚周密，为水挖刷之处颇多，并无随时修理，积年累月，不至于决陷者几希。民埝皆以极松淤土为之，并无焦泥，入地不深。即有焦泥，不难挑取。埝顶可行大车、坐车、手车，轨道甚深，过路处或堤坡而上下，或截堤而低之。堤上筑盖民居，并不加宽培厚，凡此皆最易损堤者。查泰西各国堤工坡上种青草，不惮讲求，不惜巨费，盖草根最能护堤也。此处之堤，都不种草，一二处偶尔有草，为民芟除净尽，甚至连根拔起，据云系取以烧锅，或喂牲口，殊不知无草则堤难保，堤难保则水患不旋踵矣。愚民不思，甚属可嗤。耙草之器，最能损堤，应悬厉禁，不准行用，此亦保堤之一道。盖草既拔去，堤复耙松，大风一起，堤土飞扬，堤顶遂逐渐而低，堤身亦逐渐而薄，此器为害，不亦大哉？沿河之堤，有种柳已成荫者，有初栽仅盈尺者。柳根最能固堤，应于沿河堤岸一律遍栽，设法保护，不准攀折。并行种藤，更为坚实，柳条藤条，俱可编埽，筑堤较秸料坚固远甚，且可随处就近取材，毋须更出资采买，一举两得，莫妙于此，何惮而不为之耶？

大堤 大堤系公家所修，距民埝甚远，而远近处处不同，且多弯曲，殊不可解。现在此堤虽有如无，大不可恃。堤上居民鳞次栉比，全成村落，即取堤土以筑其居，致堤残缺不全。且过路之处，切与地平，竟成大口。堤上坡上，亦多种麦，颇能损堤。盛涨时民埝尚决，大堤未有不溃者也。该堤宽处，其顶尚有三丈六尺，高一丈二尺至一丈六尺不等，然完整者绝少。闻杨史道口水决民埝竟能走溜入小清河，淹溺村落，贻害居民者，良以大堤旧口未修，使水有隙可乘耳。询诸河官，何以大堤之口不堵？据答百姓不愿，今若修大堤，则千村之居民，必环起而攻等语。可见修大堤非特无益，且不洽舆情也。大堤之外，居民甚多，有数百十户成村者，有四五家自立门户者，或筑围堤自护，或建高阜而居，大抵皆预作防水之计。村外周围之地，颇属膏腴，居民即以之耕耘，以供饮啄。此外尚有斜堤拦坝，皆以保此村田者也，然残废亦与大堤同。若民埝出险，不足恃也。

险工 沿河一带，险工最多。凡顶冲之处，或已决之处，皆有工程。其工程磨盘埽居，多以秸料覆土，层垒为之，形如磨盘，或紧贴于岸，或接连于堤，其形势分歧不一，即高低厚薄，亦每埽不同。每埽错落参差，绝不相连，中仍走水，以使三面受敌，不知何意。鄙见数埽应一气呵成，不存罅隙，既省料工，更形坚固。且料埽入水，削如壁立，不作斜坡，适足以当冲，不能使水滑过，似非得法。至秸料亦非经久之物，因其中有心，质如灯草，最能吸水，使料易于腐烂，料烂则与沙土同，毫无劲力矣。监工曾见旧埽数处，虽形势相连，而根基已坏，一经盛涨，必即漂流，民埝定为所累。或云秸料为本地土产，用广价廉，舍此别无他料。诚能如监工前篇所言，多种藤柳，数年之后，便可足用，更毋须以巨万金钱造此不经久之事。或又云料埽原以挑水，一两年后，水已收道，料埽虽烂，亦复何虑。监工殊不谓然。若不改弦更张，恐抢险不过养痈耳。为今之计，虽无他料可用，其埽工应先行改式。傍岸者使之连成一片，做斜坡入水，以导其流，并须多用木桩，牵连于岸，以坚固麻绳系之，其护埽所抛之石，亦宜加粗加多，位置得法，方可御冲刷之力。监工曾见有以石块排于埽上者，镇压秸料，不使为风吹去，抑何可笑。此外尚有石堤，如北镇一带，尚称稳固，而盐窝石堤，则已根底全虚，所未即坍圮者，赖尚有石灰粘凑，然亦不能久矣。

二、盐窝至海口尾闾情形

黄河尾闾，已由盐窝改道三次，首次向东北由铁门关入海，二次向东由韩家垣入海，三次向东南由丝网口入海。今谨将三处情形次第言之，尚有新挑引河一条，亦并论及。

铁门关海口 此系大清河尾闾，黄河改道山东以来，由此入海，历三十余年，至韩家垣决口，舍东北而向正东。今铁门关一道，前半已淤垫甚高，河身成为平地，莫可辨识，左右两堤，尽成村落。铁门关以下，堤已尽矣，一派黄沙，地极瘠苦。约距铁门关下游八里，河形复见，有水直通于海。河边之地，虽系沙滩，而沙下不深便有混土。河中之水，平时深约二尺，大潮可涨至三四尺，可至萧神庙，若东北风大作，可增至五六尺不等。由三沟子起有船只可以出海，往来烟台。此次因河冻地潮，不能出海察勘，仅至三沟子以下十里，满地苇草，大潮所经，遂返辔不复前进。据土人言，往下八里，已见寻常潮汐，再往下十二里，便为海滨，海口有拦门沙，潮退时，仅深二尺。此沙共长宽若干，未曾复勘，揣度必不甚小。计自盐窝至铁门关，海口约一百一十里。

韩家垣海口 自韩家垣决口，黄河尾闾取道于此垂八九年，近复改道东南。韩家垣一带，已无黄河踪迹，惟自新萧神庙以下，距海约六十里之遥，复见河形，中亦有水，系最低之地积水不消。闻距海约十一里，此河分为两溜，状如燕尾，然亦不深。海口亦有拦门沙，潮退时，直塞口门，不容河水泻出。此拦门沙露出水面，宽约二里。查韩家垣一道，并未筑堤。计自盐窝至韩家垣海口，约一百里。

新挑引河 此河系于韩家垣决口之后，特于口门之下，挑挖一道，以便引水至萧神庙旧槽入海。然当时深仅四五尺，宽仅三丈，现在尚无此数。弯曲甚多，此河计长四十里，若取直共有二十五里，大约系循原有水道挑挖节省工费之故。河底以萧神庙、韩家垣两处，挖深三尺，便有泥土，亦有泥土竟见于地面者。周围各村，均有井，深一丈一尺，即可见水，泥在水中，不甚深也。铁门关附近，有烧瓦器之窑，该处土质，概可想见。

丝网口海口 现在黄河之由此口入海，漫散地上，并无河道。小水时分为多，溜底均不深，中有沙滩，正溜水底深仅三四尺，有一两处最深，亦不过一丈。将近海口，则只有一尺四五寸，此处水面甚宽，约有三百丈之多。闻海口并无拦门沙，想系流缓溜浅，其沙已于地上停淤，无可再送入海也。查北岭子决口之时，尚有上游三处，同时开口，故丝网口水流不猛，北岭子门之树至今犹竖水中，古庙一座，亦巍然独立，是其明验。若谓辛庄等处，房舍漂流，则系土屋不坚之故，非水力汹涌有以致之也。北岸于北岭子以下，并未设堤，惟以铁门关南堤为北岸，以护村落而已。南岸则由盐窝起新行接筑，一堤距水约远二里。计自盐窝至丝网口海口约九十里。

三、酌量应办治河事宜

治河如治病，必须先察其原。欲察其原，必须先按脉理，方知其病原之所在，然后施药，不特厥疾可瘳，而且永无后患。若但按疮敷药，不问其毒发于何处，非良医之所为也。黄河在山东为患，而病原不在于山东，若只就山东治黄河，何异于按疮敷药？虽可一时止痛，而不久旧疾复作矣。盖其毒未消，其病根未拔也。夫水性犹人，初本善也，若不导之教之，性乃迁矣。天之生水，原以养人，何尝以害人？乃人不知其性，不防其迁，遂使肆为暴虐，生民昏垫，国帑虚糜，终无底止。推原其故，良因治水仅就一隅，不筹全局。今若一误再误，恐徒劳无功耳。欲求一劳永逸，宜先竟委究原。由山东视黄河，黄河只在山东。由中国视黄河，则黄河尚有不在山东者。安知山东黄河之患，非从他处黄河而来？故就中国治黄河，黄河可治，若就山东治黄河，黄河恐终难治。请详言之。

溯黄河之源，出于星宿海，取道甘肃，流入蒙古沙漠，改道多次，始至山西，已挟沙而来矣；道出陕西，又与渭水汇流，其质更浊；再穿土山向东而出，拖泥带水，直入河南，所至波（疑为“披”——编注）靡，水益浑矣，此即黄河之病原也，下游之病良由此，主治之宜在病原加意。盖下游停淤之沙，系从上游拖带而来。上游地高，势如建瓴，且两面有山约束之，水流极速，沙不能停，迨一过荥泽，一派平原，水力遂杀，流缓则沙停，沙停则河淤，河淤过高，水遂改道，此自然之理。征诸往事，已有明征。惟一河改道，万姓遭殃，转于沟壑，死于饥寒，从古迄今，不知凡几。而黄河则南迁北徙，畅所欲为，以开封为中心，自辟半径之路，于扬子江北中间千五百里扇形之地，任意穿越，虽齐鲁诸大峰，亦难阻止。河水所经之处，沙停滩结，民叹其鱼，防不胜防，迄无良策，补偏救弊，劳民伤财，其祸较疾病刀兵尤为猛烈。然天下无不治之水，虽非易事，尚非人力难施。其法维何？曰求诸算学而已。

治法 夫治法岂易言哉！黄河延袤中国境内，计一万余里之长。地势之高低，河流之屈曲，水性之缓急，含沙之多少，向未详细考究，并无图表。问诸水滨，亦鲜有能答之者。今欲求治此河，有应行先办之事三：一、测量全河形势，凡河身宽窄深浅，堤岸高低厚薄，以及大水小水之浅深，均须详志。二、测绘河图，须纤悉不遗。三、分段派人查看水性，较量水力，记载水志，考求沙数，并随时查验水力若干，停沙若干。凡水性沙性，偶有变迁，必须详为记出，以资参考。

以上三事，皆极精细，而最关紧要者，非此无以知河水之性，无以定应办之工，无以导河之流，无以容水之涨，无以防患之生也。此三事未办，所有工程，终难得当，即可稍纾目前，不旋踵而前功尽隳矣。若测绘既详，考究复审，全局在握，便可参酌应办工程，以垂久远。犹须各省黄河统归一官节制，方能一律保护，永无后患。但照此办理，经费必巨。然欲使一劳永逸，宜先筹计每年养河之费若干，堵筑之费若干，蠲免粮钱若干，赈济抚恤若干，财产淹没若干，民命死亡若干，并除弊后能兴利若干，积若干年共计若干，较所费之资，孰轻孰重，孰损孰益，不至于犹豫矣。

按照图志，可以知某处水性地势，定其河身。由河身，即可定水流之速率，不使变更，水面之高低，不使游移。凡河底之浅深，河岸之坚脆，工料之松固，均可相因，无意外之虑。此皆算学精微之理，不能以意为之。定河身最为难事，须知盛涨水高若干，其性若何，停沙于河底者几多，停沙于滩面者几多。涨之高低，速率不同，定河身须知各等速率，方能使无论高低之涨，其速率均足刷沙入海。

河形弯曲，致生险工，亦须酌改，然大非易事，非详慎推算不为功。盖裁弯取直则路近，路近则低率（即地势高低之数）增，低率增则速率亦增，速率增则过水之数亦增，于盛涨时尤宜并上下游通行筹算后，方可裁去一弯。盖裁弯能生他险，不可不虑，此亦非但凭眼力可为之事。

河堤所资以束水者也，须并河身一同推算。即入水斜坡，统须坚固，以御异常盛涨，方不至误事。至堤之高低厚薄，则视土性之松实，料质之坚脆耳。至应如何造法，亦须视水线高低，水力缓急。所需材料总以能御水挖为妙，不必尽用石堤，亦毋庸尽用料埽，盖土堤筑造坚实，护以柳树草片，亦足以御寻常水力。查各国护河之堤，多以土为之，并无全用石工者，但须推算合法，位置得宜，看守不懈，勿任践踏耳。其石堤料埽，只于险处用之。总而言之，可省者宜省，不可省者必不宜省，然非测算精详不可。监工兹绘堤式两种，似与黄河合宜，何处应用何式，则俟临时查勘，因地制宜，非谓全河均应改用也。惟无论需用何种材料，均须采择上品者方能坚久。

大水时河流至堤根，小水时河流在两岸之中。而堤与岸均系松土，常为急流挟之以去，即化为沙，至流缓处，淤成高滩，积渐遂生危险。此固可虑，而尤可虑者，上游各土山随时坍塌入水，流至下游，为患甚烈。应行设法保护，于过水两岸，尽筑斜坡，先护以泥，再种草片，并多栽树木，以坚实之。有险之处，则宜于岸根打桩，以树枝编成筐，以泥土填成块，再叠石为墙，或砌石为坡，并抛大石块于水底，方足以御水力。其土山两旁，亦须抛石水底，再筑石墙于其上，以阻塌陷，如此则岸土不致为水拖带，河流可以渐清，河患自然日减，此系治河应办紧要之工程。

大溜应教常走河之中间，宜在何处设法，此时不能预定。大约须于弯处水底多筑挑水坝，以导其流。挑水坝应用树枝，或用石块，则俟随时斟酌情形办理，惟秸料不能经久，且无劲力，则不可用。减水坝亦应讲求，以防异常盛涨，宜即设在堤边。应先测量地势，察勘情形，以河流之方向，定坝口之方向。此坝须以大石并塞门德土为之。坝后所挑之河，或已有之河，应筑坚堤约束，庶所过之水，不致以邻国为壑。此河亦须宽深不甚弯曲，且低于黄河，其河身实有容水之地，始能合用。

黄河尾闾海口高仰，复有拦门沙，致河水入海未畅。应用机器挖土船以挑挖之，然先筑海塘，再用机器，或可事半功倍。此海塘接长河堤入海，则水力益专，能将沙攻至海中深处，为海口必不可少之工程。再用机器于拦沙挖深一道，俾水力更激，可以自刷其余。此项工程需费颇巨，然各国海口均有之，黄河何独不然？美国米西西比海口，奥国大牛白海口，前亦堵塞，今大轮船可以往来，是其明验。法国仙纳海口，前此亦有拦沙阻碍，行船最为险恶，旋经以大石填海，筑造海塘，高出大潮水面，两塘相距九十丈，塘成之日，海口竟深至二丈，至今船只称便。比国麦司海口，亦曾兴此大工。此外尚有多处，不胜枚举。

黄河延袤数省，关系国计民生极大。现时上游水至下游，不能即知。下游出险，上游事后方觉，声气不通，防范未能周密。应照永定河办法，沿河设立电线，按段通电，随时随事，报知全河官弁，俾患可预弭。此为刻不容缓之事。治河之工程，既已举行，守河之章程，亦宜厘定，俾一律恪遵，永远办理，方不致前功尽隳。查现在河防员弁，虽能克己奉公，而百姓蹧踏堤埽挑土砍柳锄草诸恶习，并未广为禁止。应妥定律例，严行厉禁，周密巡查，犯者惩治。堤上不准搭盖房屋，如须行车，必专筑马路之处，格外培厚，方不至于损堤。官弁随时稽查，稍有残缺不整，即为修补。如此则工程可永远完固，不致生意外之虞。

黄河上游，应否建设闸坝，用以拦沙；或择大湖用以减水，亦应考。求治河有此办法，理合声明。上游之山，应令栽种草木，以杀水势。泰西各国，因山水暴发，屡次为灾，饬令于源头及濒水诸山栽种草木，水势遂杀。偶有一二处树木，被人私砍，水势即复猖狂，政府严行禁止，并设官专管树木。西人重视此事，是有效验之明证。查山水暴发，其故有二，一因山上土松，不能吸水；二因山势陡峭，无以阻水。若遍种树木，则树根既能坚土，又复吸水，且可杀其势，从容而下，不至倒泻。倘山上不宜种树，亦应种草，其功虽不及树木之大，亦终胜于无。法国颁行亚尔伯诸山种树律例以来，成效已大著矣。

四、现时应办救急事宜

前篇治河应办各事，既非旦夕之工。必俟全河详细测量，估计工料，妥筹办法，方臻美备。诚恐河流汹涌，迫不及持，亟应先办救急事宜，庶几现时灾患不生，将来治理较易。救急之事维何？曰培修堤岸，固筑险工，并疏通尾闾而已。至于更改河形以畅其流，展缩河身以顺其性，保护堤岸以阻其倾，各工程应俟日后从容办理，此时无暇及此。

培修河堤之法，前篇已详言之，毋庸再赘。惟应以埝为堤。若大堤则相距太远，有河面过宽之患，又复残缺不整，修无可修，即修亦无益。各处险工，宜全行固筑，应派员全工察勘，估计工程。凡当冲之堤，已朽之埽，务即一律保护，其过低过薄之堤，亦应加高培厚。堤内临水之坡，应加泥一层，以种青草，并于堤根遍栽树木，设法禁人蹧踏，此为最急之务，速办为妙。有险处之堤根，或抛石或编坝以固之，亦须因地制宜。凡堤有所开过路之道，应即行修补，并于堤顶筑造石子马路，以便车马往来，不至损碍。

尾闾海道，最宜妥定，以铁门关、韩家垣现均淤塞，丝网口则水势散漫，并无河槽。查此项尾闾，择地者主见不一，有谓铁门关淤垫处应挑通使水仍复旧道者，有谓宜仍由韩家垣旧道者，有谓应由十六户挑引河直至铁门关以避盐窝险工者，有谓应由盐窝挑一直河仍由丝网口者，有谓应于蒲台县三岔河引水入海者，有谓黄河应于大马家挑河至孔家庄并入徒骇河使之入海者。大马家在利津上游八里之地，查徒骇河形颇弯曲。孔家庄河面约宽九十丈，小水水面约六十丈，两岸颇高，并未筑堤，大水约离岸尚低八尺，其上游于禹城以下，全已淤塞，海口约距孔家庄七十里，并无拦沙。鄙意黄河未治之先，其水不应走徒骇河，盖恐浊流入清，即使清者亦变为浊，未免可惜。如欲酌定一处，必须于各处详细测量，品地势之高低，察流水之方向。查现在武备学堂测量生颇具聪明，又复勤奋，四散测量，不遗余力，惜时日太促，未能详备，所绘之图，只能阅其大概。况各段河中过水之数，以及地之低率，无从查考。至引河河形，惟按海口之地甚平，引河以愈短愈直愈妙。盖河短势直即低率可增，流水较有力也。河身则以能容盛涨为度，两堤则以能束水为度，又须格外坚固，以防冲决。大约海口所有旧河槽，以不用为妙，以旧槽形皆曲折，堤亦不周备，不如另择新地酌量形势办理之为愈。今无论引河挑在何处，其海口必须有机器挖沙，不能恃水自刷，因河病未除，河沙未减，到处停淤之病，仍不能免，恐新挑之河，不久亦如旧口为沙堵塞不通也。鄙意引河河形，以能容水畅流为度，庶无意外之虑。

减水坝为必不可少之件，应设何处，尚未详考。有人指示济南府城下游十八里，原有滚坝之处，似可合用。监工于归途便道履勘，见此坝距黄河尚有五里，原造之意，系引济南诸山清水入黄，以助攻沙，然向未启用。坝门甚小，只有一丈四尺，又与诸河不通，若欲用之，尚需另挑引河以通小清河。查小清河河身，仅足自容，盛涨时水已漫岸，又无河堤约束，若再将黄河灌入，势必漫浸，即济南省城亦恐遭淹溺。鄙意如欲减水，以入徒骇河为宜，然仍须测量筹算方可定议，惟徒骇河亦须加宽添筑河堤，方司合用。

以上四大端皆系知无不言，言无不尽，是否有当，均候裁夺示遵。监工此番奉委勘河，常与司道大员及地方官会同查勘，虽各人看法稍异，而和衷共济，为国家宣劳，为中堂效命，以国计民生为怀，作一劳永逸之想，则不约而同。盖无分中外，咸欲赞成利国利民之大功，其胸中则毫无成见也。

卢法尔谨上。

李鸿章之督粤也，承前督李瀚章、谭钟麟之后，百事废弛已极，盗贼纵横，萑苻遍地。鸿章至，风行雷厉，复就地正法之例，以峻烈忍酷行之，杀戮无算，君子病焉。然群盗慑其威名，或死或逃，地方亦赖以小安。而其最流毒于粤人者，则赌博承饷一事是也。粤中盗风之炽，其源实由赌风而来，盗未有不赌，赌未有不盗。鸿章之劝赌也，美其名曰“缉捕经费”，其意谓以抽赌之金为治盗之用也，是何异恐民之不为盗而以是诲之？既诲之，而复诛之，君子谓其无人心矣。孟子曰：“及陷于罪，然后从而刑之，是罔民也。”夫不教而刑，犹谓罔民，况劝之使入于刑哉？扬汤止沸，拖薪救火，其老而悖耶？不然，何晚节末路，乃为此坏道德损名誉之业以遗后人也？或曰：“鸿章知赌风之终不可绝，不如因而用之以救政费之急。”夫淫风固未易绝，而未闻官可以设女闾；盗风未易绝，而未闻官可以设山泊。此等义理，李鸿章未必不知之。知之而复为之，则谓之全无心肝而已。鸿章莅粤，拟行警察法于省城，盖从黄遵宪之议也，业未竟而去。

粤中华洋杂处，良莠不齐。狡黠之徒常借入教为护符，以鱼肉乡里，而天主教及其他教会之牧师，常或袒庇而纵恣之。十年以来，大吏皆阘冗无能，老朽濒死，畏洋如虎，以故其焰益张。李鸿章到粤，教民尚欲逞故技以相尝试。鸿章待其牧师等，一据正理，严明权限，不稍假借。经一二次后，无复敢以此行其奸者。噫嘻！以数十年老练之外交家，虽当大敌或不足，然此幺麽者，则诚不足以当其一嘘矣。今之地方官，以办教案为畏途者，其亦太可怜耳。

鸿章之来粤也，盖朝旨以康党在海外气势日盛，使之从事于镇压云，鸿章乃捕系海外义民之家族三人焉。无罪而孥，骚扰百姓，野蛮政体，莫此为甚。或曰：“非李鸿章之意也。”虽然，吾不敢为讳。

第十一章
李鸿章之末路

义和团之起
李鸿章之位置
联军和约
中俄满洲条约
李鸿章薨逝
身后恤典

李鸿章最初之授江苏巡抚也，仅有虚名，不能到任；其最后之授直隶总督也，亦仅有虚名，不能到任。造化小儿，若故为作弄于其间者然。虽然，今昔之感，使人短气矣。鸿章莅粤未一年，而有义和团之事。义和团何自起？戊戌维新之反动力也。初今上皇帝既以新政忤太后，八月之变，六贤被害，群小竞兴，而康有为亡英伦，梁启超走日本。盈廷顽固党，本已疾外人如仇雠矣，又不知公法，以为外国将挟康梁以谋己也，于是怨毒益甚。而北方人民，自天津教案以至胶州割据以来，愤懑不平之气，蓄之已久，于是假狐鸣篝火之术，乘间而起。顽固党以为可借以达我目的也，利而用之。故义和团实政府与民间之合体也，而其所向之鹄各异：民间全出于公，愚而无谋，君子怜之；政府全出于私，悖而不道，普天嫉之。

使其时李鸿章而在直隶也，则此祸或可以不作，或祸作而鸿章先与袁许辈受其难，皆未可知。而天偏不使难之早平，偏不令李之早死，一若特为李设一位置，使其一生历史，更成一大结果者。至六月以后，联军迫京师，于是李鸿章复拜议和全权大臣之命。

当是时，为李鸿章计者曰，拥两广自立，为亚细亚洲开一新政体，上也；督兵北上，勤王剿拳，以谢万国，中也；受命入京，投身虎口，行将为顽固党所甘心，下也。虽然，第一义者，惟有非常之学识，非常之气魄，乃能行之，李鸿章非其人也。彼当四十年前方壮之时，尚且不敢有破格之举，况八十老翁，安能语此？故为此言者，非能知李鸿章之为人也。第二义近似矣，然其时广东实无一兵可用，且此举亦涉嫌疑，万一廷臣与李不相能者，加以称兵犯阙之名，是骑虎而不能下也。李之衰甚矣，方日思苟且迁就，以保全身名，斯亦非其所能及也。虽然，彼固曾熟审于第三义，而有以自择，彼知单骑入都之或有意外，故迟迟其行，彼知非破京城后则和议必不能成，故逗留上海，数月不发。

两宫既狩，和议乃始。此次和议虽不如日本之艰险，而轇轕亦过之。鸿章此际，持以镇静，徐为磋磨，幸各国有厌乱之心，朝廷有悔祸之意，遂于光绪二十七年七月，定为和约十二款如下：

第一款

一、大德国钦差男爵克大臣被戕害一事，前于西历本年六月初九日即中历四月二十三日奉谕旨（附件二）亲派醇亲王载沣为头等专使大臣，赴大德国大皇帝前代表大清国大皇帝暨国家惋惜之意。醇亲王已遵旨于西历本年七月十二日即中历五月二十七日自北京起程。

二、大清国国家业已声明在遇害该处所竖立铭志之碑与克大臣品位相配，列叙大清国大皇帝惋惜凶事之旨，书以辣丁、德、汉各文。前于西历本年七月二十二日即中历六月初七日经大清国钦差全权大臣文致大德国钦差全权大臣（附件三）。现于遇害处所建立碑坊一座，足满街衢，已于西历本年六月二十五日即中历五月初十日兴工。

第二款

一、惩办伤害诸国国家及人民之首祸诸臣。将西历本年二月十三、二十一等日即中历上年十二月二十五日、本年正月初三等日，先后降旨所定罪名开列于后（附件四、五、六）。端郡王载漪、辅国公载澜，均定斩监候罪名，又约定如皇上以为应加恩贷其一死，即发往新疆永远监禁，永不减免。庄亲王载勋、都察院左都御史英年、刑部尚书赵舒翘，均定为赐令自尽。山西巡抚毓贤、礼部尚书启秀、刑部左侍郎徐承煜，均定为即行正法。协办大学士吏部尚书刚毅、大学士徐桐、前四川总督李秉衡，均已身死，追夺原官，即行革职。又兵部尚书徐用仪、户部尚书立山、吏部左侍郎许景澄、内阁学士兼礼部侍郎衔联元、太常寺卿袁昶，因上年力驳殊悖诸国义法极恶之罪被害，于西历本年二月十三日即中历上年十二月二十五日奉上谕开复原官，以示昭雪（附件七）。庄亲王载勋已于西历本年二月二十一日即中历正月初三日，英年、赵舒翘已于二十四日即初六日均自尽。毓贤已于廿二日即初四日，启秀、徐承煜已于廿六日即初八日，均正法。又西历本年二月十三日即中历上年十二月廿五日上谕将甘肃提督董福祥革职，俟应得罪名定谳惩办。西历本年四月廿九日、六月初三、□月□□等日即中历三月十一、四月十七、□月□□等日先后降旨将上年夏间凶惨案内所有承认获咎之各外省官员分别惩办。

二、上谕将诸国人民遇害被虐之城镇停止文武各等考试五年（附件八）。

第三款

因大日本国使馆书记生杉山彬被害，大清国大皇帝从优荣之典，已于西历本年六月十八日即中历五月初三日降旨简派户部侍郎那桐为专使大臣，赴大日本国大皇帝前代表大清国大皇帝及国家惋惜之意（附件九）。

第四款

大清国国家允定在于诸国被污渎及挖掘各坟墓建立涤垢雪侮之碑，已与诸国全权大臣会同商定，其碑由各该国使馆督建，并由中国国家付给估算各费银两，京师一带，每处一万两，外省每处五千两。此项银两，业已付清。兹将建碑之坟墓，开列清单附后（附件十）。

第五款

大清国国家允定不准将军火暨专为制造军火各种器料运入中国境内，已于西历一千九百一年八月十七日即中历本年七月初四日降旨禁止进口二年。嗣后如诸国以为有仍应续禁之处，亦可降旨将二年之限续展（附件十一）。

第六款

上谕大清国大皇帝允定付诸国偿款海关银四百五十兆两，此款系西历一千九百年十二月二十二日即中历光绪二十六年十一月初一日条款内第二款所载之各国各会各人及中国人民之赔偿总数（附件十二）。

甲　此四百五十兆系海关银两，照市价易为金款。此市价按诸国各金钱之价易金如下：海关银一两，即德国三马克零五五，即奥国三克勒尼五九五，即美国圆零七四二，即法国三佛郎克五，即英国三先令，即日本一圆四零七，即荷兰国一弗乐零七九六，即俄国一鲁布四一二。俄国鲁布，按金平算即十七多理亚四二四。此四百五十兆，按年息四厘，正本由中国分三十九年按后附之表各章清还（附件十三）。本息用金付给，或按应还日期之市价易金付给。还本于一千九百零二年正月初一日起至千九百四十年终止。还本各款，应按每届一年付还，初次定于一千九百零一年正月初一日付还。利息由一千九百零一年七月初一日起算。惟中国国家亦可将所欠首六个月至一千九百零一年十二月三十一日之息展在自一千九百零二年正月初一日起，于三年内付还。但所展息款之利，亦应按年四厘付清。又利息每届六个月付给，初次定于一千九百零二年七月初一日付给。

乙　此欠款一切事宜，均在上海办理。如后诸国各派银行董事一名会同将所有由该管之中国官员付给之本利总数收存，分给有干涉者，该银行出付回执。

丙　中国国家将全数保票一纸交驻京诸国钦差领衔手内。此保票以后分作零票，每票上各由中国特派之官员画押。此节以及发票一切事宜，应由以上所述之银行董事各遵本国饬令而行。

丁　付还保票财源各进款，应每月给银行董事收存。

戊　所定承担保票之财源，开列于后：一、新关各进款俟前已作为担保之借款各本利付给之后余剩者。又进口货税增至切实值百抽五，将所增之数加之。所有向例进口免税各货，除外国运来之米及各杂色粮面并金银以及金银各钱外，均应列入切实值百抽五货内。二、所有常关各进款，在各通商口岸之常关，均归新关管理。三、所有盐政各进项，除归还泰西借款一宗外，余剩一并归入，至进口货税增至切实值百抽五。诸国现允可行，惟须二端：一将现在照估价抽收进口各税，凡能改者皆当急速改为按件抽税几何。改办一层如后，以为估算货价之基，应以一千八百九十七、八、九三年卸货时各货牵算价值，乃开除进口及杂货总数之市价。其未改以前，各该税仍照估价征收。二北河、黄浦两水路，均应改善，中国国家亦应拨款相助。至增税一层，俟此条款画押两个月后，即行开办，除在此画押日期后至迟十日已在途间之货外，概不得免抽。

第七款

大清国国家允定各使馆境界以为专与住用之处，并独由使馆管理，中国民人，概不准在界内居住，亦可自行防守。使馆界线于附件之图上标明如后（附件十四）：东面之线，系崇文门大街，图上十、十一、十二等字；北面图上系五、六、七、八、九、十等字之线；西面图上系一、二、三、四、五等字之线，南面图上系十二、一等字之线，此线循城墙南址随城垛而画。按照西历一千九百零一年正月十六日即中历上年十一月二十六日文内后附之条，中国国家应允诸国分应自主，常留兵队分保使馆。

第八款

大清国国家应允将大沽炮台及有碍京师至海通道之各炮台一律削平，现已设法照办。

第九款

按照西历一千九百零一年正月十六日即中历上年十一月二十六日文内后附之条款，中国国家应允由诸国分应主办会同酌定数处留兵驻守，以保京师至海通道无断绝之处。今诸国驻防之处，系黄村、郎坊、杨村、天津军粮城、塘沽、芦台、唐山、滦州、昌黎、秦王岛、山海关。

第十款

大清国国家允定两年之久，在各府、厅、州、县将以后所述之上谕颁行布告：

一、西历本年二月初一日即中历上年十二月十三日上谕以永禁或设或入与诸国仇敌之会，违者皆斩（附件十五）。

二、西历本年□月□□日即中历□月□□日上谕一道犯罪之人如何惩办之处，均一一载明。

三、西历本年□月□□日即中历□月□□日上谕，以诸国人民遇害被虐各城镇停止文武各等考试。

四、西历本年二月初一日即中历上年十二月十三日上谕各省抚督文武大吏暨有司各官，于所属境内均有保平安之责，如复滋伤害诸国人民之事，或再有违约之行，必须立时弹压惩办，否则该管之员，即行革职，永不叙用，亦不得开脱别给奖叙（附件十六）。

以上谕旨现于中国全境渐次张贴。

第十一款

大清国国家允定将通商行船各条约内，诸国视为应行商改之处，及有关通商各地事宜，均行议商，以期妥善简易。按照第六款赔偿事宜，约定中国国家应允襄办改善北河、黄浦两水路，其襄办各节如下：

一、北河改善河道，在一千八百九十八年会同中国国家所兴各工，尽由诸国派员与修。

二、俟治理天津事务交还之后，即可由中国国家派员与诸国所派之员会办，中国国家应付海关银每年六万以养其工。

三、现设立黄浦河道局，经管整理改善水道各工，所派该局各员，均代中国及诸国保守在沪所有通商之利益。预估后二十年，该局各工及经管各费应每年支用海关银四十六万两，此数平分，半由中国国家付给，半由外国各干涉者出资。该局员差并权责进款之详细各节，皆于后附文件内列明（附件十七）。

第十二款

西历本年七月二十四日即中国六月初九日降旨将总理各国事务衙门按照诸国酌定改为外务部，班列六部之前。此上谕内已简派外务部各王大臣矣（附件十八）。且变通诸国钦差大臣觐见礼节，均已商定由中国全权大臣屡次照会在案。此照会在后附之节略内述明（附件十九）。

兹特为议明以上所述各语，及后附诸国全权大臣所发之文牍，均系以法文为凭。大清国国家既如此按以上所述西历一千九百年十二月二十二日，即中历光绪二十六年十一月初一日文内各款，足适诸国之意妥办，则中国愿将一千九百年夏间变乱所生之局势完结，诸国亦照允随行。是以诸国全权大臣奉各本国政府之命代为声明，除第七款所述之防守使馆兵队外，诸国兵队即于西历一千九百零一年□月□□日，即中历□月□□日全由京城撤退。并除第九款所述各处外，亦于西历一千九百零一年□月□□日即中历□□年□月□□日由直隶省撤退。今将以上条款缮定同文十二分，均由诸国全权大臣画押，诸国全权大臣各存一分，中国全权大臣收存一分。

联军和约既定，尚有一事为李鸿章未了之债者，则俄人满洲事件是也。初《中俄密约》所订，俄人有自派兵队保护东方铁路之权，至是义和团起，两国疆场之间有违言焉，俄人即借端起衅，掠吉林、黑龙江之地，达于营口。北京方有联军之难，莫能问也。及和议开，俄人坚持此事归中俄两国另议，与都中事别为一谈。不得已许之。及列国和约定，然后满洲之问题起。李鸿章其为畏俄乎，为亲俄乎，抑别有不得已者乎？虽不可知，然其初议之约，实不啻以东三省全置俄国势力范围之下，昭昭然也。今录其文如下：

第一条　俄国交还满洲于中国，行政之事，照旧办理。

第二条　俄国留兵保护满洲铁路，俟地方平静后，并本条约之枢要四条一概履行后，始可撤兵。

第三条　若有事变，俄国将此兵助中国镇压。

第四条　若中国铁路[①]未开通之间，中国不能驻兵于满洲。即他日或可驻兵，其数目亦须与俄国协定，且禁止输入兵器于满洲。

第五条　若地方大官处置各事，不得其宜，则须由俄国所请，将此官革职。满洲之巡察兵，须与俄国相商，定其人数，不得用外国人。

第六条　满洲、蒙古之陆军海军，不得聘请外国人训练。

第七条　中国宜将在旅顺口之北金州之自主权抛弃之。

第八条　满洲、蒙古、新疆伊犁等处之铁路、矿山，及其他之利益，非得俄国许可，则不得让与他国，或中国自为之，必亦须经俄国允许。牛庄以外之地，不得租借与他国。

第九条　俄国所有之军事费用，一切皆由中国支出。

第十条　若满洲铁路公司有何损害，须中国政府与该公司议定。

第十一条　现在所损害之物，中国宜为赔偿，或以全部利益，或以

① 疑指满洲铁路。

一部利益，以为担保。

第十二条　许中国由满洲铁路之支路修一铁路以达北京。

此草约一布，南省疆吏士民，激昂殊甚，咸飞电阻止，或开演说会，联名抗争。而英、美、日各国，亦复腾其口舌，势将干涉。俄使不得已，自允让步。经数月，然后改前约数事如下：

第一条　同。

第二条　同。

第三条　同。

第四条　中国虽得置兵于满洲，其兵丁多寡，与俄国协议，俄国协定多少，中国不得反对。然仍不得输入兵器于满洲。

第五条　同。

第六条　删。

第七条　删。

第八条　在满洲企图开矿山、修铁路及其他何等之利益者，中国非与俄国协议，则不许将此等利益许他国臣民为之。

第九条　同。

第十条　同。并追加“此乃驻扎北京之各国公使协议，而为各国所采用之方法”字样。

第十一条　同。

第十二条　中国得由满洲铁路之支路修一铁路至直隶疆界之长城而止。

至是而李鸿章病且殆矣。鸿章以八十高年，久经患难，今当垂暮，复遭此变，忧郁积劳，已乖常度。本年以来，肝疾增剧，时有盛怒，或如病狂，及加以俄使，助天为虐，恫喝催促，于邑难堪。及闻徐寿朋之死，拊心呕血，遂以大渐，以光绪二十七年九月廿七日薨于京师之贤良寺。闻薨之前一点钟，俄使尚来促画押云。卒之此约未定，今以付诸庆亲王、王文韶。临终未尝口及家事，惟切齿曰："可恨毓贤误国至此!"既而又长吁曰："两宫不肯回銮。"遂瞑焉长逝，享年七十八岁。行在政府得电报，深宫震悼。翌日奉上谕：

朕钦奉懿旨。大学士一等肃毅伯直隶总督李鸿章，器识渊深，才猷宏远，由翰林倡率淮军。戡平发、捻诸匪，厥功甚伟，朝廷特沛殊恩，晋封伯爵。翊赞纶扉，复命总督直隶兼充北洋大臣。匡济艰难，辑和中外，老成谋国，具有深衷。去年京师之变，特派该大学士为全权大臣，与各国使臣妥定和约，悉合机宜。方冀大局全定，荣膺懋赏，遽闻溘逝，震悼良深。李鸿章著先行加恩，照大学士例赐恤，赏给陀罗经被。派恭亲王溥伟带领侍卫十员，前往奠醊。予谥文忠，追赠太傅，晋封一等侯爵，入祀贤良祠，以示笃念荩臣至意。其余饰终之典，再行降旨。钦此。

其后复赏银五千两治丧，赏其子李经述以四品京堂，承袭一等侯爵，李经迈以京堂候补，其余子孙，优赏有差，赐祭两坛。又命于原籍及立功省分及京师建立专祠，地方官岁时致祭，列入祠典，朝廷所以报其勋者亦至矣。而此一代风云人物，竟随北洋舰队、津防练勇，同长辞此世界、此国民。吾闻报之日，成一挽联云：

太息斯人去，萧条徐泗空，莽莽长淮，起陆龙蛇安在也。
回首山河非，只有夕阳好，哀哀浩劫，归辽神鹤竟何之。

第十二章
结　论

李鸿章与古今东西人物比较

李鸿章之轶事

李鸿章之人物

李鸿章必为数千年中国历史上一人物，无可疑也；李鸿章必为十九世纪世界史上一人物，无可疑也。虽然，其人物之位置果何等乎？其与中外人物比较，果有若何之价值乎？试一一论列之。

第一，李鸿章与霍光。史家评霍光曰不学无术，吾讦李鸿章亦曰不学无术，然则李鸿章与霍光果同流乎？曰：“李鸿章无霍光之权位，无霍光之魄力。”李鸿章谨守范围之人也，非能因于时势，行吾心之所安，而有非常之举动者也。其一生不能大行其志者以此，安足语霍光？虽然，其于普通学问，或稍过之。

第二，李鸿章与诸葛亮。李鸿章忠臣也，儒臣也，兵家也，政治家也，外交家也。中国三代以后，具此五资格，而永为百世所钦者，莫如诸葛武侯。李鸿章所凭借，过于诸葛，而得君不及之。其初起于上海也，仅以区区三城，而能奏大功于江南，创业之艰，亦略相类。后此用兵之成就，又远过之矣。然诸葛治崎岖之蜀，能使士不怀奸，民咸自厉，而李鸿章数十年重臣，不能辑和国民，使为己用。诸葛之卒，仅有成都桑八百株，而鸿章以豪富闻于天下，相去何如耶？至其鞠躬尽瘁，死而后已，犬马恋主之诚，亦或仿佛之。

第三，李鸿章与郭子仪。李鸿章中兴靖乱之功，颇类郭汾阳，其福命亦不相上下。然汾阳于定难以外，更无他事，鸿章则兵事生涯不过其终身事业之一部分耳。使易地以处，汾阳未必有以过合肥也。

第四，李鸿章与王安石。王荆公以新法为世所诟病，李鸿章以洋务为世所诟病，荆公之新法与鸿章之洋务，虽皆非完善政策，然其识见规模，决非诟之者之所能及也。号称贤士大夫者，莫肯相助，且群焉哄之，掣其肘而议其后，彼乃不得不用佥壬之人以自佐。安石、鸿章之所处同也，然安石得君既专，其布画之兢兢于民事，局面宏远，有过于鸿章者。

第五，李鸿章与秦桧。中国俗儒，骂李鸿章为秦桧者最多焉。法越、中日两役间，此论极盛矣。出于市井野人之口，犹可言也，士君子而为此言，吾无以名之，名之曰狂吠而已。

第六，李鸿章与曾国藩。李鸿章之于曾国藩，犹管仲之鲍叔，韩信之萧何也。不宁惟是，其一生之学行见识事业，无一不由国藩提携之而玉成之，故鸿章实曾文正肘下之一人物也。曾非李所及，世人既有定评。虽然，曾文正儒者也，使以当外交之冲，其术智机警，或视李不如，未可知也。又文正深守知止知足之戒，常以急流勇退为心，而李则血气甚强，无论若何大难，皆挺然以一身当之，未曾有畏难退避之色，是亦其特长也。

第七，李鸿章与左宗棠。左李齐名于时，然左以发扬胜，李以忍耐胜。语其器量，则李殆非左所能及也。湘人之虚憍者，尝欲奉左为守旧党魁以与李抗，其实两人洋务之见识不相上下，左固非能守旧，李亦非能维新也。左文襄幸早逝十余年，故得保其时俗之名，而以此后之艰巨谤诟，尽附于李之一身，文襄福命亦云高矣。

第八，李鸿章与李秀成。二李皆近世之人豪也。秀成忠于本族，鸿章忠于本朝，一封忠王，一谥文忠，皆可以当之而无愧焉。秀成之用兵、之政治、之外交，皆不让李鸿章，其一败一成，则天也。故吾求诸近世，欲以两人合传而毫无遗憾者，其惟二李乎？然秀成不杀赵景贤，礼葬王有龄，鸿章乃给八王而骈戮之，此事盖犹有惭德矣。

第九，李鸿章与张之洞。十年以来，与李齐名者，则张之洞也。虽然，张何足以望李之肩背？李鸿章实践之人也，张之洞浮华之人也。李鸿章最不好名，张之洞最好名，不好名故肯任劳怨，好名故常趋巧利。之洞于交涉事件，著著与鸿章为难，要其所画之策，无一非能言不能行。鸿章尝语人云：不图香涛作官数十年，仍是书生之见。此一语可以尽其平生矣。至其虚憍狭隘，残忍苛察，较之李鸿章之有常识有大量，尤相去霄壤也。

第十，李鸿章与袁世凯。今后承李鸿章之遗产者，厥惟袁世凯。世凯鸿章所豢养之人也。方在壮年，初膺大任，其所表见盖未著，今难悬断焉。但其人功名心重，其有气魄敢为破格之举，视李鸿章或有过之。至其心术如何，其毅力如何，则非今之所能言也。而今日群僚中，其资望才具，可以继鸿章之后者，舍袁殆难其人也。

第十一，李鸿章与梅特涅。奥宰相梅特涅（Metternich），十九世纪第一大奸雄也。凡当国四十年，专出其狡狯之外交手段，外之以指挥全欧，内之以压制民党。十九世纪前半纪，欧洲大陆之腐败，实此人之罪居多，或谓李鸿章殆几似之。虽然，鸿章之心术，不如梅特涅之险，其才调亦不如梅特涅之雄。梅特涅知民权之利而压之，李鸿章不知民权之利而置之；梅特涅外交政策，能操纵群雄，李鸿章外交政策，不能安顿一朝鲜，此其所以不伦也。

第十二，李鸿章与俾斯麦。或有称李鸿章为东方俾斯麦者，虽然，非谀词，则妄言耳，李鸿章何足以望俾斯麦？以兵事论，俾斯麦所胜者敌国也，李鸿章所夷者同胞也；以内政论，俾斯麦能合向来散漫之列国而为一大联邦，李鸿章乃使庞然硕大之支那降为二等国；以外交论，俾斯麦联奥、意而使为我用，李鸿章联俄而反堕彼谋。三者相较，其霄壤何如也？此非以成败论人也，李鸿章之学问、智术、胆力，无一能如俾斯麦者，其成就之不能如彼，实优胜劣败之公例然也。虽李之际遇或不及俾，至其凭借则有过之。人各有所难，非胜其难，则不足为英雄。李自诉其所处之难，而不知俾亦有俾之难，非李所能喻也。使二人易地以居，吾知其成败之数亦若是已耳。故持东李西俾之论者，是重诬二人也。

第十三，李鸿章与格兰斯顿。或又以李、俾、格并称三雄，此殆以其当国之久位望之尊言之耳，李与格固无一相类者。格之所长，专在内治，专在民政，而军事与外交，非其得意之业也。格兰斯顿，有道之士也，民政国人物之圭臬也；李鸿章者，功名之士也，东方之人物也，十八世纪以前之英雄也，二者相去盖远甚矣。

第十四，李鸿章与爹亚士。法总统爹亚士（Thiers），巴黎城下盟时之议和全权也。其当时所处之地位，恰与李鸿章乙未、庚子间相仿佛，存亡危急，忍气吞声，诚人情所最难堪哉。但爹亚士不过偶一为之，李鸿章则至再至三焉；爹亚士所当者只一国，李鸿章则数国，其遇更可悲矣。然爹亚士于议和后，能以一场之演说，使五千兆佛郎，立集而有余，而法兰西不十年，依然成为欧洲第一等强国；若李鸿章则为偿款所困，补救无术，而中国之沦危，且日甚一日。其两国人民爱国心之有差率耶，抑用之者不得其道也？

第十五，李鸿章与井伊直弼。日本大将军柄政时，有幕府重臣井伊直弼者，当内治外交之冲，深察时势，知闭关绝市之不可，因与欧美各国结盟，且汲汲然欲师所长以自立。而当时民间，尊王攘夷之论方盛，井伊以强力镇压之，以效忠于幕府，于是举国怨毒，集彼一身，卒被壮士刺杀于樱田门外，而日本维新之运乃兴。井伊者，明治政府之大敌，亦明治政府之功臣也。其才可敬，其遇可怜，日人至今，皆为讼冤。李鸿章之境遇，殆略似之，然困难又较井伊万万也。井伊横死，而鸿章哀荣，其福命则此优于彼焉。然而日本兴矣，然而中国如故也。

第十六，李鸿章与伊藤博文。李鸿章与日相伊藤，中日战役之两雄也。以成败论，自当右伊而左李，虽然，伊非李之匹也。日人常评伊藤为际遇最好之人，其言盖当。彼当日本维新之初，本未尝有大功，其栉风沐雨之阅历，既输一筹，故伊藤之轻重于日本，不如鸿章之轻重于中国，使易地以处，吾恐其不相及也。虽然，伊有优于李者一事焉，则曾游学欧洲，知政治之本原是也，此伊所以能制定宪法，为日本长治久安之计。李鸿章则惟弥缝补苴、画虎效颦，而终无成就也。但日本之学如伊藤者，其同辈中不下百数，中国之才如鸿章者其同辈中不得一人，则又不能专为李咎者也。

李鸿章之治事也，案无留牍，门无留宾，盖其规模一仿曾文正云。其起居饮食，皆立一定时刻，甚有西人之风。其重纪律，严自治，中国人罕有能及之者。不论冬夏，五点钟即起，有家藏一宋拓兰亭，每晨必临摹一百字，其临本从不示人，此盖养心自律之一法。曾文正每日在军中，必围棋一局，亦是此意。每日午饭后，必昼寝一点钟，从不失时。其在总理衙门时，每昼寝将起，欠伸一声，即伸一足穿靴，伸一手穿袍，服役人一刻不许迟误云。

养生一用西医法，每膳供双鸡之精汁，朝朝经侍医诊验，常上电气。

戈登尝访李鸿章于天津，勾留数月。其时俄国以伊犁之役，颇事威吓，将有决裂之势。鸿章以询戈登，戈登曰："中国今日如此情形，终不可以立于往后之世界，除非君自取之，握全权以大加整顿耳。君如有意，仆当执鞭效犬马之劳。"鸿章瞿然改容，舌挢而不能言。

李鸿章接人常带傲慢轻侮之色，俯视一切，揶揄弄之。惟事曾文正，如严父，执礼之恭，有不知其然而然者。

李鸿章与外国人交涉，尤轻侮之，其意殆视之如一市侩，谓彼辈皆以利来，我亦持筹握算，惟利是视耳。崇拜西人之劣根性，鸿章所无也。

李鸿章于外国人中，所最敬爱者惟两人：一曰戈登，一曰美国将军格兰德，盖南北美之战立大功者也。格兰德游历至津，李鸿章待以殊礼。此后接见美国公使，辄问询其起居。及历聘泰西时，过美国，闻美人为格兰德立纪功碑，即赠千金以表敬慕之情。

李鸿章之治事最精核，每遇一问题，必再三盘诘，毫无假借，不轻然诺，既诺则必践之，实言行一致之人也。

李鸿章之在欧洲也，屡问人之年及其家产几何。随员或请曰：此西人所最忌也，宜勿尔。鸿章不恤，盖其眼中直无欧人，一切玩之于股掌之上而已。最可笑者，尝游英国某大工厂，观毕后，忽发一奇问，问于其工头曰：君统领如许大之工场，一年所入几何？工头曰：薪水之外无他入。李徐指其钻石指环曰：然则此钻石从何来？欧人传为奇谈。

世人竞传李鸿章富甲天下，此其事殆不足信，大约数百万金之产业，意中事也。招商局、电报局、开平煤矿、中国通商银行，其股份皆不少，或言南京、上海各地之当铺银号，多属其管业云。

李鸿章之在京师也，常居贤良寺。盖曾文正平江南后，初次入都陛见，即僦居于此，后遂以为常云。将来此寺当为《春明梦余录》添一故实矣。

李鸿章生平最遗恨者一事，曰未尝掌文衡。戊戌会试时在京师，谓必得之，卒不获。虽朝殿阅卷大臣，亦未尝一次派及，李颇怏怏云。以盖代勋名，而恋恋于此物，可见科举之毒入人深矣。

以上数条不过偶所触及，拉杂记之，以观其人物之一斑而已。著者与李鸿章相交既不深，不能多识其遗闻轶事，又以无关大体，载不胜载，故从缺如。然则李鸿章果何等之人物乎？吾欲以两言论断之曰：不学无术，不敢破格，是其所短也；不避劳苦，不畏谤言，是其所长也。呜呼！李鸿章往矣，而天下多难，将更有甚于李鸿章时代者，后之君子，何以待之？

吾读日本报，有德富苏峰著论一篇，其品评李鸿章有独到之点，兹译录如下：

支那之名人物李鸿章逝，东洋之政局，自此不免有寂寞，不独为清廷起乔凋柱折之感而已。

概而言之，谓李鸿章人物之伟大，事功之崇隆，不如谓其福命之过人也。彼早岁得科第，入词馆，占清贵名誉之地位；际长发之乱，为曾国藩幕僚，任淮军统帅，赖戈登之力以平定江苏；及其平捻也，亦禀承曾国藩之遗策，成大功；及为直隶总督，办天津教案，正当要挟狼狈之际，忽遇普法战起，法、英、俄、美皆奔走喘息于西欧大事，而此教案遂销沉于无声无影之间。迩来二十有五年，彼统制北洋，开府天津，综支那之大政，立世界之舞台，此实彼之全盛时代也。

虽然，彼之地位，彼之势力，非悉以侥幸而得之者。彼在支那文武百僚中，确有超卓之眼孔，敏捷之手腕，而非他人之所能及也。彼知西来之大势，识外国之文明，思利用之以自强，此种眼光，虽先辈曾国藩，恐亦让彼一步，而左宗棠、曾国荃更无论也。

彼屯练淮军于天津，教以洋操；兴北洋水师，设防于旅顺、威海、大沽；开招商局，以便沿海河川之交通；置机器局，制造兵器；办开平煤矿；倡议设铁路。自军事、商务、工业，无一不留意。虽其议之发自彼与否暂勿论，其权全在彼与否暂勿论，其办理之有成效与否暂勿论，然要之导清国使前进以至今日之地位者谁乎？固不得不首屈一指曰：李鸿章也。

世界之人，殆知有李鸿章，不复知有北京朝廷。虽然，北京朝廷之于彼，必非深亲信者。不宁惟是，且常以猜疑憎嫉之眼待之，不过因外部之压迫，排难解纷，非彼莫能，故不得已而用之耳。况各省督抚，满廷群僚，其不释然于彼者，所在皆是。盖虽其全盛时代，而其在内之势力，固已甚微薄，而非如对外之有无限权力无限光荣也。

中日之役，是彼一生命运之转潮也。彼果自初蓄意以主战乎？不能深知之。但观其当事机将决裂之际，忽与俄使喀希尼商，请其干涉弭兵，则其始之派兵于朝鲜，或欲用威胁手段，不战而屈日本，亦未可知。大抵彼自视过高，视中国过大，而料敌情颇有不审者。彼盖未知东亚局面之大势，算有遗策，不能为讳也。一言蔽之，则中日之役，实彼平生之孤注一掷也。而此一掷不中，遂至积年之劳绩声名，扫地几尽。

寻常人遭此失意，其不以忧愤死者几希。虽然，彼以七十三岁之高龄，内则受重谴于朝廷，外则任支持于残局，挺出以任议和之事，不幸为凶客所狙，犹能从容，不辱其命，更舆榇赴俄国，贺俄皇加冕，游历欧美，于前事若无一毫介意者，彼之不可及者，在于是。

彼之末路，萧条甚矣。彼之前半生，甚亲英国，其后半生，最亲俄国，故英人目彼为鬻身于俄廷。以吾论之，彼之亲俄也，以其可畏乎，以其可信乎？吾不得而知之。要之，彼认俄国为东方最有势力之国，宁赂关外之地，托庇于其势力之下，以苟安于一时，此其大原因也。彼之《中俄密约》《满洲条约》等事，或视之与秦桧之事金，同为卖国贼臣，此其论未免过酷。盖彼之此举，乃利害得失之问题，非正邪善恶之问题也。

彼自退出总理衙门后，或任治河而远出于山东，或任商务而僻驻于两广，直至义和团事起，乃复任直隶总督，与庆王同任议和全权，事方定而溘然长逝，此实可称悲惨之末路，而不可谓耻辱之末路也。何也？彼其雄心，至死未消磨尽也。

使彼而卒于中日战事以前，则彼为十九世纪之一伟人，作世界史者必大书特书而无容疑也。彼其容貌堂堂，其辞令巧善，机锋锐敏，纵擒自由，使人一见而知为伟人。虽然，彼之血管中，曾有一点英雄之血液否乎？此吾所不敢断言也。彼非如格兰斯顿有道义的高情，彼非如俾士麦有倔强的男性，彼非如康必达有爱国的热火，彼非如西乡隆盛有推心置腹的至诚。至其经世之识量，亦未有能令我感服而不能已者。要而论之，彼非能为鼓吹他人崇拜英雄心之偶像也。

虽然，彼之大横著，有使人惊叹者。彼支那人也！彼大支那人也！彼无论如何之事，不惊其魂，不恼其心，彼能忍人所不能忍，无论若何失望之事，视之如浮云过空。虽其内心或不能无懊恼乎，无悔恨乎，然其痕迹，从何处求之见之？不观乎铁血宰相俾士麦乎？一旦失意退隐，其胸中瞋恚之火，直喷出如焰。而李鸿章则于其身上之事，若曾无足以挂其虑者然，其容忍力之伟大，吾人所尊敬膜拜而不能措者也。

若使彼如诸葛孔明之为人，则决无可以久生于此世界之理。何也？彼一生之历史，实支那帝国衰亡史也，如剥笋皮，一日紧一日。与彼同时代之人物，凋落殆尽，彼之一生，以前光后暗而终焉。而彼之处此，曾不以扰动其心。或曰：彼殆无脑筋之人也！虽然，天下人能如彼之无脑筋者有几乎？无脑筋之绝技一至此，宁非可叹赏者耶？

陆奥宗光尝评彼曰，谓彼有豪胆，有逸才，有决断力，宁谓彼为伶俐有奇智，妙察事机之利害得失也。此言殆可谓铁案不移。虽然，彼从不畏避责任，是彼之不可及也，此其所以数十年为清廷最要之人，濒死而犹有绝大关系，负中外之望也。或曰：彼自视如无责任，故虽如何重大之责任，皆当之而不辞。然此之一事，则亦彼之所以为大也。

彼可谓支那人之代表人也。彼纯然如凉血类动物，支那人之性也；彼其事大主义，支那人之性也；其容忍力之强，支那人之性也；其硬脑硬面皮，支那人之性也；其词令巧妙，支那人之性也；其狡狯有城府，支那人之性也；其自信自大，支那人之性也。彼无管仲之经世的识量，彼无孔明之治国的诚实，虽然，彼非如王安石之学究。彼其以逸待劳，机智纵横，虚心平气，百般之艰危纠纷，能从容以排解之，舍胜海舟外，殆未见有其比也。

以上之论，确能摹写李鸿章人物之真相，而无所遗，褒之不过其当，贬之不溢其短，吾可无复赞一辞矣。至其以李鸿章为我国人物之代表，则吾四万万人不可不深自反也。吾昔为《饮冰室自由书》，有《二十世纪之新鬼》一篇，今择其论李鸿章者，附录于下：

呜呼！若星氏、格氏可不谓旷世之豪杰也哉？此五人者①，于其国皆有绝大之关系。除域多利亚为立宪政府国之君主，君主无责任，不必论断外，若格里士比，若麦坚尼，皆使其国一新焉，若星亨，则欲新之而未能竟其志者也。以此论之，则李鸿章之视彼三人，有惭德矣。李鸿章每自解曰：吾被举国所掣肘，有志焉而未逮也。斯固然也。虽然，以视星亨、格里士比之冒万险忍万辱排万难以卒达其目的者何如？夫真英雄恒不假他之势力，而常能自造势力。彼星氏、格氏之势力，皆自造者也。若李鸿章则安富尊荣于一政府之下而已。苟其以强国利民为志也，岂有以四十年之勋臣耆宿，而不能结民望以战胜旧党者？惜哉李鸿章之学识不能为星亨，其热诚不能为格里士比，所凭借者十倍于彼等，而所成就乃远出彼等下也。质而言之，则李鸿章实一无学识无热诚之人也。虽然，以中国之大，其人之有学识有热诚能逾于李鸿章者几何？十九世纪列国皆有英雄，而我国独无一英雄，则吾辈亦安得不指鹿为马，聊自解嘲，翘李鸿章以示于世界曰：此我国之英雄也。呜呼！亦适成为我国之英雄而已矣，亦适成为我国十九世纪以前之英雄而已矣。

要而论之，李鸿章有才气而无学识之人也，有阅历而无血性之人也。彼非无鞠躬尽瘁死而后已之心，然彼弥缝偷安以待死者也。彼于未死之前当责任而不辞，然未尝有立百年大计以遗后人之志。谚所谓“做一日和尚撞一日钟”，中国朝野上下之人心，莫不皆然，而李亦其代表人也。虽然，今日举朝二品以上之大员，五十岁以上之达官，无一人能及彼者，此则吾所敢断言也。嗟乎！李鸿章之败绩，既已屡见不一见

① 指域多利亚、星亨、格里士比、麦坚尼、李鸿章。

矣。后此内忧外患之风潮，将有甚于李鸿章时代数倍者，乃今也欲求一如李鸿章其人者，亦渺不可复睹焉。念中国之前途，不禁毛发栗起，而未知其所终极也。

九州生气恃风雷，万马齐喑究可哀。

我劝天公重抖擞，不拘一格降人才。